木簡による日本語書記史

【2011増訂版】

犬飼　隆 著
Inukai Takashi

笠間書院

長屋王家木簡

［平城京左京三条二坊の奈良時代初期の大規模邸宅内の溝から出土したもの］

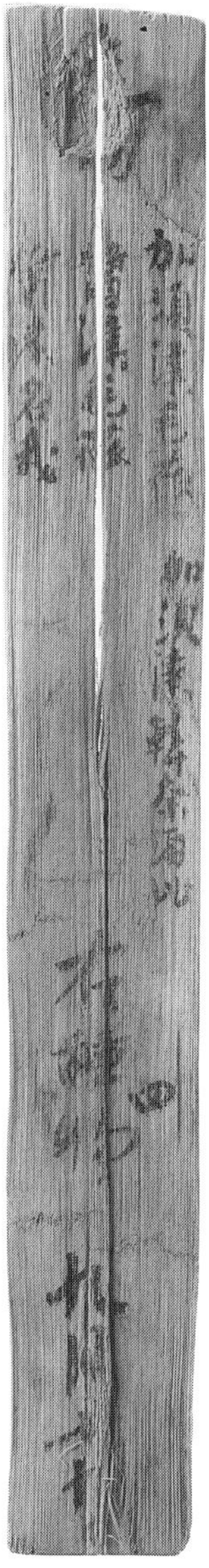

（長屋王家木簡六五号）253×33×4（ミリ）

写真提供●奈良文化財研究所

［釈文］

加須津毛苽　加須津韓奈須比
　　　　　　　　　　　　四
進物　醤津毛苽　　　　右種物　九月十九日
　　　醤津名我

●右は漬け物の進上状の木簡である。「加須津毛苽」を「糟漬け瓜」とよみたいのは無理もないが、「毛瓜（冬瓜）」を名詞として、「糟の冬瓜」とよむ。何故か。「前書き」をお読みいただきたい。

前書き

本書は、八世紀以前の日本語書記史の諸問題を、木簡を主要な資料にとって考察したものである。木簡をはじめとする出土物上の漢字資料は、日本語史と日本文学の研究に大きな影響をもたらし、多くの成果を与えている。しかし、いまだ、出土資料の取り扱い方に方法が確立されているとは言えない。本書の論考は、木簡をはじめとする出土物を日本語史研究の資料としてどのように取り扱い利用するか、そこから得られる知見がこれまでの認識にどのような変更をもたらし、証明の及ばなかったところを解明する手がかりとなるか、具体的な問題を取り上げて考察しながら、研究の観点と方法を示すことをねらいとしている。木簡という資料の性格から、論述の多くが漢字使用に費やされているが、真の目標は、漢字というころもを着せられた七、八世紀日本語の全体像である。

また本書は、言語史の立場からの研究成果を、歴史学・考古学の研究に還元しようとする意図も持っている。一例を示そう。長屋王家木簡のよく知られた一枚（口絵写真）に「加須津毛菰」と書かれた漢字列がある。漬け物の進上状であるから「糟漬け瓜」とよみたいのは無理もない。「毛」が万葉仮名として使われるとき上代特殊仮名遣いでケ乙類をあらわすので、他動詞「つく」の活用形に合致することも都合がよいようにみえる。カ行下二段連用形はケ乙類だからである。しかし、この漢字列は「つ」を連体助詞、「毛瓜（冬瓜）」を名詞として、「糟の冬瓜」の意によまなくてはならない。ともに書かれているのが「糟つ韓なすび」「醤つ毛瓜」「醤つ名我《みょうが》」だからである。これらが「AつB」の形態であることは論拠として納得されるであろう。「津」は訓仮名であるが、実際の用例を多くみてきた経験から、大宝二年度戸籍の人名「宮津賣」（筑前国）『古事記』の「大宜津比賣神」などと同じく、この位置は連体助詞にあたると直感が働く。また、「毛」は訓よみを借りた万葉仮名であるが、実際の用例をみると、たとえば『古事記』の「若沼毛二俣王」、『日本書紀』の「三毛入野命」のように固有名詞に限られている。大宝二年度戸籍の人名「毛无」（美濃国）の「毛」は音よみを借りた万葉仮名であってモとよむべきであろう。訓仮名「毛」を動詞の活用語尾のような一般語彙にあてることは考え難い。従って「津毛」を「漬け」と解すべき可能性は小さい。さらに言えば、液体にひたす意の他動詞「つく」が八世紀に存在した可能性は大きいが、その確証はない。『日本書紀』の平安時代の古訓にあらわれるが、それらを八世紀日本語の論拠に用いるのは慎重を要する。このような知見を提示して、日頃の歴史学・考古学からの学恩に報いたいと思う。

本書の論述は各章が支え合って全体で一つの主張をなしている。全体の概観をまず序論で述べ、各章で具体例をあげながら詳しく述べた。読者は、まず序論をお読みいただき、個々の章の趣旨を全体の一環として理解されたい。記述にあたって同じ内容が別の章で重複しないように務めたが、論述の都合上二度以上ふれなくてはならない場合もある。そのときは、詳述した章と節を指定し、それ以外の箇所では要約もしくは補足事項を述べている。

なお、本書は筆者の構想する文字言語の体系に立脚して論述されている。記述中に筆者の用語としては「表記」を使っていないのもそのあらわれである。以下の用語は記述中に頻用するので、基本的な定義を述べておく。「書記」は writing にあたる行動とその生産物を指す。「書記形態」の定義は語や語句を書きあらわすときの文字のあて方である。音声言語の「形態」におおよそ対応する。「書記様態」の定義は文や文章を書きあらわすときの文字や補助符号の選択と配置の仕方である。音声言語の「構文」におおよそ対応するが、「文体」にかかわるところもある。

木簡による日本語書記史

２０１１増訂版

目次

第三章 木簡上の日本語

第四章 地方中心地における漢字の受容
観音寺遺跡木簡

第五章 大宝二年度戸籍と木簡

第六章 万葉仮名「皮」

万葉仮名前史試論

本書で言及する資料に関する年表

注●アミを載せているところは歴史事象。／↓は以後長期にわたることを表す。

●西暦	●外国	●日本
前四八〇頃	『論語』書かれはじめる	
三〇〇頃	『魏志』東夷伝倭人条	
四一四	高句麗『広開土王碑』	
		応神朝に王仁が百済から渡来して『論語』『千字文』を招来したとの伝承
四七一か		『稲荷山古墳鉄剣銘』
四八一頃か	高句麗『中原高句麗碑』	
六世紀前半	『千字文』『文選』成立	
五五二（六一二？）	新羅『壬申誓記石』	
五六一以前	新羅「城山山城」木簡	
六〇八（六六八？）	新羅「二聖山城」木簡	
六二二		『天寿国曼陀羅繍帳銘』
六～七世紀	新羅「月城垓字」木簡	
六三〇		第一回遣唐使
六四五		大化の改新
六五〇		『法隆寺金堂四天王光背銘』
六六〇	百済滅亡	
六六七頃		『法隆寺薬師仏像光背銘』
六六八	高句麗滅亡	
六七三		天武天皇即位
六八一		『山ノ上碑』
六八三		『新字』編纂詔が出る

●日本列島出土資料

- 徳島県観音寺遺跡木簡↓
- 難波宮跡木簡
- 山田寺跡「奈尓波」瓦刻書
- 長野県屋代遺跡木簡↓
- 静岡県伊場遺跡木簡↓
- 滋賀県北大津遺跡字書木簡
- 滋賀県森ノ内遺跡手紙木簡
- 千葉県五斗蒔瓦窯跡出土刻書
- 観音寺遺跡「難波津の歌」木簡
- 飛鳥池遺跡木簡
- 石神遺跡木簡
- 埼玉県小敷田遺跡木簡

六九四		藤原京遷都	藤原京木簡
七〇二		『大宝二年度戸籍』	
七一〇		平城京遷都	平城京木簡 ↓
七一二		『古事記』	長屋王家木簡
七二〇		『日本書紀』	
七二一		『養老五年度戸籍』	
七二九		『近江国志何郡計帳』	山口県長登銅山跡木簡
七三〇		『万葉集』梅花宴歌	二条大路木簡
七三九		『出雲国大税賑給歴名帳』	
七四一～四四		恭仁京朝政	木津川市馬場南遺跡木簡
七四二		紫香楽宮造営	滋賀県宮町遺跡木簡
七五三か		『薬師寺仏足石歌碑』	広島県安芸国分寺跡木簡
七五五		『万葉集』防人歌	
七五九		『万葉集』最終歌	
八世紀半ば	新羅「雁鴨池」木簡・鍵		
七六二頃		『正倉院万葉仮名文書』	長岡京木簡
七八四		長岡京遷都	平安京木簡
七九四		平安京遷都	秋田城跡木簡
七九八	新羅『氷川菁堤碑』		
八一〇頃		『東大寺諷誦文稿』	石川県加茂遺跡牓示札
			富山県東木津遺跡「難波津の歌」木簡
九〇〇		『新撰字鏡』	
九〇五		『古今和歌集』	
九三四		『和名類聚抄』	
一一〇〇頃		『類聚名義抄』	
一一四五	高麗『三国史記』		
一二八九頃	高麗『三国遺事』		

序論◉木簡が日本語史研究にもたらすもの

導言

最初に、木簡をはじめとする出土資料が、この五十年足らずの間に八世紀以前の日本語に関する研究を大きく変えた、その過程を展望しておきたい。出土資料の利用は、古代日本語とその周辺を対象とする研究にとって画期的なものであり、従来の認識を大きく改めなくてはならないところ、研究方法そのものを見直さなくてはならないところを多々もたらした。以下、本書の各章の内容を先取りしながら概説する。

1. 八世紀日本における漢字の普及度

かつて、奈良時代以前には漢字が一般には普及・定着していなく、読み書きできたのは限られた教養層だけであったと、漠然と考えられていた。八世紀以前の資料として利用できたものがいわゆる記紀万葉の類の有名古典だけだったからである。本書は『日本書紀』を取り扱わないが、『古事記』『万葉集』は**第七章**、**第八章等**でふれるように、漢字を高度に使いこなして書かれている。それだけの学力を備えていたのは中国や朝鮮半島からの渡来人とひとにぎりの学識者とに限られていたと考えるのは無理のないことだった。

歴史をどうみるかに両極がある。少数の偉人の業績をつらねたものが歴史であるのか、名もない人たちの営為の集積が歴史であるのか。言語史においては後者であること言を待たない。かつての、文字や書記方法に関しても日常ふだんに行われた読み書きのさまが言語史研究の主要な対象である。かつての、資料として記紀万葉の類のみが与えられていたという研究環境は、少数の偉人による事績の記録だけが残され、一般の人たちがふだんだん何をしていたのかは判断材料がない状況に似ている。所与の限られた資料をつなぎ合わせると、当時にあって読み書きが書記の専門家や貴族層の独占的な能力のようにみえたのである。この幻影は容易に払拭されないが、今、事実を素直にみるべきである。

たとえば、八世紀末にある天才が日本語の清濁を書きわけないと決め、皆がそれに従ったというようなことは考えられない。仮名が濁音専用の字体をもたないのは当時の一般の音韻認識の行き着いたところである。記紀万葉の類に依拠してものを考えていたときは、万葉仮名に濁音専用の字体があり平仮名・片仮名にはないことが歴史の流れの上で不連続と感じられたが、今、多くの木簡上の万葉仮名列を見れば七、八世紀には濁音をいちいちに表示しないのが普通であったと誰でもわかる。

利用できる資料が限られていただけでなく、『古事記』『万葉集』の現存する写本は中世以降のものである。『日本書紀』には比較的古い写本があるが断簡であり完本は時代が降る。写本上の文字がどの程度に原態を伝えているか常に不安がある上に、それらの文字に対して与えられる訓は平安時代以来の研究成果であって第一次資料ではない。たとえば『万葉集』巻一・四八番歌「東野炎立所見而反見為者月西渡」の訓は変転を経てなお定まっていない★1。一九六〇年代以降に優れた校訂本文が提供されたとは言え、記紀万葉の類の用字と訓に関する研究は、ある意味で常に砂上の楼閣である。

八世紀当時の第一次資料としては正倉院文書がまとまって存在しているが、歴史学では重要視されても、日本語史の資料としての利用には制約があった。正倉院文書の多くが漢文の公文書だからである。しかし、役所のものであっても日常的な内容の手紙などもあり、また、戸籍、計帳、歴名帳の人名などは万葉仮名で書かれている。それらを国語資料として利用した研究は従来も少数ながらあった。たとえば春日政治が大宝二年（七〇二）度戸籍の人名にあてられた万葉仮名を取り上げて記紀万葉の類とは異なる様相を指摘し、そこに平仮名・片仮名の源流をもとめた研究★2は今も輝きを失わない。しかし、戸籍という資料の性格から、その利用は音韻と文字に関する研究に限定されがちであった。文の水準の研究を可能にする資料としては、正倉院文書の二通の『正倉院万葉仮名文書』が、仮名文の源流に位置するものとしてよくとりあげられてきた。この資料については、後に、その様式そのものが正倉院文書に頻出する漢文書簡のそれを骨組みとしていることが解明された。和文体の成立史を考える上で貴重な成果である★3。八世紀の言語の全体像を知るためには、そうした「点と線の一点の解明」を拡大し結び付ける必要があった。さらにその後、正倉院文書に関しては、書状の類の解読と研究が進み、この後に述べる木簡研究の成果と方法をとり入れることによって、当時の官人たちの文字使用を知る重要な資料として利用されつつある★4。

一九六〇年代に入るまでの研究環境は、記紀万葉の類の他に利用できる資料は限定的であり、その制約の下でものを考えざるを得なかった。この状況を変えたのが一九六一年一月に平城京跡から出土した木簡である。正確に言えば、出土した木片に漢字を書き連ねたものが資料になると、このときに認識された。実はそれ以前にも出土していたが遺跡のもろもろのゴミとして棄てられていたと聞く。出土する木簡の多くは折って廃棄したものや削り屑であるから無理のないことであった。木簡は正倉院に整った形の現物が保存されているが、そのようなものが他にも作成されていた可能性が生じ、出土数が多くなるにつれて、日常的に作成されていたとみなされることになった。

当初、木簡は歴史資料、とりわけ正倉院文書の経済関係の記述の裏付けとして利用され、平城京における政治経済の実態の解明がすすんだ。その後、出土地が静岡県の伊場遺跡をはじめとして全国に及ぶとともに、資料としての利用価値も見直され、釈読がすすむにつれて他の分野に広く用いることが可能になった。

その影響が日本語史にも及んだ。当初は、記述中の物品名や固有名詞に用いられた万葉仮名が記紀万葉のそれとは異なる様相を示すこと、あるいは、まれに出土する歌句を書いた文字列に記紀万葉の類にはあらわれない語句がみられることなどが注目された。阪倉篤義★5は、木簡にあらわれた形容詞「同じ」の語形「おやじ」に注目し、従来は『万葉集』の用例に依拠して「おなじ」と「おやじ」の相違は新旧の差と想像されていたが、同時代の使用層の差であると指摘した。この研究を筆者は以後の日本語史における木簡利用の道標と評価している。

木簡の出土が平城京以外にも及び、時代的にも七世紀末の藤原京のものが利用できるようになるにつれ、その万葉仮名を利用して、物品名の訓よみを推定したり、従来不明であった上代特殊仮名遣いの甲乙の別を確定する研究も行われた。その結果を『古事記』歌謡の解釈などに利用できることも示された。また、藤原京木簡の文体に関して、平城京木簡にない用語が存在し、漢文から乖離する程度が平城京のものより著しいことなども指摘された★6。

それらの個別の問題もさることながら、木簡の全国からの大量出土は、奈良時代以前における識字層の広がりについての認識に訂正をもたらした。木簡の存在は文書行政が日常ふだんに行われていたことを示す。それらを日々官人たちが書いたのである。律令制度の規定から計算すると官人の数は万人規模になるが、彼らは多少なりとも漢字が読み書きできなければ職が務まらなかったはずであり、漢字が書けて漢文が読み書きできることが必須の素養だったことになる。こうして、かつての、ひとにぎりの書記専門官と教養貴族層だけが読み書きできたという虚像は否定された。官人といえども書記能力に差があったという類の議論は今も行われるが、それは真偽の水準ではなく程度の水準の問題である。

実際に、漢字の練習や漢籍類の学習の様子を示す木簡が多数出土している。たとえば中国の梁の時代、六世紀前半につくられた『千字文』は、異なる字を千字、四言ずつ二五〇句の詩の形式にしたてたもので、漢

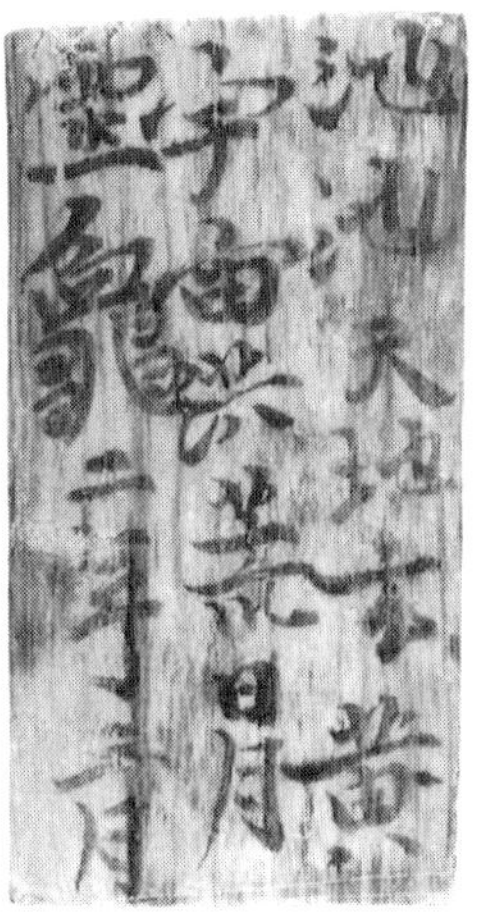

図①▶沖森卓也・佐藤信『上代木簡資料集成』おうふう、一九九四、八〇頁より引用

字を覚えるための初級の練習に使われたが、日本でも『千字文』の字句を書いた木簡は出土例が多い。一例をあげれば平城京の薬師寺境内の井戸跡から出土した霊亀二年（七一六）三月の年号を書いた木簡に「天地玄黄／宇宙洪荒日月」とある（図①参照）★7のは『千字文』の書き出しの二句と次の句の前半二字である。その上に「池池」という関係のない字があるので、この木簡は、『千字文』そのものを学ぶために書き写そうとしたのではなく、漢字の練習としてその字句を書いたものである。

また、同じく六世紀前半に成立した『文選』は、古来から中国で書かれた漢文の美文・名文を抜粋して集めたものである。現代にたとえるなら「文書作成の手引き・例文集」にあたる使い方をされ、日本の律令官人の採用試験では「進士科」で出題に指定されていた。当然、その字句を書いた木簡も多い。『文選五十六巻』と書名を記したものが平城京跡から出土しているし、「臣善」という字句を書いたものもある★8。『文選』は、唐代（六一七～）の初めに李善が注を付けた「李善注本」の形で使われることが多かった。この木簡に「臣善」とあるのはおそらく李善のことで、古代日本でも同じ事情だったことになる。

2. 地方における漢字の普及度

木簡が研究資料として利用されはじめた初期には、漢字の使用がどの程度まで日常化していたのか不明であった。かつての考え方の延長で、官人とて誰でも字が書けたわけでなく漢字を充分に使いこなせたのは少数だったのではないかという留保的な見方もあり、都はともかく地方では字の書ける人がそれほどいなかったという見方もあった。前者については、大量出土という事実によって、もはや本質的な問題でなくなった。個人差の問題とみなしてよい。現代の官庁の業務にたとえるなら、正倉院文書をパソコンで作成した正式の書類とすると、木簡は、決まった様式に数字と日付を書き込んで担当者の名を書いて送ったり、電話や電子メールのやりとりに相当する。今日の日常生活において外来語を全く理解しない人はほとんど存在しないであろうが、外国語やローマ字に慣れている程度にはおのずと差がある。当時の官人たちの漢字・漢文に関する習熟度も同様に考えてよい。

都と地方とでは差があったという考え方は現在も根強く、真実をついている一面がある。これについては以下のように考えられる。木簡の出土は発掘調査がすすむにつれてほとんど全国に及ぶようになった。秋田県の秋田城や長野県の屋代遺跡や徳島県の観音寺遺跡のように、長年にわたる大量の出土をみる遺跡もある。この事実に従えば、漢字の普及は都だけの特別なことではなく、地方でも相当の水準に達していたと考えなくてはならない。律令制度が都周辺で形ばかりに施行されていたわけではなく、地方にも早くから律令に規定された官衙が置かれていたという考古学の研究成果と軌を一にするところである。

官衙が置かれたということは、そこで官人たちが漢字を使って漢文で文書を書き日々行政を行っていたことになる。先に戸籍にふれたが、律令の戸令では、現地の郡衙で原案を作成し、国衙でまとめた浄書を都に送る規定になっている。これが基本的には実行されていたと考えて差し支えがない。かつて行われたような、実際には都から派遣された官人が書いたのではないかとの留保は必要がなくなった。

また、漢字・漢文学習の跡を示す木簡は地方からも出土している。秋田県秋田城跡から八世紀なかばの

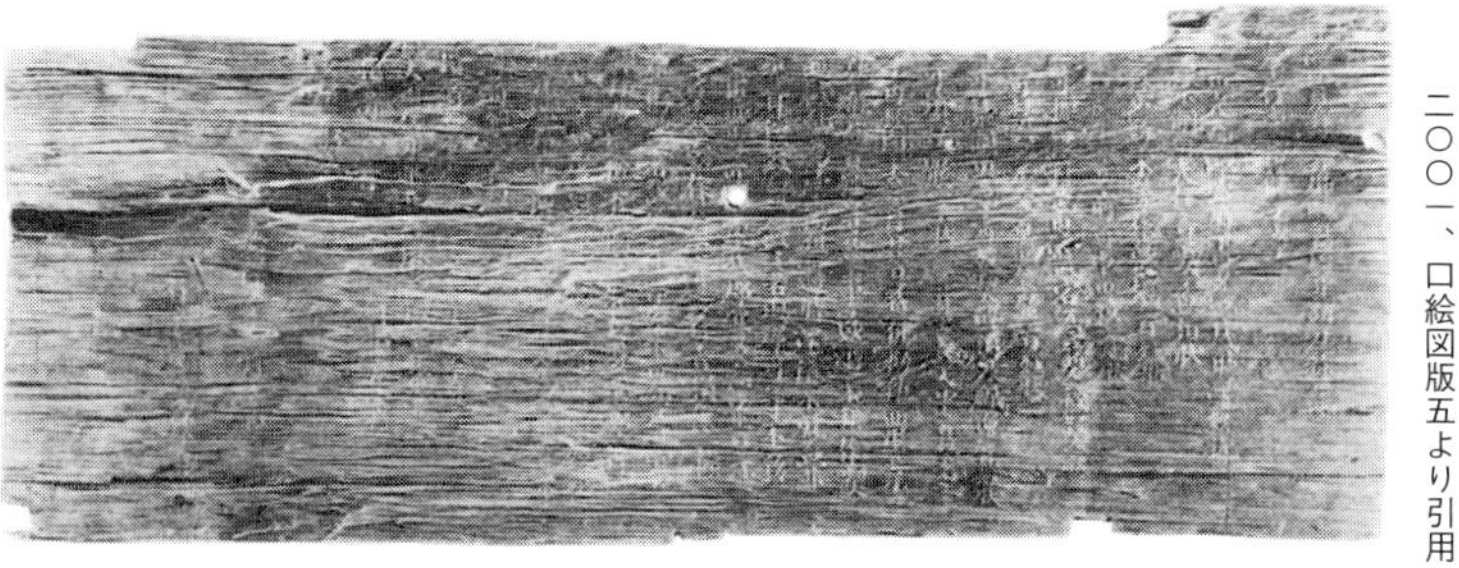

図②◀木簡学会『木簡研究』第二三号、二〇〇一、口絵図版五より引用

『文選』木簡が出ているし、観音寺遺跡や屋代遺跡では、『論語』の一部分を書いたものが出た。儒教の基本的な素養だったからであろう。観音寺遺跡の『論語』は七世紀半ばの可能性があり、律令制施行以前に阿波の国の中心地で漢籍が学習されていたことを示している。これについては本書の**第四章2節**で若干の考察を加えている。

しかし、読み書きの一般人への普及度は地方と都とでは差があった可能性が大きい。石川県河北郡津幡町加茂遺跡から二〇〇〇年度の発掘で出土した牓示札は、九世紀半ばのものと推定されているが、律令の精神に則って百姓に日々の心得を説いた三百数十字の長文である。一定期間、屋外に掛けて掲示されていた跡をもつ由であるが、ほぼ一尺弱×二尺の横板に細かく書かれた文字は、多くの人に読ませるのには不向きである（図②参照）。平川南はこれを官人が朗読して漢字を解さない一般人に説いて聞かせたと推定している★9。同じ頃、平城京にあっては、不特定多数の人が読むことを期待して遺失物をたずねた告知札が書かれている（図③参照）。一九六三年に左京東三坊大路跡から出土した二点の告知札は、九世紀前半のものと推定されるが、一メートル内外の長大なものに大きく数十字を書き下端をとがらせて地面に突き刺した形状である★10。

図③◀木簡学会『日本古代木簡選』岩波書店、一九九〇、四六・四七頁より引用

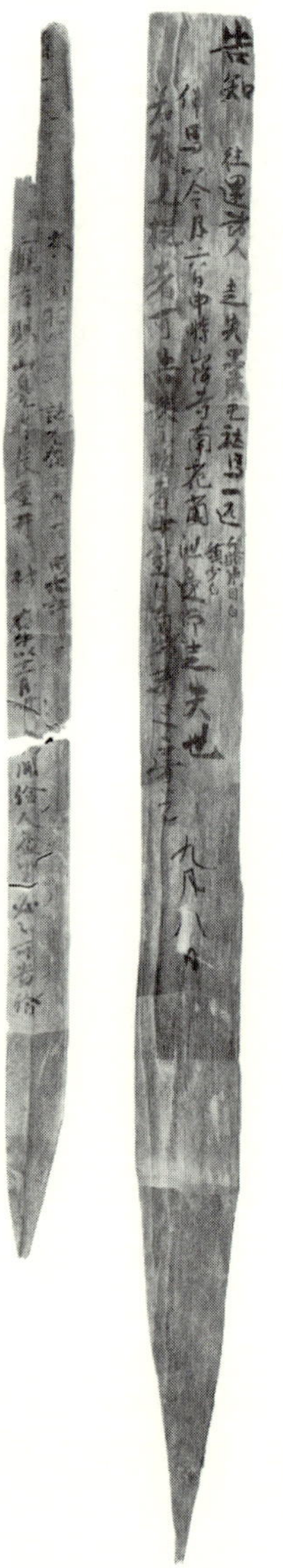

3. 七世紀以前の実状を知る手がかり

こうして、奈良時代、八世紀には漢字の使用が相当の定着をみていたと考えられるようになったが、七世紀に関しては、一九八〇年代まで、不明または漠然と未だ黎明期・試行期と考えるのが一般的であった。

従来も七世紀の資料がなかったわけではない。七世紀前半の資料として一括して「推古朝遺文」と呼ばれる聖徳太子関係の文献や金石文の類がある。これらは断片的だったり、今残っている写本が後世のもので信用できなかったり、利用する上で制約があった★11。たとえば、これらを主たる論拠として上代特殊仮名遣いの組織に古くウ列音の甲乙の別があったとの説★12が唱えられたことがあるが、鎌倉時代の写本上においてオ列乙類とウ列の万葉仮名が一つの意味単位に共起しているからと言って、それが多くの人を納得させる論拠になるはずもない。

七世紀後半には数点の金石文が現存して多くの知見をもたらしている。たとえば『法隆寺薬師仏光背銘』は早期の変体漢文としてよく取り上げられている。群馬県高崎市の『山ノ上碑』は地方の金石文に日本語の構文があらわれている例として知られている。課題はこれらが七世紀の文字世界全体の中でどのように位置付けられるかであった。藤原京跡からの木簡の出土がそれを期待させた。

一九九〇年代に入ると七世紀の状況の全体像を正しく知ることのできる展望がひらけてきた。藤原京の時代よりさらに以前の、飛鳥時代の木簡や出土物上の漢字資料が続々と出土し、まとまった量をなしてきたためである。奈良県の飛鳥池遺跡をはじめ飛鳥京苑池遺構や石神遺跡など都周辺の遺跡、徳島県の観音寺遺跡や長野県の屋代遺跡をはじめとする地方の遺跡から、木簡や墨書土器が出土した。今後も各地の遺跡から出土するであろうし、飛鳥池遺跡や観音寺遺跡、屋代遺跡の出土物は大量にあり、まだ整理途上にある。今後も重要な資料が出現することは確実である。

このことはまず文献歴史学に大きく影響を与えた。『日本書紀』『続日本紀』は八世紀に成立した文献であるが、従来、これらはまとめられた当時、すなわち奈良時代の認識で書かれているのではないかという疑いがあった。過去の出来事の記事であっても記述そのものは八世紀に書かれた可能性が留保されていたのである。しかし、出土する七世紀の資料に即して考えると、それらの内容は、七世紀以降に関する限り、書かれているそれぞれの時代当時の考え方を反映している可能性が大きくなった。

たとえば奈良県の飛鳥池遺跡から「天皇」という語句をもつ木簡が出土し、七世紀後半にそういう概念が実際に存在したことを裏付けた。天智天皇や天武天皇や額田王が生きていた時代、すでに「天皇」という称号は使われていたことになる。また、同じ飛鳥池の木簡には「次米」と書いたものもある。現在は「次」字を「つぎ」と訓よみするが、七世紀後半の日本語では「すき」ともよんだらしく、『日本書紀』天武天皇五年の訓注に「次此云須岐也」とある。この「次米」は、朝廷の秋の収穫祭である「大嘗祭」に新稲と新酒を献上する「ゆき・すき」の制度における「すきの国の米」であるとされた。その後この解釈には疑問が提出されている★13が、律令の諸制度が七世紀に実態をもっていた点は大筋で動かない。

都周辺だけでなく、地方でも、行政にかかわる用語を書いた木簡が多く出土している。徳島県観音寺遺跡では「国守」や「五十戸」と書いた七世紀後半の木簡が出土している。観音寺遺跡は阿波国府の跡かと推定されているが、「さと」という行政単位が七世紀に実際に施行されていたこと、その書記形態が五十戸で一里の語源によっていたことがわかる。長野県屋代遺跡の木簡は七世紀後半から八世紀の初めまでの年代幅をもつが、八世紀に入ってからのものの一つに「郡符木簡」がある。冒頭に上級の機関から下級に命令する文書であることを示す「符」という字が書かれ、その下に「屋代郷長」、さらに下に「里正」の語句がある。郷、里という大小の行政区画を定め、それぞれに統括責任者を置いて、律令制度を実施していたことを示すものである。

こうして、七世紀の後半には、八世紀と同じように、官人たちが漢字を使って仕事をしていたことが確実になり、漢字が普及したとみなされる時代をさらに繰り上げなくてはならなくなった。漢字の学習の跡を示す七世紀の資料も出土している。たとえば飛鳥池遺跡から出土した木簡の「推位譲国」は『千字文』の第二十三句である★14。先にふれた観音寺遺跡の『論語』は七世紀中頃にさかのぼる。

漢字の音よみ、訓よみの状態、日本語の語彙や文を書きあらわす方法についても、七世紀には漢字を相当に使いこなしていたという前提で考えなくてはならなくなった。本書の**第一章3節**に詳しく述べたとおり、音よみに関しては、いわゆる古韓音が用いられていた時期を従来より繰り下げる必要がある。おそらく都が奈良に移るまでに、古韓音の様相の濃い音よみが一般の官人たちの間に定着しており、それが奈良時代に入っても語彙的に保たれていた。訓よみも七世紀中に大規模に整備されていたことが明らかであり、日本語に即した字書の編纂も行われていた可能性がある。それを使って日本語の語彙と文を書く方法も早くから多様な技術が開発されていたと考えるべきである。

日本語史の研究にとって、七世紀から八世紀初頭の木簡がもたらしたもっとも重要な知見は、多くの木簡上の漢字列が、日本語を土台にしてつづられていると判明したことであろう。木簡学会の初期の研究集会では、木簡上の文字列が中国語であるか否かが真剣に議論されたこともある。実感として、木簡に書かれた文章をみると、漢字の配列が漢文から離れて日本語の語順に近づいているものが多いという印象を受ける。木簡には正倉院文書よりも日本語に密着した漢字使用があらわれていると言ってよいが、これを正倉院文書のような漢文体から崩れた拙劣な漢文とみるか、または、伝えたい用件の中の必須事項だけを漢字で書き並べたメモとみるか、いずれかに漠然と考えられていたのが実情であった。

この認識に変更をもたらしたのは一九八八年に出土した長屋王家木簡である。八世紀に入ってからのものであるが、東野治之は、こうした邸内でやりとりした私的な性格の木簡においては、漢字列に日本語が投影していると指摘した★15。これに先立って、一九八四年から行われた滋賀県森ノ内遺跡の発掘で、七世紀末の和文を書いたと見られる木簡が出土していたが、孤立的なものである可能性も留保されていた。万点規模のまとまりをもつ長屋王家木簡が日本語を土台として書かれていることは、西暦七〇〇年前後の全体状況がそうであったとみなされる途をひらいた。東野は、藤原宮出土木簡の「雪多降而甚寒」について、正月元旦の宴会で参会の役人たちをねぎらうために出される詔勅の草案の性格をもつと指摘し★16、さらに、大阪府難波宮跡出土の七世紀半ばの木簡の「奴我罷間盗以此…」を「やつこわれ罷る間、盗みて此を以て…」のような和文を書いたものとの見解を示している★17。先にふれた七世紀末の金石文の書記様態もこの状況のなかに位置付けることが可能になる。

その後も七世紀の木簡が続々と出土し、その書記様態をみる限り、多くの木簡上の漢字列は日本語の文を土台にして書かれていることが裏付けられつつある。かつての、正格の漢文から崩れた文体という受け止め方は、奈良時代中期以降の平城京木簡の実態に即した想像であったことになる。必要事項にあたる字を列挙したようにみえる書記様態も、書き手の脳裏にある日本語の文に支えられていたことになる。かねて、古い藤原京より新しい平城京の木簡が正格の漢文に近いことが問題視されていたが★18、これにも一つの解が与えられた。官人が漢文の書式に習熟したのである。

言語史におけるこの状態は、文学史の研究にも変更を迫ることになる。今までと異なる認識に立って『万葉集』や『古事記』を読まなくてはならない。たとえば日本語の韻文を書いた木簡や土器等の墨書・刻書は、多くはないが無視できない程度の出土量がある。本書の**第八章**に述べたとおり、それらの多くは「難波津の歌」である。『万葉集』の和歌と語句が一致するものもあるが、書記様態と歌句のあらわす意味内容が異なる。この事実に率直に従えば、『万葉集』は官人たちの日常と異なる特別なものであったことになり、日本語の書記行動の歴史一般を『万葉集』の和歌どもの書記様態に依拠して語る研究方法は過去のものとなる。『万葉集』は、八世紀後半以後に編まれた一つの書《テクスト》である。その内部に書記史の変遷をみようとしてはいけない。七世紀の要素が観察されるとしても、それはある時点への過去からの投影である。『古事記』に関しても、原態が漢字の訓で書かれていたか万葉仮名で書かれていたかといった類の議論は、七世紀の木簡に両態がみられるという事実の前に役割を終えた。これらについては本書の字数を費やしたところである。

4. 朝鮮半島との関係

なお、七世紀の木簡は、日本語に漢字を適用するにあたっての朝鮮半島との関係にも解明の途をひらいた。早くに河野六郎が「日本における漢字使用は朝鮮半島における実験を前提としている」と述べた★19。日本語史の研究者は、この指摘がおそらく正しいと予想しつつ、列島と半島の同時代資料を比較することができないという方法上の制約に証明をはばまれていた。

朝鮮半島には五世紀以来の石碑があるが、近年、その漢字列への固有語の反映が解明されつつある。たとえば五世紀の『中原高句麗碑』は漢文として読めない部分をもつ。文の内容は高句麗から新羅に向けて権威を示したもので、新羅人に読ませることを想定して固有語にあわせて改造した文体で書かれたかと推測されている★20。六、七世紀の木簡等の発掘もすすんでいる。それらと日本列島の漢字使用との関係は、二〇〇四年に韓国の国立昌原文化財研究所が日本語訳の『韓国の古代木簡』を提供したころから、急速に研究成果があがっている。

たとえば、藤原京木簡などの七世紀末の木簡に「恐々受賜申大夫前筆」のように「前」字を宛名の下に付けて敬意を表する用法がある。歴史学で「申前文書」と呼ぶ形式である。これが藤原京の木簡に頻出するが、奈良時代以降は少なくなる。李成市は、この「前」字の用法は朝鮮半島の文書形式と関係があると指摘している★21。「戊辰年正月十二日」という語句で始まる木簡が、韓国の河南市の二聖山城という百済または新羅の時代の遺跡から出土した。「戊辰」という干支は六〇八年か六六八年の可能性がある。この木簡にも役職名に当たる「須城道使村主」の後に「前」とあり、恐らくこの上の方には「申す」にあたる字があったと推定される。宛名に「前」を付ける手紙の形式は現代の韓国でも伝統的に使われている由である。

次に、韓国の慶州市に雁鴨池《あなぶち》という遺跡がある。西暦六七九年に造営された新羅の東宮の宮にあたるもので、庭園の池は前もって六七四年につくられたという。木簡の他に、鍵に「東宮衙鎰」という語句を刻んだものなどが出土した。八世紀の遺物である。木簡学会の一九九六年度研究集会で李成市がこれを報告し、かねて筆者がもっていた次の知識★22と結び付いて、漢字の本義と異なる意味用法が古代の朝鮮半島と日本列島とで共通に行われていたことが判明した。すなわち、この「鎰」字は中国では重量の単位であるが、日本ではこれを古くから鍵の意味で使う。『和名類聚抄』に「今案俗人印鑰之処用鎰字非也」とあり、誤用と認識されながら広く行われていたとわかる。これが朝鮮半島と共通の現象であったと判明したのである。おそらく影響関係は半島から列島へという順序であろうが、なお今後の実証を要する。

これらの成果は、中国における本来の形音義とは異なる漢字の用法について、古代の朝鮮半島と日本列島のものを比較しながら研究する途をひらく意義があった。さらに一般化すれば、固有語に即した漢字の受容、言い換えると固有語と漢字・漢文との言語接触という問題は、今後、東アジア全体を視野に入れてすすめなくてはならないことを認識させ、その研究方法の端緒を示す意義があった。前節で木簡上の漢字列が日本語に即していることを述べたが、これについても、百済語・新羅語に即して書かれたものとの比較・対照を視野に入れることが必要かつ可能になってきている。

成果はその後も相継ぎ、日本列島で作成された文字資料が朝鮮半島で出土する場合も考慮に入れなくてはならなくなっている。二〇〇六年版の国立昌原文化財研究所『韓国の古代木簡』に収録された扶餘双北里遺跡出土木簡の「那尓波《なには》連公」という字句は、七世紀半ばの倭国と百済との密接な外交と、天武朝以前のカバネ「連公」の実在を証明する根拠になった。そしてこの木簡は、倭国から物品の付け札として送られて百済

の官衙で投棄された可能性が高いのである。★23

5. 結語

木簡によってもたらされた研究環境は、古代日本語の研究史上、最近では二番目の画期ではなかろうか。一九六〇年代後半からの数年間、古代語と古代文学に関する研究は、非常に早い速度で発展した。そのころまでに『万葉集』や『古事記』の本文校訂がすすんで一通りの完成の域に達したため、研究の土台として信頼できるテクストが利用できるようになったからであった。それらのテクスト作成を基盤にして一九六七年に上梓された『時代別国語大辞典　上代篇』は、今も研究に不可欠である。またそのころ、今に続く古代史ブームが始まり、研究書や講座の類がいくつも刊行され、国文学や国語学にたずさわる者も、それを利用して広い視野で考察することができるようになった。おり良く木簡の発掘がすすみ、その研究成果が提供されはじめたのも、そのころからである。まさに一つの画期であった。

今、七世紀の漢字資料が大量に出土したことにより新しい画期を迎えた。研究者は、七、八世紀の日本語を当時の原資料に依拠して考察できる幸運にめぐりあっている。その効用は、記紀万葉の類をこれまでにない観点から考察できるだけではない。本書中に縷々述べるとおり、木簡などの出土資料にはそれらと別の位相の言語が顕現している。その様相は日常に話されていた日本語に近い性格であると期待される。正倉院文書についても、出土資料を併用すれば、漢字列から八世紀の非文学語を汲み取る方途が拡大する。本書の第二、三、五章に、その一端を示した。

日本語史の研究は記紀万葉語がすなわち上代語とは言えない時期に入ったと筆者は考えている。王朝文学語がすなわち平安時代語と言えなくなって久しいが、八世紀以前についても同様の認識をもつ必要がある。訓点語や古記録語を見ずして平安時代を語ることができないのと同じく、出土資料を見ずして八世紀以前を語ることはできない。平安時代の文法に関しては和歌、日記、物語の類から得られるところが多いのと同様に、八世紀以前の文法に関して記紀万葉の類から得られるところが多いことは変わらない。しかし、出土資料の利用価値は漢字受容の歴史だけではない。日本語史そのものに裨益するところも音韻、語彙の水準にとどまらない。今後の取り扱い方次第で、文法の水準にも従来の知見に変更をもたらすであろう。本書の論述の所々にその端緒を示した。本書は漢字受容の歴史に字数の多くを費やしているが、真のねらいは八世紀以前の日本語の全体像を塗りかえようとするところにある。

注

（1） こうしたことを真摯に受けとめた有坂秀世は、語形が「万葉仮名であらはれてゐない場合には、研究の目的上役に立たないから採らない」（『国語音韻史の研究』三省堂1957、七頁）と言い切っていた。

（2） 春日政治『岩波講座日本文学』第二十回配本『仮名発達史序説』1933。のち同氏『著作集』勉誠社1984に収録。

（3） 奥村悦三「仮名文書の成立以前」（『論集日本文学・日本語　上代』角川書店、1978）、同「仮名文書の成立以前続」（『萬葉』第九十九号、1978）。

（4） 三保忠夫『木簡と正倉院文書における助数詞の研究』風間書房、2004は、限定的な対象ながら先駆例となった。桑原祐子『正倉院文書の国語学的研究』思文閣出版、2005はこのテーマにおける最初のまとまった論考である。桑原と黒田洋子、中川ゆかりによる共同研究「正倉院文書訓読による古代言語生活の解明」は本書刊行時も継続し確実に成果をあげている。

（5） 阪倉篤義「国語史資料としての木簡」（『国語学』第七十六集、1969・3）。

（6）小谷博泰『木簡と宣命の国語学的研究』和泉書院、1986、同『上代文学と木簡の研究』和泉書院1999などが代表的な研究成果である。
（7）沖森卓也・佐藤信『上代木簡資料集成』おうふう、1994に木簡番号214として掲載。
（8）木簡学会『日本古代木簡選』岩波書店、1990の木簡番号239。
（9）平川南「家持と日本海沿岸の文字世界」（高岡萬葉歴史館叢書13『家持の争点Ⅰ』）、同「牓示札」（『古代地方木簡の研究』吉川弘文館、2003の第一章五）。木簡学会『木簡研究』第二三号、2001の図版五。
（10）注8書の木簡番号249、250。
（11）金沢英之「金石文　五世紀の刀剣銘、七世紀の造像記・碑文類から」（『國文学　解釈と教材の研究』平成十四年三月号、2002）に有益な整理がある。それに従えば真に七世紀前半の成立と認められるのは二点にとどまる。
（12）山口佳紀『古代日本語文法の成立の研究』有精堂、1985、九六～一二六頁。その挙例は福田良輔『奈良時代東国方言の研究』風間書房、1965、一一二～一四一頁、一六九～二〇五頁を継承したものである。
（13）その後、これには再考の余地が指摘されている。この説の根拠とされた天武六年（六七七）の木簡が、大嘗祭・新嘗祭関係でなく別の用途に使用されたと解釈される可能性を生じたからである。市大樹「石神遺跡（第15次）の調査」（『奈良文化財研究所紀要2003』一二五頁）は、二〇〇二年に石神遺跡から出土した天智四年（六六五）の木簡と形態の特徴が共通することから、屯倉との関係を示唆している。
（14）木簡学会『木簡研究』第二一号、1999、二五頁の寺崎保広による解説。木簡学会編『日本古代木簡集成』東京大学出版会、2003の木簡番号497。
（15）東野治之『長屋王家木簡の研究』塙書房、1996。
（16）注15書六頁。
（17）国立歴史民族博物館『古代日本　文字のある風景』朝日新聞社、2002、四九頁。木簡について詳細は注13書図版三と五八～六〇頁。
（18）小谷博泰『上代文学と木簡の研究』和泉書院、1999、二九七頁参照。
（19）河野六郎「古事記に於ける漢字使用」（『古事記大成3言語文字篇』平凡社、1957。のち同氏著作集に収録）。
（20）藤井茂利『古代日本語の表記法研究』近代文芸社1996、李成市・早乙女雅博編『古代朝鮮の考古と歴史』雄山閣、2002など参照。

(21) 李成市「新羅と百済の木簡」(『木簡が語る古代史』上、吉川弘文館、1996)。

(22) 犬飼隆「文字言語の研究課題」(『神戸大学教育学部研究論集』第八七集、1991) 参照。『上代文字言語の研究』の終章に改稿収録。

(23) 平川南「百済の都出土の「連公」木簡」(『国立歴史民俗博物館研究報告』第一五三集、2009、12)。

本論

第一章

日本語史資料としての七世紀木簡

［要旨］

出土資料に依拠して考察すると、七世紀後半の日本における漢字・漢語の受容は、あたかも現代の外国語の流入と受容のさまに似た状況を呈していたと言える。漢字の普及、字訓の整備、漢文の訓読、漢字で日本語の文を書く技術の開発は、従来予想されていたところよりすすんでいた。漢字の日本語への馴化の度も深く、古韓音系の字音が語彙的に定着して用いられ、漢字の本来の字義から離れた訓よみも少なからず行われていた。八世紀との相違は、さまざまな用法がまだ整理されて使いわけられていなかった点である。なお、七世紀中に漢字の日本語への馴化がすすんだ背景に、朝鮮半島で行われた漢字を固有語へ適用する実験があったことも出土資料から知られる。

1．七世紀日本における漢字・漢語の普及

ここで述べようとするところをたとえをもって提示してみたい。欽明朝から推古朝にかけてを明治維新期にたとえ、天武・持統朝から藤原京時代を明治三十年代にたとえることができるかもしれない。あるいは、七世紀後半を現代にたとえることができるかもしれない。

たとえようとするのは、外国語の日本語への流入と、その結果起きた言語接触である。明治維新期にはヨーロッパ系の外国語が堰を切ったように流入し、漢語への翻訳が行われる一方、文部大臣を努めた森有礼が明治五年に「英語国語化論」を唱えるような状況を生じた。明治三十年代には、それが咀嚼され消化されて、外国の存在を前提とした国語施策が成立して行く。明治三十三年の『小学校令施行規則』による統一的な教育の開始が象徴的である。

また、近年は、それまで日本語の中で漢語が占めていた位置を英語起源を中心とする外来語が浸食している。とくに一九八〇年代からは、外来語になり切らない外国語もどき、いわゆるカタカナ語が世に氾濫するようになった。よく知られた国立国語研究所による一九六〇年代初頭の調査★1では、当時の雑誌使用語彙の異なり語数の四七・五%、述べ語数の四一・三%を漢語が占め、外来語は異なり語数九・八%、述べ語数二・九%であったが、約五十年後の今、外来語もしくはカタカナ語が大幅に増えてその分漢語が減少していることは確実である。

具体例を一つ示そう。かつて筆者は、理論言語学の研究者たちが「クルーシャル」という術語を用いて議論する場に居合わせたことがある。「crucial」は、直訳すれば「決定的な」などにあたり、そこでは、例文

にあらわれている言語的諸要素の中で何がコミュニケーションの成立に最も重要なものとしてはたらいているかというほどの意味で使われていた。

ところが彼らの「クルーシャル」の発音は全くカタカナ式であった。なかには「cial」のところを「シアル」と母音を付けて三拍に発音する人もあった。この単語の場合、原語のアクセントの位置がたまたま「ru」にあるので、彼らの「ル」にアクセントを置く発音と一致するが、語頭のcの後には母音がないしrもuも日本語とは音色が異なる。彼らは脳裏に「crucial」という英単語を置いて日本語の発音を出力していたのである。

そろって留学経験者である彼らは、外国人と話すときには英語らしい発音をこころがけるであろうし、その能力も充分にもっているに違いない。しかし、その場で発音されていた「クルーシャル」はもはや外国語ではない。さりとて、人口に膾炙していないから、外来語に分類される日本語でもない。こういうカタカナ語は、その多くが専門用語である。

それなら「クルーシャル」などと言わないで「言語として決定的」などと訳して使えば誰でもわかるのではないかとの議論が当然出てくる。近年、政府が官公庁におけるカタカナ語使用をいましめている。二〇〇三年四月には国立国語研究所がカタカナ語をわかりやすい和語・字音語に言い換える試案「「外来語」言い換え提案」を発表しはじめた。二〇〇四年一〇月の時点で計一四一語の言い換え語を提案している。しかし、その検討過程でも明らかになったとおり、言い換えにはそれはそれで問題をともなう。先の「crucial」のような術語は、一度身に付けてしまうと、どのように訳しても同じ意味にならない。多くの語数を費やして厳密に定義すれば可能であるが実際的でない。そこでつい「クルーシャル」を使う。しかし、限られた人たちの間以外では通用しない。

この「クルーシャル」は専門用語なので、その後、使われる場面に逢わない。しかし、後にふれる「レベル」などは漢語「水準」にすっかりとってかわったように見える。従来なら「主として…だ」と言った文脈で「…がメインだ」を使うことも多くなった。

筆者が想起する七世紀日本の状態はこのようなものである。右の英語が当時の漢語にたとえられ、漢語・和語が当時の日本語にたとえられているのを理解されたい。記述中にローマ字で書いた語が当時の中国語にあたる。当時の漢語はローマ字とカタカナのものとにわたることになる。どちらとも言えない段階のものもあったに違いない。訓とは、中国語である漢字を日本語で読むことであり、たとえて言えば「etc.」を「など」とか「とうとう」と読むのと本質的に同じである。これを外国語に似せて発音した「エトセトラ」もそれなりの広がりがある。

本書の序論に述べたとおり【↓13頁】、かつて、奈良時代以前の日本では少数の練達者だけが漢字を使いこなしていたとみられていた。その思い込みは今なお斯界に根強いが、平城京木簡によって識字層の広さがあきらかにされ、長屋王家木簡などによって漢字使用の日本語への馴化がすすんでいたこともわかってきた。地方木簡の出土はその全国的な広がりを証明している。この章では、それがさらに七世紀までさかのぼることを論ずる。

七世紀木簡の「天皇」「国司」「評」「五十戸」などの語句は、八世紀の事実に即して知られていた律令の諸制度がすでに実体をもっていたことを示している。一九九六年に芦屋市三条九ノ坪遺跡から出土した木簡の「壬子年（六五二）」が年代の明らかなものとして最古とされていたが、一九九九年には難波宮跡から「戊申年」（六四八）と書かれた木簡等が出土した。これらにより、律令制定詔に先立って大化改新直後には諸制度が実施されていた可能性が大きくなった。一九九九年に公表された奈良県飛鳥池遺跡の「富本銭」の出土も貨幣制度の実施を伝える。律令制の実施は滋賀県西河原森ノ内遺跡、静岡県伊場遺跡、長野県屋代遺跡、埼玉県小敷田遺跡、徳島県観音寺遺跡などの木簡にみるとおり、七世紀に地方にも及んでいた。

律令制の施行は文書行政を伴う★2。『日本書紀』天武十一年（六八二）三月の記事に「丙午、命境部連石積等、更肇俾造新字一部四十四巻」とある。この字書『新字』は後に伝わっていないが、この記事は、当時、官人たちの文字能力の底上げが律令整備のための重要施策の一つであったことを象徴している。以下にとりあげる数々の習書木簡は、その実践の跡を示すものである。そしてこの動きも、観音寺遺跡や屋代遺跡からの『論語』習書の出土にみるとおり、早くから地方でも行われていた。

書く能力と同時に、書かれるべき用語とその書記方法も整備されたはずである。たとえば国郡の下の行政単位として律令に定める区画をさす用語を必要としたとき、日頃居住するところをさす「さと」を翻訳語としてあてた。「五十戸」は、その律令の定義に添った書記形態である。「勅旨」「大命」が天皇の命令をあらわすのも同じである。勅命をさす法的用語の翻訳に貴人の命令をさす「おほみこと」をあてたのであり、長屋王家木簡のように宅内で日常に用いるときは「勅旨」「大命」と書いても勅命ではなかった★3。大宝二年度の諸戸籍に「祖父」「叔父」の意に相当する「意富知《おほぢ》」「乎知《をぢ》」という人名をみることにも同じ説明ができる。住民把握のために家族概念をあらわす用語を必要としたとき、在来の「おほ・ち＝大いなる男」「を・ち＝壮なる男」を翻訳語としてあてたのであり、農民たちの名付けは日本語としての原義で行われているのである。

漢語とその書記媒体としての漢字をうけとめ、在来の日本語と対応させていく過程では、現代の外国語とカタカナ語との意味用法の齟齬にあたる現象も多々あった。意味用法の齟齬とは、たとえば「レベル」は「level」の意味用法のうち、平ら、単調などに相当するものを除去して、比較した程度、段階に限定して使うのが一般的である。七世紀以前の日本では、たとえば、男性からみて近親の女性をさす「いも」を姉妹の関係をさす呼称の翻訳語としてあてたが、翻訳の仕方が漢字の原義と一対一の対応でなかった。その結果、大宝二年度の諸戸籍に家族関係の表示として使われている「妹」字は、今日の概念で姉にあたる人もあらわしている。ある時期の通常の漢字使用において、「妹」字は姉妹のうち年少のものという字義から年齢の要素を除去して用いられたのである。農民たちの名付けは原義で行われるので、大宝二年度の諸戸籍には、妹に「姉賣」「姉つ賣」などをもつ「妹賣」らが存在する。八世紀になると「妹」字が中国の原義どおりに用いられるときもあった。それは、周囲の人に、たとえば現代の経済学者が変化のない景気の動向を「レベルな状態にある」と表現したときのような理解度をもってむかえられたかもしれない。

一方、日本語なまりの漢語がそのまま定着する場合もあったであろう。現代のいくつかの外来語はもはや和語・漢語に置き換えることができない。『万葉集』にも「力士」など少数の漢語があらわれることはよく知られている。大宝二年度の戸籍にあらわれる人名「阿弥多」「无量寿」などは特別であるとしても「恵師(=画師)」「法師」はそれなりのひろがりをもっていた形跡がある。正倉院文書に重量の単位を音読した例もある★4。とくに木簡の多くの行政用語がいちいちに訓よみされたか否かは、今後に解明すべき課題の一つである。

用語だけでなく、文体の水準でも語彙と書記方法の整備が行われ、漢字・漢文と在来の日本語との言語接触が生じたはずである。たとえば、現代の書き言葉の「…ところの…」の構文には欧米語の関係節の影響が著しい。八世紀以前の日本においては、たとえば「故」字の訓には構文中の位置によって形式名詞「ゆゑ」と接続詞「かれ」がある。「故」の本来の字義は時間的に以前であることをさし、前をうけて後をおこす意味用法をもつ。前要素の末尾に位置するか後要素の先頭に位置するかで翻訳語として別の日本語があてられたのである。この「かれ」はおそらく指示語「か」に「あれ」がついたもので、「こうであるので」ほどの語義である。日本語は接続詞に乏しく、存在する接続詞はいずれも他の品詞や連語からの転用である。接続助詞の類でつないで文を延長して行くのが日本語の構文の特色であり、前文をうけて後文を引き出すのが漢文の構文の特色である。その接触によって、日本語の接続詞そのものができた可能性は小さくない。

　また、日本の変体漢文で「者」を助詞「ば」にあてる慣用は、漢字としての「者」の意味・用法から離れている。「者」字は、古典中国語としては「あるものを取り立てて、分けて示す」意である。これに相当する日本語は係助詞「は」である。この「者」を条件をあらわす文脈に用いると、取り立てて区別する意味が生きて「もし…ならば」という仮定条件になる。ところが、助詞をあらわす「者」は『法隆寺薬師仏光背銘』の「造不堪者《つくりあへざれば》」のように「…なので」という確定条件の文脈にも使われ、日本語の接続助詞の「ば」をあらわしている★5。

　このような、漢文体を骨組みとして漢字列で書かれているが実は日本語を書きあらわしているものが変体漢文体である。そして、「実は日本語」と言いながら、その日本語はもはや在来のものとは異なる。漢字・漢文と接触して「鋳なおされた」日本語である。およそ、日本語の書き言葉の文体そのものが、漢文と接触し、その骨組みを取り入れることで成立したと言ってもよい。つとに『竹取物語』の地の文に漢文訓読語が用いられ漢文訓読文的性格がみられることが指摘されている★6。『正倉院万葉仮名文書』の文章が正倉院文書に多い漢文解《げ》の様式に則っていることも解明されている★7。

　言語施策のみならず、『日本書紀』の天智・天武・持統朝の記事に頻出する文化諸施策は、いずれも日本律令の文化的側面の形成を示すものである。天武十年二月に「朕今更欲定律令改法式…」の詔が出され、三月には「帝紀、上古諸事」が記定された。正史を定めようとしたもので、これがのちに『古事記』『日本書紀』編纂に結実する。同月に①「試発鼓吹之声、仍令調習」のことも行われた。四月に②服飾に関する「禁式九十二条」が立てられ、九月に③諸氏の氏上を定めよとの詔、天武十一年に入って、三月に『新字』編纂、同月に④百官に在来の服装を禁ずる詔、四月に⑤「男女悉結髪」の詔が出されている。これらの詔は、それぞれ、①が楽令、②が衣服令、③が封爵令ないしは戸令、④⑤が衣服令ないしは儀制令にあたるものであったとみることができる。

先にもふれたが、これらの記事は律令体制の確立後に書かれた理想像であって、天武朝当時の実態ではなかったとの見方がある。その見方が正鵠を射ている場合もある。「こほり」にあたる行政単位は、大宝令では「郡」と書く。『日本書紀』も同じである。藤原京跡から「評」と書いた木簡が出土して、『日本書紀』の「郡」は八世紀の観念による用字であることが証明された。しかしまた、これも先にふれたように、続々と出土する七世紀後半の木簡は、『日本書紀』の記事が事実によっている側面を証明する。一九八五年に飛鳥京跡から出土した「辛巳」「大津皇子」などの文字が書かれた木簡は『日本書紀』編纂の原稿にあたるものかと言われた。とすれば、右にあげた諸儀礼の整備も、天武朝に実際に行われた可能性が大きいのである。その一環として、和歌の起源や天武朝にはじめられた『古事記』の編纂なども、七世紀木簡の実態に即してとらえなおす必要がある。和歌に関しては、本書の第八章に詳しく考察する［↓211頁］。『古事記』の編纂には本書で立ち入らないが、その土台をなす漢字の用法について第七章で考察する［↓187頁］。

なお、日本列島における漢字使用は朝鮮半島における先行実験を土台とした可能性が大きい★8。七世紀木簡はそれを検討するために重要である。また、六世紀以前の日本語の様相を知るためにも、七世紀木簡が資料となり得る。半島との関係については本章の第5節でふれるほか［↓59頁］、本書の第二章二・［↓83頁］などでも取り上げている。六世紀以前の様相に関しては第六章でふれている。

2. 漢文訓読と字訓体系の成立

以下、七世紀から八世紀初頭の主要な木簡をとりあげて考察する。引用する木簡に出典を注記した。できるだけ公刊されたものを示すように努めている。木簡の全文を掲げないときもあるので、それらの写真または釈文を参照されたい。

漢字の訓よみがいつから行われたか、まだ確かめられていない。『稲荷山古墳鉄剣銘』の「乎獲居臣」にしても、「ヲワケのおみ」と呼ぶのが普通であるが、「臣」を五世紀に訓でよんでいた証拠はない。解釈として奈良時代の「○○のおみ」の型を適用しているにすぎない。しかし、七世紀には、漢文の訓読が行われ、字訓が体系的に整備されていたことを確認できる。

漢文の訓読が行われていた確証の嚆矢となるのは一九七三、四年の調査で滋賀県の北大津遺跡から出土した辞書木簡（図①参照）★9である。はじめ、下部三行目中央の「𥼑」の下を「久皮反」という反切による字音とみて、「音義木簡」とされていたが、「精」の異体字に「久皮之《クハシ》」という訓を示したものとみるのがよい

図①◀北大津遺跡出土木簡（木簡学会編『日本古代木簡選』岩波書店、一九九〇、一八九頁より引用）

★10。まだよめない字も多いが、一行目「鏁」に対して「汙ツ《ウツ》」「賛」に対して「田須久《タスク》」の字訓を示し、二行目「采取」は「とる」、三行目「披開」は「ひらく」という同訓字による注であろう。全体に字訓を示したものであって、おそらく字音は記載されていない。

示された訓のなかで「誣」の異体字「訌」に対して「阿佐ム加ム移母《アザムカムヤモ》」とあるのがとくに興味深い。「ム移母」は助動詞と終助詞だからである。逐字的な訓であれば、用言の字訓は終止形もしくは連用形で示されるはずである。この訓は、この字そのものでなく、特定の漢文脈のなかでのこの字のよみ方、言い換えれば訓読の仕方を示していることになる。さらに言い換えれば、当時、個々の漢字と訓とのひきあてが整備されていただけでなく、文として漢文訓読が行われていた証左である。

平安時代末期（一一〇〇頃）の『類聚名義抄』はおびただしい和訓を採録しているが、そのなかに逐字訓でなく「悠哉　オモフラム　オモフカナ　オモフツヤ」などのように漢文訓読脈に即した訓がある（図②参照）。同書の訓は実際の漢文訓読例から収集されたと推定されているが、同様に、この木簡の助動詞と終助詞を含む訓も、七世紀末に行われていた漢文訓読脈から採取したものであろう。「鏁」に「汙ツ《ウツ》」の訓は鍛造の意、「體」に「ツ久羅布《ツクラフ》」は体の回復をはかる意であろう。いずれも文脈に即した訳である。字と訓との対応から訓読された原典が推定できるかもしれないので、中国古典学の立場からの解明を期待したい。平安時代の

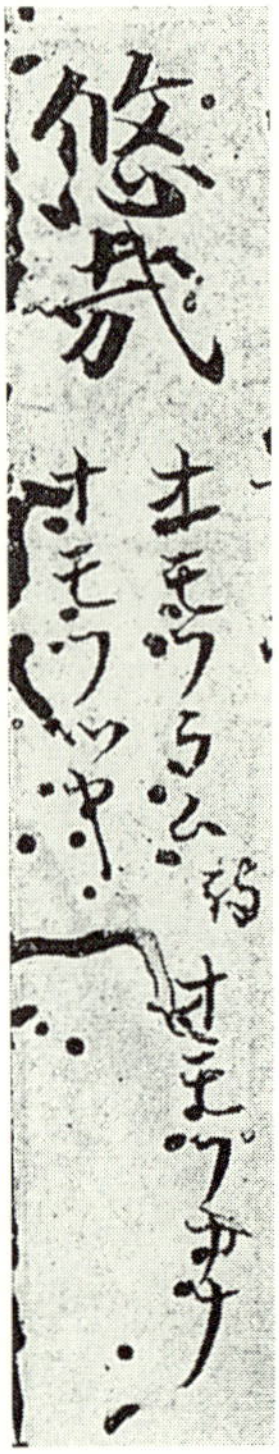

図②◀類聚名義抄（部分）・勉誠社刊の影印本より引用

訓点資料において「誣」には「イツハル」などの訓が多く、『冥報記』長治二（一一〇五）年点に「アザムク」があることから筆者は仏教説話かと想像している。

徳島県の観音寺遺跡から出土した木簡の一つも「椿つ婆木」などの字訓を示している★11（③図参照）。本書の第四章4節に述べたとおり［↓127頁］、八世紀に入ってからのものと推定されているが、七世紀の様相を知る参考になる。この「つ《ツ》婆《バ》木《キ》」が「国訓」である点がとくに興味深い。「椿」があらわす植物は落葉樹だが、日本の「つばき」は常緑樹である。当時すでに漢字本来の字義と異なる固有語を訓としてあてることが

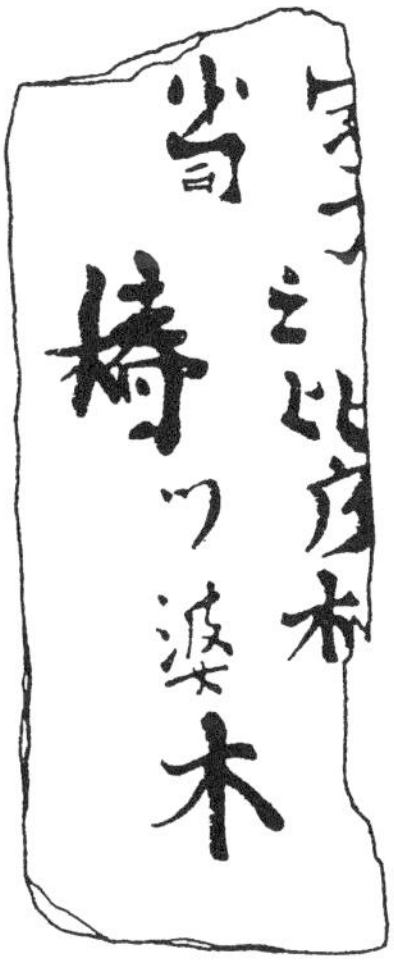

図③◀観音寺遺跡木簡・『徳島県埋蔵文化財センター調査報告書第40集 観音寺遺跡Ⅰ（観音寺木簡篇）』、二〇〇二、六二頁より引用

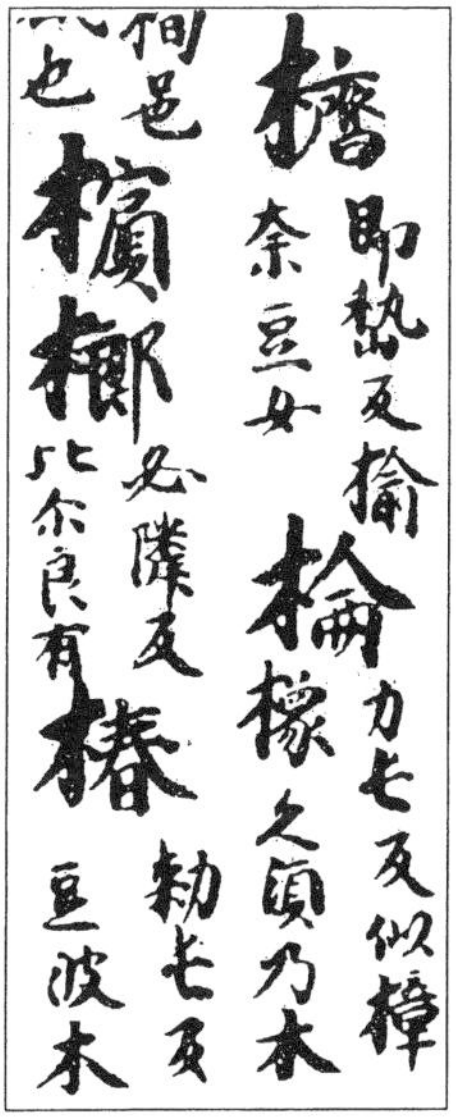

図④◀新撰字鏡（享和本）部分・（臨川書店刊の影印本より引用）

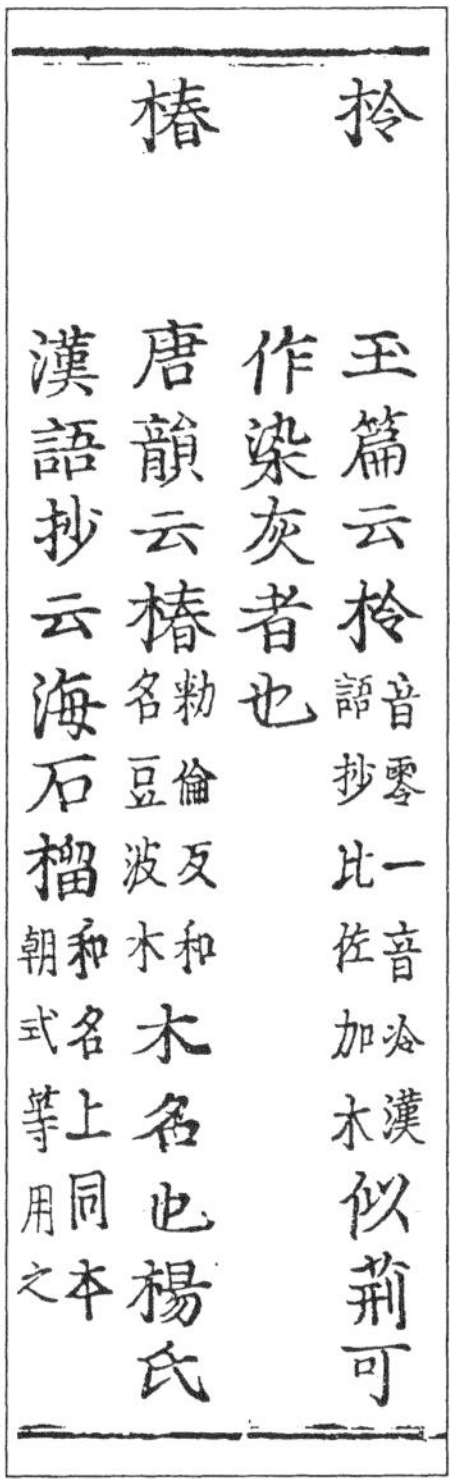

図⑤◀和名類聚抄（道円本）部分・（臨川書店刊の影印本より引用）

日本列島でも朝鮮半島でも行われていたが、これもその一例として数えられることになる。

また、この木簡の植物名をあつめた記載の体裁は平安時代前期（九〇〇頃）の『新撰字鏡』に似ている（④図参照）。何かもとになった字書があったとすれば、意味分類体をとっていたことになる。これは北大津遺跡の木簡とあわせて、七世紀末に漢字に対する日本語の訓をあつめた字書を編纂する試みがなされたことを示唆するものである★12。

先にふれたように『日本書紀』には天武十一年に『新字』編纂が命ぜられたとある。この『新字』が実在したとすれば、字書であったはずである。書名は、古文＝古い字体に対する今文＝今の字体＝新字の意であろうと言われている。編纂者としてあげられている境部連石積は、渡唐して天智六年（六六七）に帰国している。当時の現代中国語を学んで帰り、最新の文字情報を日本の朝廷にもたらした。それを字書としてまとめたので「新しい字」と名付けられたと言うのである★13。その手本になったのは『玉篇《ぎょくへん》』であったと言われる。中国の梁《りょう》の時代（五〇二～五五七）の顧野王《こやおう》が編纂した全三十巻（三十一巻とも）の字書である。その原本は、約一万七千の字を隷書体で掲げて、五百四十二の部首に分類し、それぞれの字に反切で音を示し、古典の用例を引いて字義を示し「野王案」として考察を加えた体裁であったと推定されている★14。この『玉篇』は、律令の注釈書である『令集解《りょうのしゅうげ》』を含めて、上代日本の諸文献に盛んに引用されている★15。日本漢字音の漢音は、中国で権威のあった『切韻《せついん》』よりも『玉篇』の字音体系に近い漢字音を反映している。しかし、完成していたなら公定の字書であったはずの『新字』は、後代に全く痕跡を残していない。木簡にも『新字』を想起させるような字句を書いたものや漢音系の漢字音を反映した字書の習書は今までに見つかっていない。

しかるに、源順が平安時代中期（九三四）に編纂した『和名類聚抄』の序文中に、養老年間（七一七～七二四）以前のものとして『辨色立成』『楊氏漢語抄』という字書が実在したと記述され、本文中にもそれぞれ百数十ヶ所の引用がある（図⑤参照）。この二つの字書は公史には出てこないが、『辨色立成』は漢字を意味で分類し訓を示したものであったらしい。書名は仏教用語に由来するもので、「色＝事物」が「辨＝言語」によって「立ちどころに成る」意である★16。『楊氏漢語抄』も同じような内容であったらしく、『和名類聚抄』の序文に「（『辨色立成』と）名は異にして実は同じ」とある。書名は「楊胡氏」あるいは「楊木氏」による「漢語」についての「抄＝注釈（日本語への翻訳）」の意である。

北大津遺跡と観音寺遺跡の字訓を書いた木簡は、おそらくこれらとつながるものである。七世紀、すでに漢文の訓読が盛んに行われていたとすれば、漢字の訓や意味用法を集めた辞書をつくり学習の便宜をはかろうとしたのは自然な成り行きである。また、漢字で日本語を書きあらわすためにも、字と訓との対応表をつくることに意味があったはずである。字訓を書いた木簡の出土は、そのような辞書が実際につくられていたことを示唆する。

なお、観音寺遺跡から出土した別の木簡（形状は觚）が、漢文の訓読がさらにさかのぼる可能性を提供した。七世紀中頃のものとされる『論語』「学而篇」の習書で、当時の粟国造の居館内で『論語』の教授・学習が行われていた可能性を示すもの★17である。詳細は本書の第四章2節で述べたところにゆずるが、その教授・学習は訓読によって行われていたかもしれない。今後に検討を要することがらとして指摘しておく。

以上を約言すれば、七世紀末までに律令官人たちによる漢文訓読はかなりの程度に普及し、意義分類体の辞書・字書が作成されるほどに漢字の学習が進んでいた。そして、字と訓との対応が整備されるなかで、日本独自の用法が生じていた。

3. 日本語に馴化した字音体系

では字音はどうだったか。一九九七年に奈良の飛鳥池から出土した木簡の一つは、八世紀に入ってからのものであるが、字音を示した字書の習書とみられる★18。

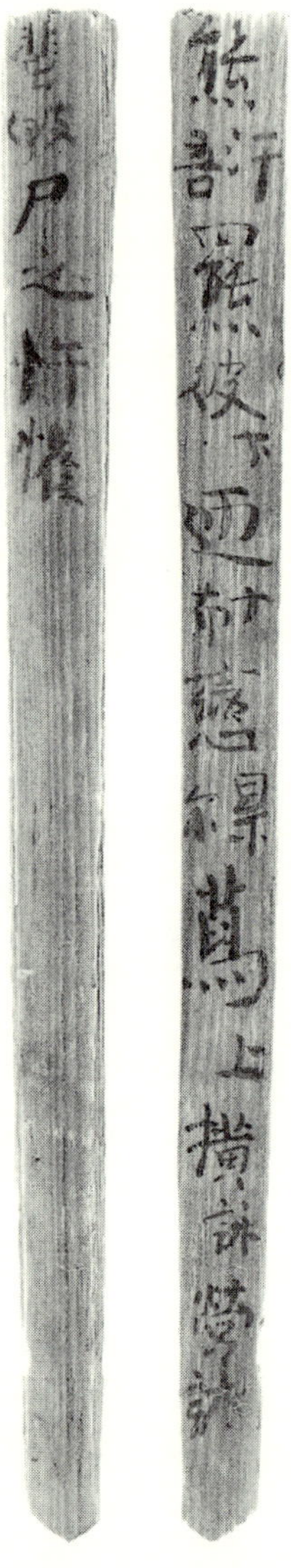

◀飛鳥池遺跡木簡（木簡学会編『日本古代木簡集成』東京大学出版会、二〇〇三、一二四頁より引用）

・熊汗吾羆彼下迊ナ布戀□尓蔦上横詠營詠
・蜚皮伊尸之忤懼

中国の字書で字音を示すときは反切か同音注によるが、この木簡の「熊汗吾」「迊ナ布」「戀累尓」「蜚皮伊」は万葉仮名で字音を注記している。その他は以下に述べるように同音注または同音字の併記とみられる。反切を採用していないので、ここに示されているのは外国語としての中国字音でなく、当時の日本字音であろうと予想される。たとえて言えば英単語「cat」の発音を［kæt］と書きあらわすのが反切であるとすると、この木簡の字音注記は「キャット」と書きあらわす水準のものである。

　万葉仮名で字音を示したものから吟味する。まず「熊」であるが、「汙吾《ウグ》」の「汙」はウの万葉仮名としての使用実績が推古朝遺文からあるのでとくに問題ない。「吾」はグまたはゴ甲類をあらわす万葉仮名としての使用実績が大宝二年度の筑前国戸籍などにある。「熊」の原音は末尾が子音ŋでおわる。平安時代以降に行われた字音仮名遣いで「熊」の音よみはユウと書かれるが、そのウは「東」のトウなどと同じくŋを日本語風にうけとめたものである。この木簡でそのŋにあてられている「吾」の字音は末尾が母音でおわる。この木簡では、後の時代のユにあたる部分の音を「汙」であらわし、ŋに母音を添えて開音節化し「吾《グ》」であらわしているわけである。

　次に「迊」の字音仮名遣いはサフであるが、そのフは原音の末尾の子音pをうけとめたものである。音注「ナ布《サフ》」の「ナ」は「左」字の略体とみられる。「左」はサの万葉仮名としての使用実績が珍しくない。「布」はフの万葉仮名として頻用された字であり、末尾が母音でおわる。この音注も原音の末尾の子音を開音節化してうけとめていることになる。

　次に「戀」も原音の末尾が子音nでおわる。音注「累尓《レニ》」の「尓」はニの万葉仮名として頻用された字であり、末尾が母音でおわる。これも原音の末尾の子音に母音を付け加えて開音節化しているのである。「累」の位置は釈文では□になっている★19が、「累」の冠を「曰」と書き「糸」を「示」のように書いた異体字であろう。これを、日本語のレに近い音、厳密に言えば、仮名で書くとすればレをあてるのが最も近似的である字音をあらわしたものとして、次のように説明できる。

この「累」が古韓音系の字音で用いられていると仮定すると、「累」の字音の頭子音lを日本語のラ行子音にあて、母音部分を半広の母音にあてたと解釈できる★20。古韓音は中国の上古音（二、三世紀頃の標準音）に由来する字音であるが、その「戀」と「累」の母音部分は西暦七〇〇年頃の日本語の母音エの範疇に入る音に聞こえたのであろう。理解のめやすとして、斯界に膾炙している董同龢の復元音★21によると、「累」と通用する「纍」「絫」は［-wə-］のような母音部分をもっていた。「戀」は［-wä-］のような母音部分をもっていた。日本語の母音エはア〜オとイとのさまざまな連接が融合して成立した可能性が大きく、おそらく音色が一様でなかったので、これら上古音の中舌半広母音に由来する母音部分が同じ字音として認識されたのである。このことについては、なお本書の第六章6節に考察するところがある［↓181頁］。

以上みたように、子音で終わる字音の末尾を必ず開音節化してうけとめているのは、八世紀初頭までの日本における漢字音受容の一般動向に合致する★22。漢字を仮借ないし万葉仮名の用法で使う場合、子音でおわる字音の末尾は、「足尼《すくね》」の「足」の末尾のkのように母音を添えて開音節化するか、「甲斐《かひ》」の「甲」の末尾のpのように直後の類似の子音に重ねて子音連続を解消するか、いずれかの処置が施されていた。言い換えると、漢字音末尾に子音があれば必ず意識されていた。そして、それらの子音韻尾は当時の日本語音韻で発音できないので、母音を添えて発音できるようにしていた。

八世紀には、朝廷が奨励して漢音系の字音の学習がすすんだ★23。当時の中国語会話として子音韻尾を単独で発音できる熟達者も増えたであろう。その一方で、漢字を日本語の文字として「飼い慣らす」度合いもすすみ、万葉仮名としての用法に原音の末尾の子音を無視する慣用が生じてくる。たとえば「万」を「まろ」を書くときに頻用するうちにn韻尾が忘却されてマをあらわす万葉仮名として使われるようになる。p、m、t、n、k、ŋの韻尾のなかではŋを無視する例が最も早かった。たとえば「曽」をソ乙類の万葉仮名として使うことは比較的に早い時期に一般化する。その説明はいちがいにできないが、ŋの音色が母音に近く、直前の音節を長めに発音したように聞こえるのが理由の一つであろう。しかし、この飛鳥池の木簡ではŋも子音として認識し開音節化しているので、日本漢字音として古い様相を示していることになる。

万葉仮名で字音を注記したもののうち残る「蜚」は発表時に話題を呼んだ。「皮伊」という万葉仮名による音注をヒイとよみ、長音とみなす説が出されたのである。これについては、筆者はハイとよむのがよいと考える。主な根拠は、この「皮」にヒの万葉仮名としての実績がなく、ハの万葉仮名として頻用されているからである。「蜚」の中国原音そのものは上古音にてらしてみても口本字音でヒイでうけとめるべき類に属するが、そのなかでは中心母音がやや開口度の大きいものであること、類似の偏旁をもつ字にハイでうけとめるべき類の字音のものがあることを考慮したい。

いずれにせよ、ハイのような音は当時の日本語の音韻で発音が可能であり、かつ、そのような日本語の単語は存在しないものである。なぜなら、当時のア行音は語頭以外の位置にたつことがなかった。唯一の例外として船の「かい」があり、「掻き」の早い音便化であるとか「い」の位置はヤ行であるとか説明が試みられている。つまり、語中尾にイをもつ発音は当時の日本語音韻でも不可能でなかったが、そのような発音は日本語の単語らしく聞こえなかったはずである。

以上を約言すれば、これらの万葉仮名による音注は、日本語化した漢語ではなく、個々の字の音を示したものである。しかも、閉音節の字音をすべて開音節化してうけとめている点で、日本語音韻への適合が行われている。この節のはじめに英単語の発音をカタカナで書きあらわすような水準としたが、そのなかでも、たとえば愛好家の意の「fan」を「ファン」でなく「フアン」とうけとめるような水準のものである。

次に同音注とみられるものを吟味する。まず表面二字目の「羆」と次の「彼」は字の大きさがあまり変わらないが、前者の字音を「彼」で注記したものであろう。この二つの字は、中国の原音では頭子音も中心母音も全く同じで声調だけが平声と上声の相違がある。日本の漢字音は漢音系の字書のような特殊なものを除いて声調の区別をしないから、これは同音注とみなしてよい。なお、この二字は董同龢の復元音によると上古音で〔-wa-〕のような中心母音をもっていた。この木簡で認識されている字音を仮名で書きうつすとすればハが最も近似的であったかもしれない。

この「彼」の下の小さな「下」は、「蔦」の下の小さな「上」から返って読むことを示すとみておきたい★24。字音から説明するのは無理なようである。この「下」「上」を声調の指定とみる向きもあるが、「彼」は上声の字である。「蔦」には字音が示されていないことになるが、さしあたり説明を保留するほかない。

その下の「横詠」は字の大きさからみて明らかに同音注の体裁である。この二字も、この木簡の字音では同音にみなされていると考えることができる。平安時代以降の字音仮名遣いでは「横」がワウ「詠」がエイなので同音にならない。日本の漢音のもとになった中国の中古音（六、七世紀頃の標準音）でも、「横」と「詠」の字音は大きな枠組みで同じ類に属するが頭子音も中心母音も異なる。しかし、中国の上古音（二、三世紀頃の標準音）では字音が近似していた。頭子音と中心母音は同じで、「詠」はその間に介母音（拗音に似た要素）があり「横」はなかった。従って、中国の原音では類音であって同音ではない。理解のめやすとして董同龢による復元音を示すと「横」が〔ɣwăng〕で「詠」が〔ɣiwăng〕である。この介母音 i の有無を認識しないのは、いかにも日本語に即したうけとめかたと言える。古代日本語の音韻には拗音がなかったので、古くは中国字音の介母音を無視した。たとえば「燭」「緑」字の介母音は「蝋燭」「緑青」などの音よみで無視されている。「六」のロクは「六義」などのリクとしてうけとめられるものに変化する以前の字音が、介母音を無視したままに定着したものである。

表面末尾の「營」と「詠」は字の大きさがほとんど同じである。後者が前者の注ではなく、当時の日本字音で同音とみなした字を並べたのかもしれない。この二つの字は、中国原音では声調が異なり中心母音も少し異なる。しかし、先にも述べたように、声調の別は日本字音に反映しないときが多いし、中国古典語と比べて古代日本語は子音も母音も種類が少なかったので、中国原音で母音に相違があっても日本漢字音には反映しないときがある。これもその類である。平安時代以降の字音仮名遣いでもいずれもエイである。

裏面の「尸之」は同音注であろう。字の大きさがあまり変わらないが、「罷彼」と同様にみておく。この「尸」と「之」も、中国原音では頭子音も中心母音も少し異なるが、日本漢字音ではサ行子音と母音イの組み合わせにうけとめられるべきものである。字音仮名遣いでもいずれもシである。

末尾の「忤」と「懼」は字の大きさがほとんど同じなので、同音字の並記であろうか。頭子音が「忤」は鼻濁音で「懼」は有気有声音である。その相違は「我」と「賀」の頭子音と同じである。日本の漢字音のなかで新しい層を形成している漢音では、前者の頭子音がガ行音、後者の頭子音がカ行音にうけとめられるが、それ以前の字音ではいずれもガ行音にうけとめられていた。たとえば『古事記』の歌謡では「賀」がガの主要な万葉仮名として用いられている。「忤」と「懼」の中心母音は同じであるが、「横」「詠」と同様に、「忤」は頭子音との間の介母音がなく「懼」には介母音がある。やはり、当時の日本字音では同音とみなされたであろう。

こうしてみると、この木簡の記述は以下の特徴をもつ日本字音を示している。漢字音であるが日本語音韻に馴化したもので、末尾が子音でおわる字の韻尾を必ず開音節化していることと、「横」と「詠」とが介母音を無視して同音に扱われていることからみて、この木簡が示している字音は古いものである。新来の漢音でないのはもちろん、和音のなかでも古い層の古韓音系の字音をもとにしている可能性が大きい。この字音で当時の中国語会話ができたとは思えない。原音の声調に頓着しないところをみると、漢詩の類にも役立たない。これが次の節で吟味するような日常ふだんの万葉仮名の基盤になっていた字音であろう。

そして、「蔦」の下の「上」と「彼」の下の「下」が字を入れ替える指示であるとすると、何かこの記述のもとになった文面が存在したはずである。「横詠營詠」と「戸之忤懼」の配列の体裁が同じであるのも、何らかの下敷きになった文面の存在を予想させる。とすれば、ここにあらわれている字音は、この木簡の書き手の個人的な認識ではなく、一般性をもつと考えられる。書かれている字をみると、もとになっているのは何か仏教系の文献のようである。八世紀に入ってなお、日常、こうした文献を音読するのに古韓音を用いていたことになる。

以上は、あくまで一枚の木簡を分析して得られた知見である。これが七〇〇年前後の一般の状況であったと言い切るためには同様の資料がさらに必要である。しかし、ここに整理したところは、七世紀資料の全体のなかに位置付けて齟齬をきたさない。従来考えられていたよりも、古韓音の用いられた時期を繰り下げ、一般の漢字使用における日本語への馴化の度が大きかったとみれば、これといった矛盾なく全体像を描くことができる。

古韓音による万葉仮名は、七世紀前半の推古朝遺文に『元興寺露盤銘』の「有麻移刀《うまやど》（厩）」の「移」などがある。書いたのは渡来系の人たちである。『日本書紀』の欽明天皇六年、十四年の「弥移居《みやけ》（屯倉）」のように朝鮮半島の文献からの引用として書かれている記事にもある。木簡には、八世紀に入ってからも「蘇《そ》宜《が》（人名）」の「宜」などの例が見られる。「蘇宜」は大宝二年（七〇二）度の美濃国加毛郡半布里の戸籍にも見られる。ただし、木簡や戸籍の古韓音は語彙的にあらわれるのみである。字音体系全体が中国の上古音に対応しているわけではない。「和音」と総称される複層的な字音のなかに、古韓音が予想以上に多く、時期的にも後まで含まれていたと解釈するのが妥当である。漢音が当時の現代中国語であったのに対して、旧来の字音は日本語にとけ込み定着していたということであろう。

ここに字音について考察した結果は、字訓および漢文訓読の成立が従来予想されていた以上にさかのぼることと合わせて、七世紀日本における漢字使用の広がりと受容の質とに訂正をもたらすものである。古韓音の使用実態は、いわゆる呉音の出自と性格に関する議論にも再検討を要請するであろう。

4. 漢字で日本語の文を書く諸様式

七世紀木簡にみる漢字運用の様相は、推古朝遺文にみられるそれを受け、奈良時代の文献におけるそれにつながっている。以下にあげる滋賀県森ノ内遺跡出土の手紙木簡などは、七世紀後半に字訓で日本語の文を書く技術が開発されていたことを示す。奈良県飛鳥池遺跡出土のものをはじめとする「歌」を書いた木簡は、同じ時代に万葉仮名で日本語の韻文を書く技術が確立していたことを示す。

森ノ内遺跡の手紙木簡については本書の第二章で詳しく検討しているので〔→67頁〕、ここでは要点のみ述べる。まず漢字の字順が日本語の語順におおよそ一致している。返読を要するところは「不得」「可行」だけであり、『法隆寺薬師仏光背銘』などより漢文の字順から離れる度合いが大きい。また、この「不」「可」を助動詞にあて、「者」と「而」を助詞にあてて、日本語の構文を明示している。

この木簡の漢字は、固有名詞と行政用語「評」「五十戸」「博士《ふひと》」を別にすれば、今日『古事記』がよまれている訓でよめる。『万葉集』の巻一から十六までの訓字を主体とする書記様態の和歌どもの訓よみとも多くが一致する（巻十六までと限定するのは、巻十七以降は大伴家持の個人色が濃く時代的にも原作自体が奈良時代中期以降に属するからである）。この現象は、この木簡が西暦七〇〇年前後の普通の字訓で書かれていることを意味する。

しかし、『古事記』が「往」「行」、「在」「有」などを動詞の意味内容によって使い分けるように精密な書記法であるのに対して、この木簡の漢字と訓との対応は簡素かつゆるやかである。また、二つ使われている「故」の一つは形式名詞「ゆゑ」、一つは接続詞「かれ」の訓でよむのが適切であるが、『万葉集』の「故」はすべて「ゆゑ」である。「かれ」は散文系の用語であろう。同じく「自」も「みづから」とよむのが適切であるが、これは『古事記』と一致し、「おの」とよむ『万葉集』とは相違する。さらに、「伝之」と「反来之」の「之」は不読の文末辞の可能性があり、そうであれば『古事記』とも『万葉集』とも相違して、後に述べるような朝鮮半島の変体漢文の影響が考えられる★25。

この木簡の書記様態・書記形態から知られるところを約言する。七世紀後半には字訓の整備がすすんでいた。漢字と訓との対応は多対多であり、同じ字が文体によって異なる訓で用いられていた。

次に奈良県飛鳥池遺跡から出土した、万葉仮名で日本語の韻文を書いたとみられる木簡を検討する★26。

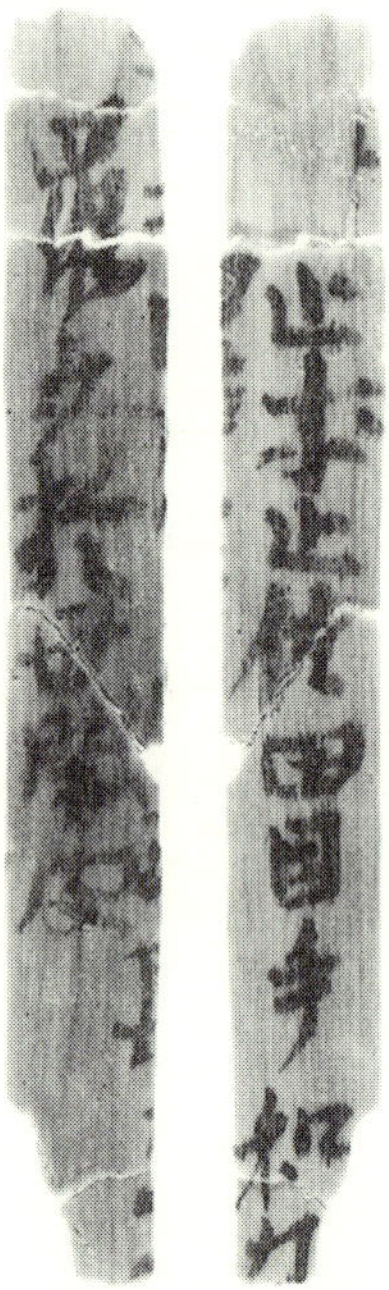

◀飛鳥池遺跡から出土した習書木簡（木簡学会編『日本古代木簡集成』東京大学出版会、二〇〇三、一二四頁より引用）

・□止求止佐田目手和□加ヵ
　□□□
・□
　羅久於母閉皮

溝の年代からみて七世紀後半から末のもので、堆積状態からおそらく後半、伴って出土した木簡の「さと」がすべて「五十戸」の書記形態の由である★27。

表面第一字の位置は墨の残りが右隅の一部だけであるが、第二字以下は、『万葉集』巻十・二〇七四番歌「天の川渡り瀬ごとに思ひつつ来しくも著し逢へらく思へば」を参照して「とくとさだめてわ【がおもひ…あへ】らくおもへば」のように再現できる。内容は恋歌であろう。「とくと定めて我が思ひ」の推定が正しければ拍数が七、五になるので、表面第一字の位置は上にあって切り取られた五字の末尾であろう。

使われている万葉仮名をみると、表の「止」は古韓音系の字音にもとづく字で、実用の文に頻出する。次の「求」は『万葉集』巻十四・三四三〇番歌に「許求（漕ぐ）」の用例がある。中国原音で頭子音が全濁の字なのでグにあて得るが、この木簡の「止求（疾く）」は清濁を書きわけていないことになる。同様に訓仮名「田」も「定めて」のダにあてられている。また、訓仮名「田」「手」は『万葉集』では巻一から十六の訓字を主体とする書記様態の和歌どもにあらわれ、巻十七以降にはない★28。漢字の訓と音による用法を整然と使い分ける方針が採用され、その両方にわたる訓仮名の使用が避けられたからである。裏面末尾の「皮」は、本書の第六章で考察するとおり【→171頁】、古韓音による万葉仮名（あるいは「波」などの略体）である。接続助詞「ば」にあてられているので、これも清濁を書きわけていない。

　この万葉仮名の様相は、先に第2、3節でみた字書類の習書木簡と共通する。また、飛鳥池遺跡木簡の「伊支須《いぎす》」などの物産名や短い日本語を書いたもの★29の万葉仮名とも共通する。地方の遺跡から出土する七世紀木簡の様相も同様である。官人たちが常日頃の業務に用いていた万葉仮名は、このような、字画の少ない、古韓音によるものを含み、音と訓とを厳密に区別せず、日本語の清濁を書き分けない体系だった。

　七世紀の木簡に万葉仮名で日本語の散文を長くつづった確例はない。対象が韻文に限られたらしいことについての詳細は本書の第八章にゆずる。一九九九年に難波宮跡から出土した七世紀中葉の羽子板状木製品刻書の表面が「□止你乃止……□□」と翻字されている★30が、今のところ何とも言えない。確実な最古の万葉仮名書き散文といえるのは、東野治之の指摘する★31二条大路木簡の割り書き部分「和岐弖麻宇須多加牟奈波阿□／止毛々多□比止奈□止麻宇須／比止［　　］／□我［　］止［　］」（図⑥参照）★32であろうか。『正倉院万葉仮名文書』に先立つ天平七、八年（七三五、六）頃のもので、野菜類の進上伝票に小字割

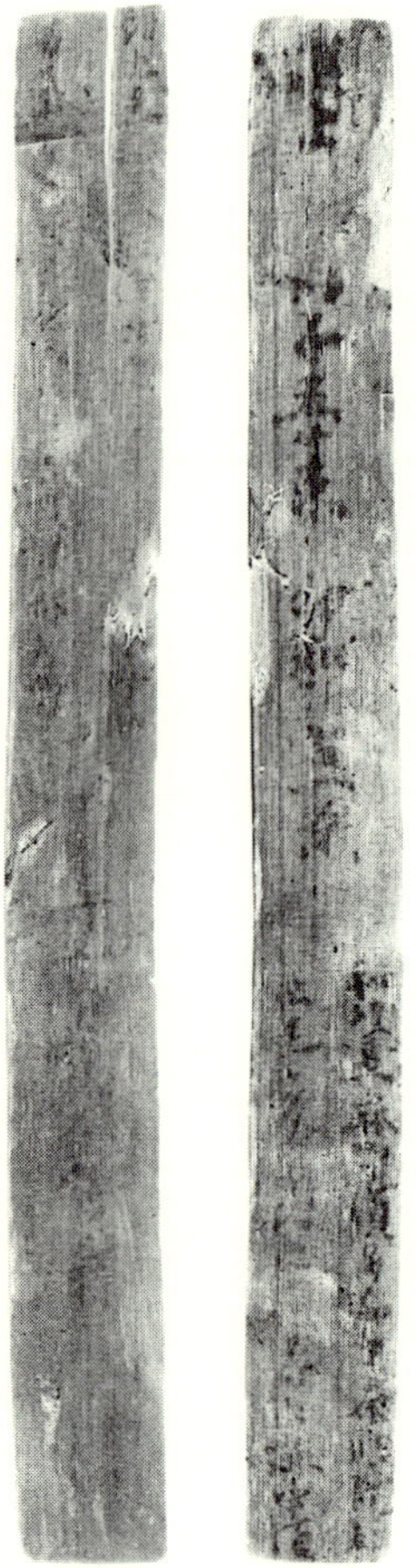

図⑥◀二条大路木簡の割り書き　写真提供●奈良文化財研究所

り書きで書かれた部分である。文意は「分きて申す、筍は有（り）とも持たむ人なしと申す。人も…」のように推定できる。終止形の「申す」で発言内容をはさむ構文は、古代日本語の「曰く…と曰ふ」のような会話引用形式が実在していたことの証明になる。

この事実に依拠すれば、『古事記』が一字一音式に書かれた日本語文をもとにして今見る書記様態に編纂されたという説は否定される。『古事記』の本文は、森ノ内遺跡の手紙木簡や、次にあげる飛鳥池遺跡木簡の「世牟止言而」のような書記様態からの発展を考えるのが妥当であろう。一方、『古事記』の歌謡については、飛鳥池の日本語韻文を書いた木簡によって、天武朝に編纂が開始されたときの原態が一字一音式だっ

図⑦◀飛鳥池遺跡木簡（木簡学会編『日本古代木簡集成』東京大学出版会、二〇〇三、一二四頁より引用）

図⑧◀小敷田遺跡出土木簡（木簡学会編『日本古代木簡選』岩波書店、一九九〇、七一頁より引用）

た可能性が大きくなる。

七世紀末には漢字の訓と表音的な用法との交用も行われていた。奈良県飛鳥池遺跡から一九九七年の発掘で出土した木簡に「世牟止言而□／□本止飛鳥寺」と書かれていたところは（図⑦参照）★33、いわゆる宣命書きの大字体と小字体の混在かと話題を呼んだ。そのことはさておき、「世牟止」は「為むと」を万葉仮名で書き「言而」は「言ひて」を訓で書いている。のちの漢字仮名まじり文の原態が七世紀には完成していたわけである。なお、埼玉県行田市小敷田遺跡から出土した八世紀初頭と推定される木簡「[　]直許在□□代等言而布四枚乞是寵命座而／□乎善問賜欲白之」（図⑧参照）★34の「等」「乎」が音仮名であるとすると類例に加えられる。「〔○白さく、〕○直の許《もと》に在る□□代と言ひて布四枚乞ふ。是れ寵命《おほみこと》にまして、□を善く問ひ賜へと欲《ほ》ると白す」のように一種の宣命体の文としてよむことができよう。「等」「乎」が訓による用法であるなら、森ノ内遺跡の手紙木簡と類似の書記様態ということになる。ものの運搬に関する指示内容である点も類似が著しい。

以上を本書の主旨に立ち戻って約言する。七世紀後半の日本において、字と訓との多対多の対応が整備され、古い時代の漢字音にもとづき日本語音韻とゆるやかに対応する万葉仮名体系が広く用いられていた。それらの技術的基盤の整備によって、遅くとも七世紀末には、漢字で日本語の文を書く営為はすでに日常化していた。その書記様態には、訓による変体漢文体も、万葉仮名による一字一音式も、訓と万葉仮名の交用も存在した。書かれる目的・用途によって採用される書記様態・書記形態が相違し★35、それに伴って用語の相違もあった。およそ、ことがらを伝えるには訓が、語形を伝えるには万葉仮名が効率的である。

5. 朝鮮半島の漢字使用とのかかわり

七世紀日本の漢字使用にこれまでみたほどの広がりがあったのは、第1節末尾にふれたとおり、朝鮮半島において固有語に適合した訓よみ音よみの実験が行われ、熟成した技術が日本列島にもちこまれたからではなかろうか★36。これについても、七世紀の木簡によって実証の域に達する展望がひらかれたと言える。一九八〇年代までは、半島と列島との状態を同時代資料に依拠して比較するには利用できるものが乏しかった。八世紀以降の状態については、近年、小林芳規らの韓国角筆文献の研究によって、その環境が整えられつつある。七世紀以前については木簡と金石文★37が資料となる。以下、すでに解明された具体例を示す。本書の序論4節［↓25頁］に述べたところとあわせて理解されたい。

先にふれたが［↓25頁］、いわゆる「前白木簡」は、その起源が半島に由来する。藤原宮木簡に頻出し奈良時代に入ると急速に廃れるこの形式は、公式令になく、口頭による文書伝達の伝統をうけたものかとの理解もあり★38、中国六朝に例があるのでその影響を受けたとも解されていた★39。これについて、韓国二聖山城の七世紀初頭新羅の遺跡から出土した木簡に「道使村主前」の用例が発見されたことによって、朝鮮半島における先行使用が明らかになった★40。半島から列島へ輸入されて七世紀までに盛んに用いられた書式が、中国直輸入の書式の普及につれて八世紀には衰退したとすれば無理なく説明できる。

次に文末辞としての「之」の使用である。「之」は漢文においては指示代名詞であるが、文末の「也」と同様に用いられた例も古くから中国にある。そして、古代の朝鮮半島の固有語に馴化した変体漢文には「之」の文末用法が極めて多い。朝鮮半島には高句麗の『広開土王碑』をはじめとして、五、六世紀の石碑がある。

それらの漢字列には正格の漢文としては破格の用法を含むものがあり、そのなかにこの「之」の用法が共起するのである。「之」の字音で古代の朝鮮半島で話されていた固有語の動詞終止形語尾をあらわしたものとされていたが★41、実際の用例は文末の体言に付いている場合もあり、正格の漢文体の石碑にもあらわれるので、漢文本来の文末助辞の形式を固有語の文の終止をあらわす字として用いたという修正意見が出されている★42。

六世紀後半の欽明朝以降、列島において近代的な行政が施されるようになった当初、半島から渡来した人たちが文書作成にたずさわり、その変体漢文の様式を伝えたであろうことは想像に難くない。おそらく現代と同じく半島と列島の言語は文法が酷似していたから、半島の固有語に即して発達した変体漢文を列島の固有語に適応させるのは容易だったはずである。そのとき、この「之」の用法も伝えられたのであろう。

先にふれた森ノ内遺跡の手紙木簡にも［↓53頁］この「之」の用法がみられる。表面の「我者反来之」を書き訓読すれば「我はかへりきぬ（完了の助動詞「ぬ」は文意により補読）」となる。この「之」は「ぬ」を書きあらわしたものではなく不読の文末辞である。森ノ内遺跡の手紙木簡の書き手が渡来系の人であったか否かは問題でない。七世紀末の官人のふだんの漢字使用に朝鮮半島系の用法のあらわれている点が肝要である。そして、先にも述べたように、この「之」の用法は『古事記』『万葉集』にみられない。

さらに、この木簡の「之」の文末用法は「也」と組み合わせて用いられている可能性がある。裏面前半の「自舟人率而可行也」で文意が大きく切れるが、原文の文字列では「也」の後に空格が施されている［↓69頁］。つまり「之」と「也」は文意の切れる程度の差に対応している。こうした、「之」が文末にあてられ「也」が文章末にあてられるという使い分けも、朝鮮半島における固有語に馴化した変体漢文にみられる傾向★43と一致する。

金属類の重量を示す「鎰」を「かぎ」の意で使う慣用についても本書の序論4節［↓26頁］で述べ残したところを詳述する。新羅の雁鴨池から出土した鍵の刻字に「東宮衙鎰」などとあり★44、これは日本で「鎰」字を「かぎ」にあてる慣用と結び付けて解釈できる★45。そのような目でみれば、二条大路木簡にも「東殿門鎰」などの例がある（図⑨参照）★46。さらに、奈良県飛鳥池遺跡出土木簡に「経蔵益」の例がある★47。この「益」が「鎰」の略字で「経蔵のかぎ」の意であるとすれば、慣用が日本では七世紀末には成り立っていたことになる。雁鴨池の鍵は八世紀のものであるが、今後これ以外にも発見されるであろうし、日本列島でこの慣用がどの時期までさかのぼるものか確認する必要がある。その対比によって七世紀以前の詳細があきらかになるであろう。

図⑨◀二条大路木簡（木簡学会編『日本古代木簡集成』東京大学出版会、二〇〇三、一二〇頁より引用）

また、この「鎰」を「かぎ」の意で用いる慣用は、「鑰」の異体字「鑰」を行草体に書きくずしたことから生じた可能性がある。たとえば長屋王家木簡に「鑰」と「鎰」の中間の字形の例がみられる（図⑩参照）★48。出土物のみならず正倉院文書にもその字形を示す例が少なくない。木簡学会の研究集会等で報告される釈文に「鎰」と翻字されている例のなかにも、むしろ「鑰」とすべきものがみられる★49。行草体に書くことに

図⑩◀長屋王家木簡（部分）・（奈良国立文化研究所『平城京木簡　一』吉川弘文館、一九九五の木簡番号一六一より引用）

よって字体が紛れる現象はしばしば生ずるところであり、雁鴨池の出土例を知る以前、筆者は日本で生じた独自の現象と予想していた。これについても、半島で出土する資料の字形がどのようであるか確認する必要がある。また、日本語の「かぎ」はlockとkeyの両方をさすが、半島で同じであったか否か検討を要する。

先に第1節に述べたとおり、日本における漢字の意味・用法と、中国の本来のそれとの齟齬は、一般的な現象である。「鮎」などがよく知られているが、子細に見ると類例は多い。これについて、従来は日本と中国を直接に比較するのが常であったが、今後は朝鮮半島の経由を考慮に入れなくてはならない。七世紀の木簡は半島からの影響を色濃く残しているので、それを実証するためのよき資料となる。

八世紀に入ってからの木簡は、先に第3節でふれたように、官人たちの漢字学習がすすんで木簡の漢字列も正格の漢文体に近くなり、その一方で、漢字の使用が日本風になれる。たとえば、尊敬の補助動詞としての「賜」の用法も朝鮮半島からもたらされた可能性が大きい。古代の朝鮮半島の固有語に馴化した変体漢文では、「賜」を、上位者が下位者にものを与える意でなく、動詞に添えて上位者の動作を尊敬する用法で使うことがある。たとえば新羅の『永川菁堤碑』は八世紀末のものであるが、その「使以見令賜」は「使いに見させなさる」の意である。この影響を古くにうけて、七世紀に日本で『法隆寺薬師仏光背銘』の

「大御身労賜時《おほみみいたづきたまひしとき》」のような用法が成立したと考えられるが、日本列島では同じ用法が「給」におきかえられて行く。『古事記』や『風土記』は「賜」であるが、木簡は「給」である。その理由は、半島では固有語の発音が「賜」の字音に近似していたが、列島ではその支えがなくなったからだと指摘されている★50。

注

（1）国立国語研究所『現代雑誌九十種の用字用語』第三分冊、秀英出版、１９６４。

（2）舘野和己「律令制の成立と木簡—七世紀の木簡をめぐって」（木簡学会『木簡研究』第二〇号）など参照。

（3）一九八八年一二月一五日付け朝日新聞の記事見出しに「「大命」の主は吉備内親王」「長屋王邸で「女帝」君臨」とある。このように、出土当初は「大命」を律令用語として理解しようとした。この木簡では貴人の命令の意であることについては、東野治之『長屋王家木簡の研究』塙書房、１９９６など参照。

（4）『時代別国語大辞典　上代編』三省堂、１９６７、八五〇頁に指摘。

（5）諸文献における実態について、瀬間正之「上代に於ける「者」字の用法」（『国語文字史の研究　二』和泉書院、１９９４）に網羅的な整理がある。

（6）『日本古典文学大系9　竹取物語　伊勢物語　大和物語』岩波書店、１９５７、解説一二頁。

（7）奥村悦三「仮名文書の成立以前」（『論集日本文学・日本語　上代』角川書店、１９７８）、同「仮名文書の成立以前続」（『萬葉』第九十九号、１９７８）。

（8）河野六郎「古事記に於ける漢字使用」（『古事記大成3』平凡社、１９５７のち『河野六郎著作集3文字論・雑纂』平凡社、１９８０に収録）など参照。

（9）木簡学会編『日本古代木簡選』岩波書店、１９９０の一八九頁解説。二〇一〇年に奈良文化財研究所が再調査を行い、本文中にふれたほかにも上部の「鎧与里比《ヨロヒ》」、下部の「慕尼我布《ネガフ》」などを新たに釈読した（『木簡黎明—飛鳥に集ういにしえの文字たち』飛鳥資料館図録第53冊、２０１０）。

（10）平川南編『古代日本の文字世界』大修館書店、２０００参照。

（11）徳島県埋蔵文化センター調査報告書　第四〇集『観音寺遺跡Ｉ（観音寺遺跡木簡篇）』２００２に所載の写真と釈文。

木簡学会編『日本古代木簡集成』東京大学出版会、２００３にも木簡番号５０８として掲載。

（12）拙稿「日本の辞書の起源」（『月刊しにか』一一巻三号、２０００・３）参照。

（13）中田祝夫「日本の古辞書」（『古語大辞典』小学館、１９８３巻末付録）による。

（14）岡井慎吾『玉篇の研究』東洋文庫、１９４３など参照。

（15）小島憲之『国風暗黒時代の文学　中（上）』塙書房、１９７３、林紀昭「『令集解』所引反切攷」（『古代　国家の形成と展開』吉川弘文館、１９７６）など参照。

（16）注13論文参照。

（17）『徳島県埋蔵文化センター調査概報　第2集　観音寺木簡』一二頁の和田萃による解説。

（18）木簡学会編『日本古代木簡集成』東京大学出版会、２００３に木簡番号５０２として掲載。

（19）木簡学会『木簡研究』第二一号の寺崎保広による解説（二六頁）では「R音の語であろうが、釈読できない」とされている。

（20）これについて拙稿「七世紀木簡の国語史的意義」（『木簡研究』第二三号）では次の試案を述べた。「ルの母音ウにあたる要素と後接するイにあたる要素との連接が、仮名で書けばエに近い音をあらわしている。ウ・イの連接は日本語なら融合してイ列乙類音になる。それなら「累」の音はリ乙類ということになるが、ラ行音に母音の甲乙の別はない。ここは漢字音の注記であるから、当時の日本語になかった半広または半狭の母音を近似的にあらわした」しかし、この考え方は、「累」が字音仮名遣いでルイと書かれるような比較的新しい字音で用いられているという前提にとらわれていた。なお成り立つ可能性も残るが、本文に述べたところを第一の案とする。

（21）董同龢『上古音韵表稿』台聯國風出版社、１９４５の１９７６年版による。

（22）有坂秀世「入聲韻尾消失の過程」（『国語音韻史の研究』三省堂、１９５７）、拙稿「有韻尾字による固有名詞の表記」（木簡学会『木簡研究』第一一号）など参照。

（23）湯沢質幸『増補改訂　古代日本人と外国語』勉誠出版、２０１０など参照。

（24）注10書参照。

（25）藤本幸夫「古代朝鮮の言語と文字文化」（『日本の古代14　ことばと文字』中央公論社、１９８８）、藤井茂利『古代日本語の表記法研究—東アジアに於ける漢字の使用法比較—』近代文芸社、１９９６参照。

（26）木簡学会編『日本古代木簡集成』東京大学出版会、２００３の木簡番号５０９。

(27) 平成十二年度木簡学会研究集会における寺崎保広の口頭説明による。
(28) 詳細は拙稿「和歌を漢字で書く」(『高岡市万葉歴史館叢書13 家持の争点Ⅰ』2001・3)を参照。
(29) 木簡学会『木簡研究』第二一号、二二頁に掲載の釈文(35)。
(30) 木簡学会『木簡研究』第二二号の図版一釈文(6)。
(31) 『長屋王家木簡の研究』塙書房、1996 二一七頁。
(32) 奈良国立文化財研究所『平城京発掘調査出土木簡概報(二十二)』一二頁。
(33) 木簡学会編『日本古代木簡集成』東京大学出版会、2003の木簡番号507。木簡学会『木簡研究』第二一号、一六頁の寺崎保弘による解説参照。
(34) 木簡学会『日本古代木簡選』岩波書店、1990の木簡番号434。
(35) 乾善彦『漢字による日本語書記の史的研究』塙書房、2003も、可能であった様々な方法からの選択という考え方をとっている。
(36) 注8河野書など参照。
(37) 李成市・早乙女雅博編『古代朝鮮の考古と歴史』雄山閣、2002に金石文の一覧がある。国立昌原文化財研究所『韓国の古代木簡』2004はそれまでに出土した木簡を網羅している。その後の出土状況は、『韓国出土木簡の世界』雄山閣、2007、『東アジア古代出土文字資料の研究』雄山閣、2009などを参照。二〇〇八年から刊行が始まった韓国木簡学会の機関誌『木簡과文字』は日本語要旨を付けている。
(38) 早川庄八「公式様文書と文書木簡」(『日本古代の文書と典籍』吉川弘文館、1997)。
(39) 東野治之「木簡に現れた『其の前に申す』という形式の文書について」(『日本古代木簡の研究』塙書房、1983)など。
(40) 李成市「韓国出土の木簡について」(『木簡研究』第一九号)参照。
(41) 注8河野書、注25藤本論文など参照。
(42) 注25藤井書参照。
(43) 注25藤井書参照。
(44) 李成市『東アジア文化圏の形成』山川出版社、2000など参照。
(45) 拙稿「文字言語の研究課題」(『神戸大学教育学部研究集録』第八七集、1991)参照。

(46) 木簡学会編『日本古代木簡集成』東京大学出版会、２００３の木簡番号４８５裏面。
(47) 木簡学会『木簡研究』第二一号、１９９９、二五頁の寺崎保広による解説参照。
(48) 奈良国立文化財研究所『平城京木簡　一』吉川弘文館、１９９５の木簡番号１６１。ただし、釈文は「鑰」で示されている。
(49) 注46木簡の表面も「東門鎰」と翻字されているが、字画の末尾は横の終画の位置がやや高い「冊」にも見える。裏面の「東殿門鎰」の末尾が明瞭に「皿」であるのとは異なる。
(50) 注25藤井書参照。

第二章

森ノ内遺跡出土手紙木簡の書記様態

導言

一九八四年から行われた滋賀県中主町西河原森ノ内遺跡の発掘調査で出土した手紙木簡（以下の記述中、「森ノ内木簡」と略記する）は、冒頭の「椋直」を手がかりに天武一一年（六八二）以前のものかと推定されている。裏面の行政単位「評」「五十戸」も七世紀木簡の徴証である。

記述の便宜上、章のタイトルを含めてこの木簡の性格を「手紙」と称するが、内容は、後に述べるとおり、公的な業務依頼の文書である。

この木簡の出土当時、七世紀後半に字訓で日本語文を書いたものとして注目を集めた。とりわけ日本語の助詞「は」にあたる「者」が文字化され、構文が漢字列の上に明示されている点が注目に値する。七世紀後半の文字資料で漢字列に日本語の構文を反映したものとして、すでに『法隆寺薬師仏光背銘』や群馬県高崎市の『山ノ上碑』等の金石文が知られていた。この木簡の出現によって、それらの変体漢文体が、当時日常ふだんに行われていた書記様態を土台として成り立っていたと考えることが可能になった。

この章では次の二点を考察する。一・では『古事記』『万葉集』の字訓との比較をとおして、森ノ内木簡の字訓の性格を検討する。二・では新羅の『壬申誓記石』との書記様態の共通点を指摘する。

木簡の全文と訓読の試案を掲げる。釈文は木簡学会『日本古代木簡選』（岩波書店、1990、木簡番号421）にもとづくが、諸家の研究によって推定された字を含めて示す。

［影印］

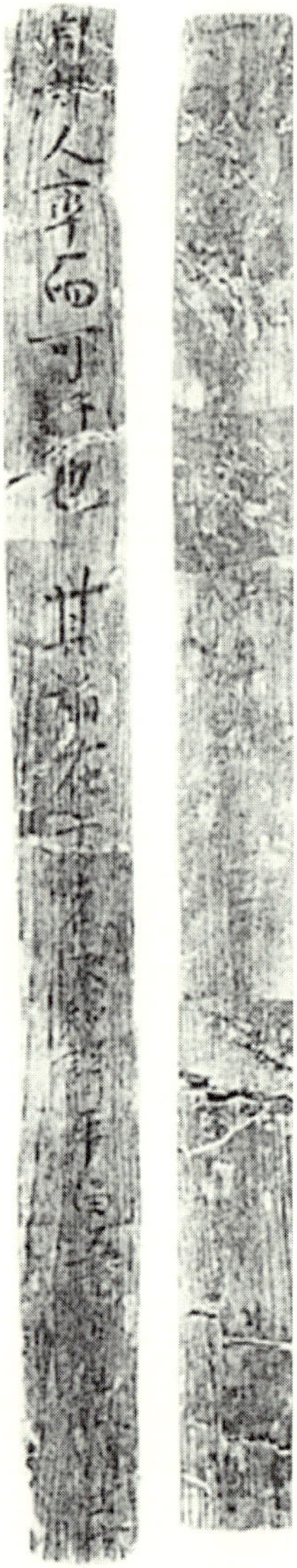

図⑬▶木簡学会編『日本古代木簡選』岩波書店、一九九〇、七一頁より引用

［釈文］

椋直傳之我持往稲者馬不得故我者反来之故是汝卜卩
自舟人率而可行也　其稲在処者衣知評平留五十戸旦波博士家

椋《くら》の直《あたひ》傳ふ〔之〕。我が持往く稲は〔者〕馬〔不〕得ぬ故《ゆゑ》、我は〔者〕反り来（ぬ）〔之〕。故《かれ》是に、汝卜部、自ら舟人率て〔而〕〔可〕行くべし〔也〕。其の稲の在處は〔者〕、衣知評《えちのこほり》の平留五十戸《へるのさと》の旦波博士《たにはのふひと》の家（ぞ）。

［文意］

椋の直が伝える。自分が運んで行く稲は馬が得られないので自分は帰ってきた。だから今、あなた卜部が自身で舟人を引きつれて取りに行ってほしい。その稲の在処は衣知の評の平留の五十戸の旦波の博士の家。

一．森ノ内木簡の字訓の性格

［要旨］

森ノ内木簡は当時の普通の字訓によって日本語の文を書きあらわしている。その字訓の用法は、『古事記』のように「精錬」されたものでなく、日常ふだんの様相を示す。『万葉集』とは異なる訓で読まなくてはならないところがある。それは、行政文書の散文体と文学的な文体との相違からくるものである。また、「之」「也」の用法に朝鮮半島において行われた変体漢文体との関係が認められる。

1．森ノ内木簡の使途と書記様態との相関

森ノ内木簡の性格は「郡符のように地方での命令下達の機能を有する」一種の公文書と考えられている★1。内容は「椋直」が「卜部某」にあてて稲の運搬を指示した行政文書である。

ここにあらわれている人名について注意すべきところがある。佐藤宗諄の解説★2によると、椋直は他の史料に見えず、のちに椋連氏になった姓かという。そして、解説中に根拠は述べられていないが、この椋直は飛鳥にいたと考えられるという。指示を受けた卜部氏も「衣知評平留五十戸」にあたる愛知郡覇流里の氏姓としては確認されず、旦波博士にあたる丹波史は近江の国に居住していたことが確認されるという。これに従えば、この木簡は遠隔地から作業の指示を与えたものであり、指示を受けたのも現地の人でない。指示

を受けてどこかから卜部某が来て用務を行った後、指示内容を書いた木簡を現地で廃棄したことになる。

通常、文書行政に用いられた木簡の漢字列は、ことがらの要点にあたる字を列挙した態をなしている。日常の業務においては、送り手、受け手、運び手などの関係者や作業の手順などが毎度定まっているからである。現代の業務にたとえるなら、定型の書式が用意されていて品目と数字だけをその都度書き込んで使うような状態である。通知が送られる事情をいちいちに説明する必要はない。それ故、日本語の構文を助詞で示さなくてよいし、時制《テンス》や態《ムード》を示す助動詞を文字化しなくてよい。しかし、この森ノ内木簡の場合は、予定通りに行かなかった事態への対応を遠隔地から指示したので、ことの次第を詳細に説明する必要があった。それが漢字列上に日本語の構文が顕現した要因であろう。

事情を詳しく書きあらわすことは、歴史記述などにおいてとりわけ必要の度が高い。それには、七、八世紀に可能であった書記技術として、漢文体を用いることで対応できる。『日本書紀』『続日本紀』はその途をとったのであるが、どのような理由あってか、『古事記』は日本語に即した文体で歴史的な叙述を達成しようとした。その理由は、にわかに約言できるところではないが、当時の国際を意識した『日本書紀』に対して国内を意識した編纂目的ゆえであったろうか。そのとき、木簡の書記様態のなかでも森ノ内木簡に代表されるようなものが土台となり、そこに「精錬」が加えられて『古事記』の文体が成立したのであろう。本書の第七章に述べたところである〔↓187頁〕。

歌を書くときも日本語の構文の文字化を必要とする。漢文体で定型の歌句を示し心情をこと細かに表現することはできないからである。その意味で、論ずるところを、日本語文を漢字の訓で書く技術の問題としてたてるなら、木簡も、『古事記』も、『万葉集』の正訓字主体の諸巻も、ある意味で同列に置くことができる。しかし、あくまである意味でしかない。文学作品の表現にふさわしい書記様態は、用件を誤解なく伝えるための書記技術とは別次元に属する。まずは実態を観察しよう。

2. 森ノ内木簡の用字の検討

森ノ内木簡に使われた漢字を『古事記』『万葉集』に使われた漢字と比較検討し、文意に添って、どの訓でよむべきか推定する。本書の序論にも述べたとおり【↓14頁】、現『古事記』現『万葉集』の字面と訓よみが、七、八世紀当時のものと同一であるか否かは、常に留保付きで考えなくてはならない。ここでは、それを承知の上で、用いることが可能な研究方法として螺旋状の手続きをとらざるを得ない。

以下、森ノ内木簡に使われた漢字を順次【　】に入れて示し検討を加える。固有名詞にあたるものは除く。

【傳】『古事記』中巻・垂仁条に「自尾張國傳以科野國」、下巻・仁徳条に「乃自其嶋傳而」とある「傳」は「つたふ」の訓でよめるが自動詞である。『万葉集』巻十・二〇〇八番歌には「妹傳速告与（妹が傳へは速く告げこそ）」の他動詞名詞法の例がある。森ノ内木簡も同じ訓でよんで問題ない。

【之】『古事記』『万葉集』ともに連体修飾関係をあらわす用例はおびただしく、挙例を省略する。『古事記』には上巻・国生み条の「卜相而詔之」のような助字の用例が多くある。『万葉集』にはない。『古事記』の助字として用いられた例を近時の諸注はク語法でよむ。これによって森ノ内木簡の「傳」も「傳へらく」のようによむことができる。しかし、後の十八字目に使われている「之」とあわせて考えると、文の終止を示す不読の文末辞とするのが適切である。そうであれば、本書の第一章5節に述べたとおり【↓59頁】、朝鮮半島の用字の影響が考えられる。いずれにせよ、多くの木簡が冒頭に「符」「移」等の一字を書くのと同様に「傳之」で以下の内容を指示した書記様態と解釈する。「傳之」の訓よみは「つたふ」とする★3。

【我】『古事記』には上巻・稲羽の素兎条の「我」などの用例があり、『万葉集』には巻十・二二四三番歌の「我忘八（われ忘れめや）」などの用例がある。森ノ内木簡も「わ」でよんで問題ない。

【持】『古事記』『万葉集』ともに「もつ」にあたる訓でよむべき用例がある。森ノ内木簡も同じ訓でよんで問題ない。

【往】『古事記』には上巻・須佐之男命昇天条の「僕欲往妣國」など「ゆく」の訓でよむべき用例がある。『万葉集』にも同じ用例があるが、巻七・一二六八番歌の「過往人尓（過ぎにし人に）」など助動詞にあたる用例もある。この例は死去者をさすので「過ぎゆく」とはよめない。他に「かよふ」とよまれる用例があるが、二字漢語「往来」「往還」に対する訓である。また巻十二・三一八六番歌の「往座」は諸注「います」とよむが、これは「山越而」をうけて「君乎者（君をば）」に続く文脈に即した訓である。森ノ内木簡の「持往」は「持ちにし」または「持往く」とよむことができる。「往」を助動詞によむ場合、椋直があるところまで自分で運んだ直接経験を助動詞で明示したことになる。「往」を動詞によむ場合、椋直は卜部某のところへ稲を運ぼうとしていたことになる。たとえば『万葉集』巻十三・三二二三番歌の「吾者持而往公之頭刺荷」の「持て往く」は、話者である若い女性が紅葉した枝を「公（貴男）」の簪にするために持って行くことをあらわしている。助動詞と動詞いずれの解釈も成り立つが、先に述べた発信者と受信者と運搬物の位置関係からみて、後者の可能性が大きいと思う。椋直が稲を運ぶ業務を果たせず、受取人である卜部某に自分で運ぶように依頼したと解釈しておく。

【稲】『古事記』には「稲」字を「いね」の訓でよむべき例はないが被覆形「いな」の用例がある。『万葉集』には巻十・二二四四番歌の「蒔稲（蒔きしいね）」など「いね」の用例もある。以下四字は、とくに問題ない。

【者】『古事記』『万葉集』ともに助詞「は」または「ば」の訓でよむべき用例がおびただしい。

【馬】『古事記』『万葉集』ともに「うま」の訓でよむべき用例がある。

【不】『古事記』『万葉集』ともに打消しの助動詞としてよむべき用例がおびただしい。

【得】『古事記』では上巻・天の岩屋戸条の「不得還入」のように可能の助字の用法が多いが、中巻・応神条の「汝得此嬢子乎」などは動詞「う」によむべき例である。『万葉集』でも巻四・五四三番歌の「黙然得不在者（もだもえ在らねば）」のように「え…打消し」の語法に用いられている例と、巻二・九五番歌の「安見児得有（やすみこ得たり）」のように動詞にあたる例がある。森ノ内木簡は動詞としてよんで問題ない。

【故】『古事記』では接続詞「かれ」としてよむ例が多いが、形式名詞「ゆゑ」としてよむ例もある。「由」「所以」「所由」も「ゆゑ」によまれるので、「故」は潔癖に「かれ」とよむのも一考であるが、たとえば、上巻・三貴子の分治条の「僕者欲罷妣國根之堅州國故哭」は「何所由…哭伊佐知流」と問われた答えなので「ゆゑ」が適切であろう。本書の第一章1節にも述べたとおり【↓38頁】、漢字としての「故」は時間的に以前であることを示し、前を受けて後をおこす意味用法をもつ。これが文頭では接続詞「かれ」に、文中では形式名詞「ゆゑ」に翻訳されたと考えることができる。『万葉集』では巻十一・二七四四番歌の「不見人故（見ぬ人ゆゑに）」のように、すべて形式名詞にあたる。接続詞にあたる用例はない。森ノ内木簡に二カ所使われている「故」のうち一三字目は「反来之」の理由が「馬不得」であることをあらわすので「ゆゑ」とよむのが適切である。一九字目の「故」は前の「之」で文が終止するので接続詞「かれ」が適切である。

【反】『古事記』の上巻・黄泉の国訪問条にある神名「道反之大神」は「ちがへし」とよみ他動詞「かへす」による名と考えてよい★4。『万葉集』には巻十二・三一三八番歌の「反来嘗跡（反り来なむと）」などの用例がある。森ノ内木簡は自動詞でよむ。

【来】『古事記』『万葉集』ともに動詞「く」としてよむべき用例がおびただしい。森ノ内木簡はここで文が終止するので助動詞「ぬ」を補読して「きぬ」とよむ。

【是】『古事記』ではコ系の指示語にあたる用例がおびただしい。『万葉集』にも巻十九・四二五三番歌の「君尓於是相（君にここに相ひ）」などの例がある。他に、巻四・六二〇番歌の「如是念二（かかる念ひに）」などの用例は二字漢語「如是」に対して「かかる」の訓があてられたものである。巻十一・二四二七番歌などの「是川（うぢがは）」は、つとに木村正辞が『万葉集訓義弁証』（一九〇四）で指摘したとおり、「是」と「氏」との音通から「氏」と同訓の「宇治」を引き出す書記形態である。こうした迂回的な書記法は『古事記』にない。森ノ内木簡の「是」は『古事記』上巻・五穀の起源条の「故是神産巣日御祖命令取茲成種」などを参照して「ここに」とよむ。

【汝】『古事記』では二人称代名詞にあたる用例がおびただしい。『万葉集』でも巻八・一四九九番歌の「汝太尓来鳴（汝れだに来鳴け）」のように二人称か、または、巻三・三五五番歌などの「大汝小彦名乃」のように神名「おほなむち」にあてられている。「なむち」は、すでに指摘されているとおり、大国主神の名が「大己貴」と書かれることなどからみて、当時は尊称であった。森ノ内木簡の「汝」は、椋直が卜部某より上位であるなら「なれ」とよむのが適切である。「なむち」とよめば椋直は卜部某に敬意を払っていることになる。当時は絶対敬語であるが、同等の身分なら、仕事上の礼儀、あるいは、卜部某が受け取るべき稲の運搬を差配して果たせなかった立場の表現として納得できる。

【自】『古事記』では上巻・海幸山幸条の「自今以後」のような起点・手段をあらわす「ゆ」「より」にあたる用例が多い。自立語にあたる用例は二つの訓がある。上巻・須佐之男命うけひ条の「後所生五柱男子者、物因我物所成。故自吾子也」のように「おのづから」の訓でよむ「必然的に」の意の例と、上巻・海幸山幸条の「海神自出見」のように「みづから」の訓でよむ「自身で」の意の例である。『万葉集』で自立語にあたるものは巻四・五四六番歌の「自妻跡（おの妻と）」などのように一人称「おの」に限られる。巻十三・三二三五番歌の「自然」は副詞「おのづから」をあらわしているが、これは二字漢語に対する訓である。他に「ゆ」「より」にあたる用例もある。森ノ内木簡の「自」は文脈からみて「みづから」にあたる。語形の根拠は『古事記』には得ることができず、平安時代の『日本紀私記』乙本の「自　美津加良」に降る。

【舟】『古事記』では中巻・垂仁条に「小舟」の例がある。他に「船」の例が多数ある。『万葉集』では「舟」「船」の例が多数ある。すべて「ふね」または被覆形の「ふな」の訓にあたる。森ノ内木簡の「舟」は、「馬」と対応する輸送手段をさすか、「舟木」氏をさすか、あるいは舟をあやつる氏族をさすか、解釈が定まらない。

【人】『古事記』『万葉集』ともに「ひと」の訓でよむべき用例がおびただしい。森ノ内木簡の「人」が職業集団をさすか一族をさすかは「舟」の解釈によって決まる。『稲荷山古墳鉄剣銘』の「丈刀人」、『江田船山古墳太刀銘』の「典曹人」は当時の官職名かと指摘されているが、この「舟人」の「人」の用法をそれらに関係付けて理解すべきかもしれない。

【率】『古事記』では上巻・稲羽の素兎条の「汝者随其族在悉率来」のように動詞「ゐる」にあたる用例に限られる。この例の対象は複数であるが、中巻・仲哀条の「建内宿祢命引率其太子為将禊而経歴大淡海及若狭國」のように単数もある。『万葉集』では巻七・一三〇八番歌の「吾率凌（吾をゐ凌がむ）」のように対象が単数なら「ゐる」、巻三・四七八番歌の「八十伴男乎召集聚率比賜比」のように対象が複数なら「あどもふ」の傾向が認められる。森ノ内木簡は対象が複数であるが、「ゐる」の訓を妨げる理由はない。

【可】『古事記』『万葉集』ともに助動詞「べし」としてよむべき用例が多数ある。

【行】『古事記』『万葉集』ともに動詞「ゆく」としてよむべき用例が多数ある。ただし、『古事記』に関して、「行」字は足を使って進み行く意に主として用いられ、歳月・水・死などについては使わないと指摘されている★5。『万葉集』では巻六・九七一番歌の「冬木成春去行者（春去り行かば）」のように時間的な進行に用いられた例があり、「往」との区別なく使われている。森ノ内木簡も、先の「往」が動詞にあたるのであれば区別がないことになる。「往」が助動詞にあたるのであれば「行」と使い分けられた可能性も生ずるが、木簡の漢字の用法にそのような整然とした規則を予想しなくてよい。

【也】『古事記』『万葉集』ともに文末辞として使われた用例がある。『古事記』の用例はおびただしいが、近時の諸注では「なり」の訓を付されない。たとえば上巻・天地初発条の「此三柱神者並獨神成坐而隠身也」の文末を諸注「…き」の訓でよむ。『万葉集』でも巻十三・三二二六番歌の「無蚊不怜也（なきがさぶしさ）」のように「也」字は不読である。森ノ内木簡の「也」も不読が適切である。とすれば、本書の第一章5節でふれたとおり【↓60頁】、朝鮮半島の変体漢文における文末「之」、文章末「也」の使い分けと一致する。

【其】『古事記』『万葉集』ともにソ系の指示語としてよむべき用例がおびただしい。森ノ内木簡も「その」とよんで問題ない。

【在】『古事記』『万葉集』ともに動詞「あり」としてよむべき用例がある。『古事記』に関して、「在」字は場所を示す「存也」と「居也」の意を、「有」字は個体の有無を主として表し、他に「在」がラ変の助動詞にあたるものが数例あると指摘されている★6。『万葉集』では「有」との区別がとくに認められない。森ノ内木簡は結果的に『古事記』と一致する。

【處】『古事記』『万葉集』ともに名詞「ところ」としてよむべき用例があり、場所の意の接尾辞「く」「こ」にあたる用例もある。他に『万葉集』には「處女」で「をとめ」にあたる用例がある。これは二字漢語に対する訓である。森ノ内木簡は「在處」を「ありどころ」とよむのがよい。「ありか」の語形は八世紀以前に確認できない。

【評】森ノ内木簡は七世紀の行政単位「こほり」の用字に従っていると考えてよい。『古事記』『万葉集』ともに「評」を「こほり」とよむべき用例はない。『万葉集』では題詞、左注などの部分に「郡」がある。

【五十戸】これも七世紀の行政単位「さと」の用字である。『古事記』にはない。「さと」の例としては中巻・仲哀条の「筑紫末羅縣之玉嶋里」がある。『万葉集』では「さと」に多く「郷」「里」があてられるなかに巻五・八九二番歌「五十戸良《をさ》」と巻十・二二五一番歌「守部乃五十戸之」の用例をみる。この例については後に述べる。

【博士】森ノ内木簡の用例は姓「ふひと」としてよむものであろうが、『古事記』『万葉集』ともにその用例はない。「ふひと」とよむ字は『古事記』では中巻・応神条に「阿直史」がある。『万葉集』では歌句中に用例はなく、題詞、左注などの部分に「史」「令史」「目」「史生」「主典」「主帳」がある。巻十六・三八三六番歌左の「博士消奈行大夫」は大学寮の教官であり「ふひと」とは異なる。

【家】『古事記』『万葉集』ともに名詞「いへ」としてよむべき用例がある。他に『万葉集』では巻十二・三一三三番歌の「去家而（旅にして）」と巻十九・四二四五番歌の「毛等能国家尔（もとのみかどに）」の例がある。前者は文脈に即した訓で、題詞「羇旅発思」のもとに配列された前後の和歌の文意に支えられている。後者は二字漢語に対する訓である。森ノ内木簡の「家」は「いへ」とよみ、文末なので終助詞「ぞ」を補読する。

3．森ノ内木簡の用字の位置

検討した結果は次のように整理できる。まず、森ノ内木簡の漢字は『古事記』と『万葉集』の漢字の訓よみを適用してよめるものが多い。これは、当時すでに大規模に整備されていた字訓の体系に森ノ内木簡の漢字の用法も属していることを示す。言い換えると、基本的に当時の普通の字訓で書かれている。

次に、『古事記』と『万葉集』の字訓が異なる場合、森ノ内木簡には『古事記』の訓を適用できる。【故、自、率】がそうである。これは散文としての共通性と解釈してよいであろう。「往」を助動詞としてよむ場合はこの傾向に反するが、先に述べたように可能性は小さいと思う。仮にその可能性を採るとすれば、次の説明付けが可能である。『古事記』の書記形態は、一字に一訓の方針をとり、同訓異字の場合も漢字としての原義に添って意味用法を限定する方針なので、「往」を助動詞にふりあてなかった。

散文として共通性があるとは言え、森ノ内木簡に『古事記』の訓が適用できる例のうち、『古事記』では同訓異字が使い分けられているうちの一つがあらわれているものがある。この帰納は、森ノ内木簡の総字数が小さいので説得力に乏しいが、【往、行、在】がそうである。「往」と「行」、「在」と「有」の使い分けは『万葉集』にもない。『古事記』の使い分けは、漢字本来の意味用法をふまえて行われているもので、本書の第七章に述べたとおり〔↓187頁〕、書き手たちの深い学識による「精錬」の結果である。「謹以献上」

する「はれ」の文献にふさわしい書記形態として、『古事記』の書き手たちは、個々の字の用法をみがいたのであった。それに比べて森ノ内木簡は普通の状態を示している。

森ノ内木簡に期待される訓が『古事記』にも『万葉集』にもあらわれないものは行政用語である。【評、五十戸、博士】は七世紀の行政文書の用字と考えてよい。『古事記』『万葉集』は八世紀の用字に改めている。『万葉集』の「五十戸」は、時間軸に添ってみると古い用字の継承であるが、空間軸に添ってみれば行政単位でなく和語「さと」の熟字訓とみなされる。そして、【之】の不読用法と【之】と【也】の使い分けは『古事記』にも『万葉集』にもない。森ノ内木簡の書記様態は、おそらく七世紀の行政文書に対する朝鮮半島からの影響を色濃く残すものである★7。

森ノ内木簡との比較を通して、『万葉集』は漢字の用法を洗練するとき『古事記』と別の途をとっていることがわかる。言うなれば『万葉集』の書き手は、字訓の用法に文学的な仕掛けを施している。右に【往、是、處】を検討する際にみた諸例である。二字熟語の漢語を単位として与えられた訓よみは、読み手の漢籍の素養なしに理解できない。ことがらの伝達のためには不経済な書記形態であり、字面から語にいたる回り道をあえて楽しませるのが目的であったと考えられる。『古事記』も漢籍をふまえているが、その書記様態は一義的な情報伝達の成立をめざし、『万葉集』のような迂回的な方途をとらない。また、文脈に即しては じめて理解できる訓よみは、これらの和歌どもが視覚を通して享受されることを前提にしている。たとえば巻十一・二四二七番歌の「是川」は、字音と字訓に関する知識を前提とするだけでなく、この歌が「寄物陳思」の枠に配列されていることと、次の二四二八番歌の「千早人宇治度」を支えにして読解されるのを期待した書記形態である★8。

森ノ内木簡は、七世紀後半に、漢字の訓で日本語の構文を書く技術が確立していたことを示す重要な徴証である。それ以上でもそれ以下でもない★9。こうした七世紀後半の書記技術を土台にして工夫された『古事記』の書記様態・書記形態は、日本の文字言語史上、現代の国語国字問題の先駆けに位置付けることができる。一方、『万葉集』の訓字を主体にした書記様態・書記形態も、同じ土台から開発されたのであろうが、言語史の研究対象とは別次元に属する。文学研究の一つとしての漢字による表現の問題である。

なお、ここには字訓の用法を考察の切り口としたが、語彙について付言しておく。【故、自】の訓「かれ」「みづから」が『万葉集』にあらわれない理由は、事務的な場面に用いられる語だったからであろうか。たとえて言えば、現代、「従って」を歌語に用いるのは不自然である。これに対して『万葉集』の【率】の訓「あどもふ」は一種の文学用語であろうか。語形の長さからみて第二次的な語であるが、「単に率の意でなく声をかけて隊伍を整えるような場合に用いる」と指摘されている★10。一般に日本語は単数と複数を区別しないので、複数を対象とする語が生産されるのは特殊な事情である。平安時代以降姿を消すという史的徴証からみて、臨時一語であった可能性が考えられる。森ノ内木簡にそのような性格の訓は適用できない。

注

（1）鐘江宏之「七世紀の地方木簡」（『木簡研究』第二〇号、1998）。

（2）木簡学会『日本古代木簡選』岩波書店、1990、一九二頁。

（3）古代日本語の会話引用形式に言語動詞で会話内容をはさむ型がある。その形式は、本書の第一章4節であげた二条大路木簡の万葉仮名による散文の例「…和岐弖麻宇須…止麻宇須…」**[56頁、図⑥参照]**によって、早くに成立していたと確認できる。詳しくは別稿を用意しなくてはならないが、おそらく、引用の前に動詞を置く漢文と後に動詞がくる日本語文とが混淆してできたものであろう。本書の第八章1節にあげた木簡**[↓220頁]**には「雅楽寮移」と「故移」とで文内容をはさんだ形式があらわれているが、多くの木簡は冒頭の「符」「移」等だけを書く。森ノ内木簡はこれに主語を冠したとみなす。活用形の訓は右の木簡の「まうす」にならって終止形とする。

（4）上巻・国生み条にある「反降」（『古事記大成本文篇』の上三ウ5）は自動詞「かへる」にあたるが、写本に問題があり「返降」に校訂されている。

（5）『日本思想大系　古事記』岩波書店、１９８２の「同訓異字一覧」五八二頁。

（6）注5書、五五七頁。

（7）金永旭「西河原森ノ内遺跡址의 '椋直' 木簡에 對한 語學的考察」（『木簡과 文字』韓国木簡学会、創刊號２００８）は、その書記法の起源が韓国木簡にあると述べ、韓国語で読解できることを指摘する。この発言は真実をついている。一方、筆者に次の経験がある。現代中国人留学生に予備知識を与えずにこの漢字列の読解を求めたところ、固有名詞を除いて同じ文意に理解した。一般に、変体漢文は、古代の東アジア一帯で行なわれた、漢文で自国のことがらを書きあらわそうとした営為の跡であろう。固有語への馴化はその結果である。

（8）ディビッド・ルーリー「人麻呂歌集「略体」書記について―「非対応訓」論の見直しから」（『國文学―解釈と教材の研究―』平成十四年三月号、２００２・３）が「字義と言葉との間の回路が直接ではない」「文字と言葉との関係に基づく表現効果は、複数の書かれた歌の間にしか成立しないものである」と述べるところは本書と同じ趣旨であろう。

（9）稲岡耕二「国語の表記史と森ノ内遺跡木簡」（『木簡研究』第九号）は、森ノ内木簡を宣命体の成立にかかわる国語史資料として論じたものとして知られているが、記述の多くを他の資料との関係にそそぎ、当該木簡の書記様態についての分析は「表語文字の羅列式の和文」にとどまる。日本語の語順にそって漢字を並べることは木簡一般にあてはまり、この木簡の特色とは言えない。本書の第一章4節で述べた【↓58頁】とおり、奈良県飛鳥池遺跡の木簡の一つに「世牟止言而」とあり、七世紀末のものと推定されるので、宣命体は同時並行的に成立していた可能性が大きい。七世紀木簡の文体全般、それらと宣命体とのかかわりなどについては、小谷博泰『上代文学と木簡の研究』和泉書院、１９９９における考察が詳細で当を得ている。また、宣命書きの成立と展開に関しては、乾善彦『漢字による日本語書記の史的研究』塙書房、２００３の第二部第三章が研究の到達水準を示している。

（10）『日本古典文学大系　萬葉集一』岩波書店、１９５７、補注三四五頁。

二．壬申誓記石と森ノ内木簡の空格

［要旨］

森ノ内木簡の裏面「也」字の後の空格は、新羅の壬申誓記石の「行誓之」の後の空格と同じ性格のものとみなすことができる。それは、漢字で固有語の構文を書きあらわそうとしたとき、文末を明示するmarkerとして工夫された方法であった。七世紀後半以降の日本の資料にしばしばみられるこの方法は、朝鮮半島の変体漢文体における先行実験に由来する可能性がある。

1．壬申誓記石の法量と書記様態と文意の相関

二〇〇二年春に国立歴史民俗博物館で開催された「古代日本　文字のある風景」展では韓国の出土資料がはじめて日本国内で展示された。そのなかに新羅の壬申誓記石の複製があり、筆者は、その書記様態の重要な一点に気付いた。漢字列中の空格が日本の滋賀県中主町森ノ内遺跡から出土した手紙木簡と共通性をもつことである。

この石碑は冒頭の「壬申年」によって西暦五五二年あるいは六一二年のものかと推測されている。石碑としては小さい。展示には正確な法量が示されていなかったが、縦二十数センチ、横十数センチの卵形の自然石である。広開土王碑をはじめとする朝鮮半島の古代諸石碑が巨岩に刻まれているのと比べて、石碑と呼ぶのもはばかられるほどである。法量は、おそらく、碑としての性格と相関する。不特定多数の人に見せて権

威を示す目的で作られたのではないと考えてよい。この石碑は、太安萬侶の墓碑銘と同じ程度の大きさであるから、誓いの印に埋めたものではなかろうかと即座に予想したが、左のとおり、あたっていた。

この碑は慶州郊外の新羅時代の四天王寺址北側の小高い丘の頂上で発見された。発掘事情は、発見者である大坂金太郎が左のように述べている★1。昭和十年（一九三五）のことであったという。

表面滑かな方の面を利用して、全面に文字を刻してある。裏面にはない。文字は漢字であるが漢文ではない。掘り出した穴の中には別に伴出物がない。表面を東に向けてまっすぐに埋めたもので、最初は深く埋めたのであったろうが、風雨の為に上部の土砂が流出して自然に頭部が露出したらしく（以下略）

この碑の性格について、大坂は左のように推測し、現在の台湾にみられる「埋石の誓」の風習に結び付けて考えている。

大陸から移入された毛詩・尚書・礼記・春秋左氏伝の新学問に没頭して居た意気投合の二人の青年が、更に時代の情勢に感じ忠道執持して、国家不安大乱世の際は挺身報国の誠をつくそうとの誓を立て、之を不朽の自然石に刻み天の加護を祈って神聖の場所に埋めた。

この推測に従えば、壬申誓記石の碑文としての性格はその書記様態の特徴と整合する。書かれた漢字の字順が当時の朝鮮半島の言語の語順をそのまま反映している点で斯界に広く知られ、「誓記体」と呼ばれる文体の由来になっている。七、八世紀日本の諸文献においても漢文としての正格の度合いと文献としての公式

図①◀壬生誓記石（国立歴史民俗博物館／平川南編『古代日本　文字の来た道』大修館書店、二〇〇五、六五頁より引用。（韓国・国立慶州博物館所蔵）。

性の度合いとが対応する傾きを示すが、この誓記石も、内容が私的な誓いであることと書記様態が固有語に即していることとが対応関係にあると考えてよい。

全文は左に現行の字体に改めて掲げたようなものと解されている。試みに日本語で訓読したものを添えたが、五行にわたって刻まれた漢字列のうち、漢文の字順に合致するのは三行目の「不安」「乱世」「可」程度であり、漢字の順序が日本語の語順と一致する。原文が古代の新羅語の構文に添って漢字が並べられているからである。新羅語は現代の韓国語・朝鮮語の直系の祖先である。現代と同じく、当時の新羅語も日本語とよく似た文法構造、語順だったと考えてよい。この小さな碑は私的な誓いの成就を祈って埋められたものなので、このような自国語の構文に即した漢字列になったのであろう。

壬申年六月十六日二人并誓記天前誓今自
三年以後忠道執持過失无誓若此事失
天大罪得誓若国不安大乱世可容
行誓之　又別先辛未年七月廿二日大誓
詩尚書礼伝倫得誓三年

壬申年六月十六日、二人并に誓ひて記す。天の前に誓ふ。今自《よ》り三年以後に忠道を執持し過失の无きことを誓ふ。若し此の事を失はば天に大罪を得むと誓ふ。若し国安からず大きに世乱るればよろしく行なはむと誓ふ［之］。又別に先の辛未年七月二日に大きに誓へり。詩、尚書、礼、伝を倫に得むと誓ふこと三年。

2. 句読の示標としての空格

原文の四行目第三字「之」と第四字「又」との間に空格が認められる（図①参照）。この空格を無視して翻刻した釈文が専門書にもみられるので注意を促したい。漢字列に即せば、「行誓之」までの文がおわり、「又」で接続して「別先」以下の文が続く位置である。

この空格について、発見者の大坂は左のように推測している。

前文（中略）五十二字はA青年、後文（中略）二十二字はB青年と分担して刻したらしく書風も少し異なっているのみならず、前文の方は第三行目あたりから刀勢いも弱まり浅く刻されているが、後文の方は全部刀勢いも強く従って文字もよく揃っている。

しかし、これはにわかに受け入れ難い。実物に筆者は接していないので字の刻み方についてはなお後考を待つほかないが、二人による分担執筆を想定しなくても、整合的な説明が可能である。というのは、空格の前は壬申年に誓った内容であり、空格の後は辛未年に誓った内容である。文章全体の大意が二分される位置に空格が位置している。これを意図的に施されたと考えることができる。

　この空格について筆者は、意図的に施されたもので、日本の森ノ内木簡に施された空格に結び付くと考える。森ノ内木簡においても、裏第八字目「也」と第九字目「其」の間に空格が認められる★2。「自舟人率而可行也」までの文がおわり、「其稲在處者…」の文が続く位置である。書かれた全文のなかでは、空格の前は稲を取りに行ったが得なかったので卜部氏みずから行ってほしいという内容であり、空格の後は稲の在処を伝える内容である。このような、文意が大きく切れる位置に空格を施す方法が六、七世紀の朝鮮半島と日本列島に共通して行われたのであろう。前節［→83頁］に述べたとおり、森ノ内木簡の漢字使用に文末「之」、文章末「也」の使い分けが認められることも、朝鮮半島の変体漢文体との関係を示唆する。

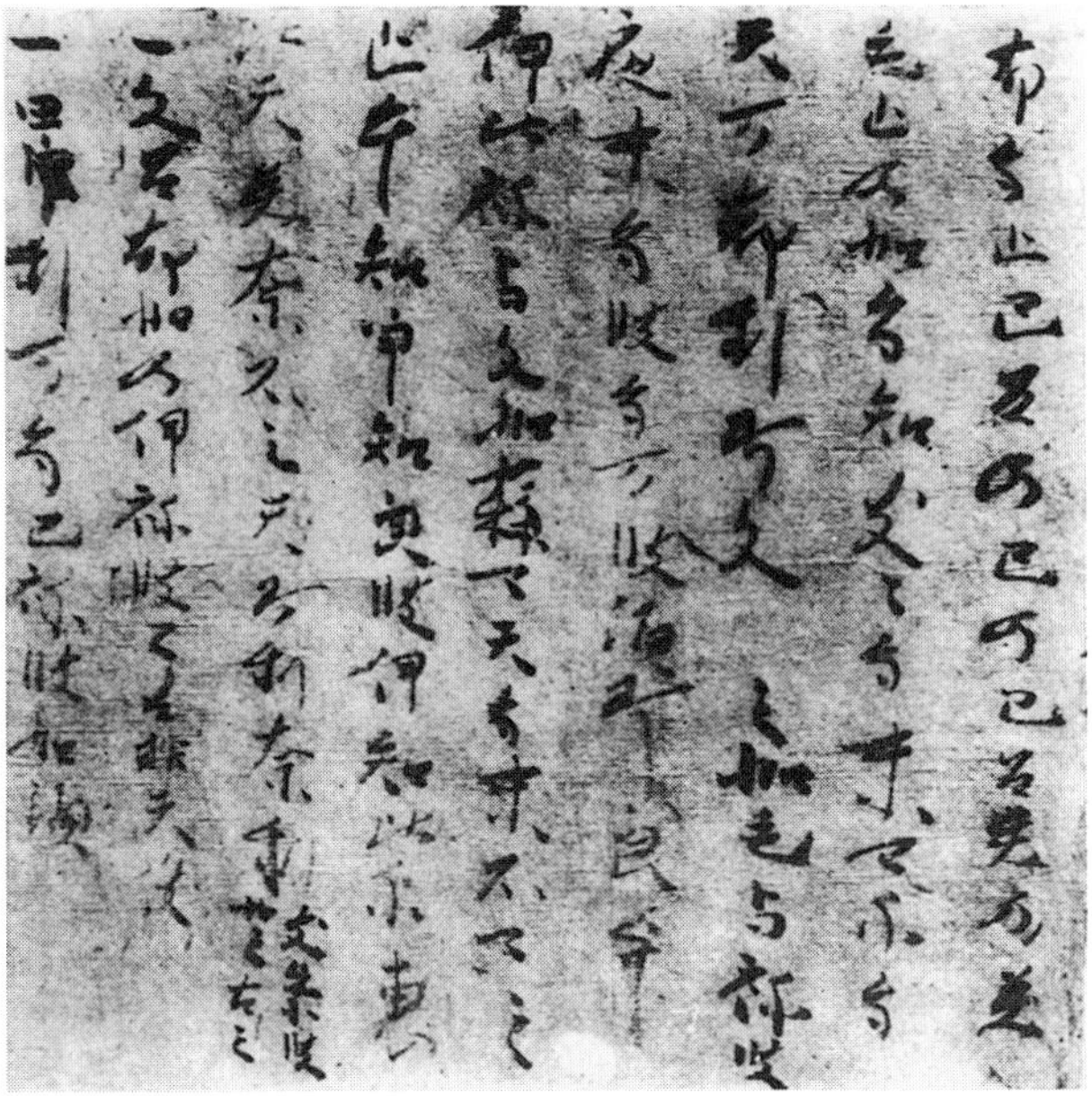

図②◀正倉院仮名文書甲（国語学会『国語史資料集』武蔵野書院、一九六七より引用）

　森ノ内木簡の空格について筆者は、西暦七六〇年頃のものとされる『正倉院万葉仮名文書甲』の三行目第六字目と第七字目の間に認められる空格と関係付けて考えている（図②参照）★3。同文書は、左に現行の字体になおして示したように、全文を通じて、sentence の末尾と万葉仮名列の末尾が一致する字配りになっている。その唯一の例外が空格の位置である。第六字目までで「…たてまつりあぐ」という文がおわり、第七字から「しかも」という接続詞がはじまる。この空格は、万葉仮名列中に文末がきてしまったために、句読の marker として施されたと考えることができる。これ以後の万葉仮名列は文末と文字列末が一致する。

布多止己呂乃己乃己呂美ㇾ乃美　　二所の此の頃の御身
毛止乃加多知支々多末マ尓多　　許のかたち聞き給へにた
天万都利阿久　之加毛与祢波　　てまつり上ぐ。　しかも米は
夜末多波多万波須阿良牟　　山田は給はずあらむ。
伊比祢与久加蘇マ天多末不マ之　　稲よく数へて給ふべし。
止乎知宇知良波伊知比尓恵　　十市宇治らは櫟に酔
比天美奈不之天阿利奈利　　ひて皆伏してありなり。
（後略）

森ノ内木簡や『万葉仮名文書甲』のような、漢字列中の文末あるいは文章末に施される空格は、日本語の文構造に即したものと考えることができる。日本語の語順に即して漢字を書き並べて行ったとき、文意が切れる位置で文字列も切れるように書くのは自然な傾きである。正格の漢文においては、王の名などの前の位置に闕字が施されることはあるが、文意の切れ目に空格を施して句読の marker とするような規則はない。

東野治之は、長屋王家木簡の書記様態について、意味の区切れに即して墨継ぎや字間のあき具合が配慮されていることを指摘している★4。また、小松英雄は、『法隆寺金堂薬師仏光背銘』について、文字の大きさが語句の重みに比例していることを指摘している★5。先にあげた筆者の旧著でも、『古事記』の諸写本中、文章の切れ目にあたる位置に空格が施されている場合があることを指摘した★6。こうした現象は七、八世紀の諸資料に広くみられるところであり、漢字を日本語に適用する際に生じたさまざまなあつれきを克服しようとして行われた工夫のうちの、文の書記様態（うらがえせば句読法）にあたる水準の問題である。

およそ漢文の文字列は、古典中国語の性格に規制されて、個々の字の均等性を原則とする。これを読もうとするとき、中国人はみずからの言語によってよめばよい。漢文が句読法にあたるものを必要としなかった所以である。草書で書かれた漢文に関しては自ずと別の問題が生ずるが、ここでは楷書ないしは行書で書かれる実際的な用途の文章を対象として考えるところを述べている。

中国人以外も漢文の規則に従ってよめば句読法を必要としない。しかしながら、漢字で書く内容が固有語であるときはその限りでない。中国語とは異なる文構造の言語を漢字で書きあらわそうとしたとき、適切な句読を得るために文字列上の視覚的な諸徴証を marker として利用することは自然な傾きであり、その一つが文意の大きな切れ目に空格を施すことであったのだろう。その方法は、まず古代の朝鮮半島において固有語を漢字で書くときに開発され、類似の文構造をもつ古代の日本語に適用されたという歴史の流れを、壬申誓記石の空格によって描くことができる。半島と列島の出土資料を解読する際は、この性格の空格に注意を向ける必要がある。たとえば一九八四〜五年の調査で出土した六〜七世紀のものと推定される慶州月城垓字木簡の一つにも「…牒垂賜教在之　後事者命盡…（牒を垂れ賜ひて教へ在り〔之〕。後事は命を盡くして…）」のように文末辞「之」の後に半字分の空格が明瞭に認められる★7。

右の指摘をうけて、出土資料上の文字列を釈読する際に、このような字の間隔に対する注意が基本的な手続きの一つになっている★8。

注

（１）大坂金太郎「新羅花郎の誓記石」（『朝鮮学報』第四十三輯、１９６７）。

（２）森ノ内木簡の空格に関する筆者の考え方の初出は「漢字を日本語の字として使いこなす」（『月刊国語教育』第6巻第11号、東京法令出版、１９８７・１）。なお、この木簡を模写したものに表第十四字目の「我」と第十五字目の「者」との間が空格に見えるような字配りがなされているときがあるが、適切でない。本文中にふれたとおり、日本語の文を脳裏に置いた漢字列では文頭あるいは重要語の位置で墨を付け大きめの字で書くことがままあり、この位置もその事情によるものとみなすべきである。

（３）拙著『上代文字言語の研究』笠間書院、１９９２、二八七頁、三一六頁参照。写真は佐佐木信綱編『南京遺文』１９２１「第一其十六」、国語学会「国語史資料集」武蔵野書院、１９７６に掲載。

（４）東野治之『長屋王家木簡の研究』塙書房、１９９６、四八頁。

（５）小松英雄『日本語書記史原論』笠間書院、２０００、二六九頁。

（６）注（３）書第四部第四章。

（７）國立昌原文化財研究所『韓国の古代木簡』藝脈出版社、２００４の木簡番号１４９。

（８）たとえば尹善泰「木簡からみた漢字文化の受容と変容」（『東アジア古代出土文字資料の研究』雄山閣、２００９）は、論述に「二　符号と空格」の一項を設けている。

第三章 木簡上の日本語

導言

本書の序論に述べたとおり八世紀初頭までの木簡の漢字列は日本語を土台としている。そこにはいわゆる記紀万葉の類に反映している言語とは別の様相が顕現する。本書第二章で森ノ内遺跡の手紙木簡を対象にして考察したように歴史書や文学作品と行政文書とでは書かれた目的が違う。それに伴って、記紀万葉の類には「晴《はれ》」の日本語が、木簡には「褻《け》」の日本語が反映していると予想される。ここにその一端を明らかにしようとする。以下の論証には平安時代以後の用例に依拠したところが多々ある。この方法に異論をもつ向きもあろうが、むしろこれを主張するのが趣旨である。記紀万葉の類には姿を見せず、平安時代あるいはさらに後になってはじめて文献上にあらわれるように見えた語が、八世紀の木簡にあらわれる。当時の日本語のなかで特殊な言語位相に属していた記紀万葉の類には、こうした日常ふだんに話されていた要素が反映しなかったのである。序論の結語にも述べたが、いわゆる「上代語」と平安時代以降の言語との相違は、記紀万葉の類に反映している言語の位相性からくるものと筆者は考える。

そのような現象は木簡だけでない。一例を示せば、大宝二年度の豊前国戸籍に記載されている人名「秦部多可牟志」は飛蝗の類による命名である。文献上で飛蝗をさす「たかむし」の例は、おそらく『日葡辞書』（一六〇三）の「Tacamuxi. Vôqina inago」が初出であるが、八世紀初頭のこの例には、現代の九州北部から四国西部に分布する「たかむし」もしくは「たか」の確かな支えがある。古くから地方語として存在していたが都の文献上にあらわれなかったとみなさなくてはならない。木簡上の漢字列にはこうしたものが貯蔵されていると期待される。本章でその具体例を示す。択一の意味の「ひとつひとつ」「ひとりひとり」、脚付きの食器「あしへ」、そして一統を指す「つら」である。

一．木簡の「ひとつひとつ」「ひとりひとり」

[要旨]

長屋王家木簡の一つに次のものがある★1。裏側冒頭の「一々」あるいは「一々物」は和語「ひとつひとつ」を書きあらわしたものであり、類似の語法「ひとりひとり」も木簡上に存在する。これらは、後世と異なり、逐一ではなく択一の意である。そのことは平安時代の用例によって証明される。

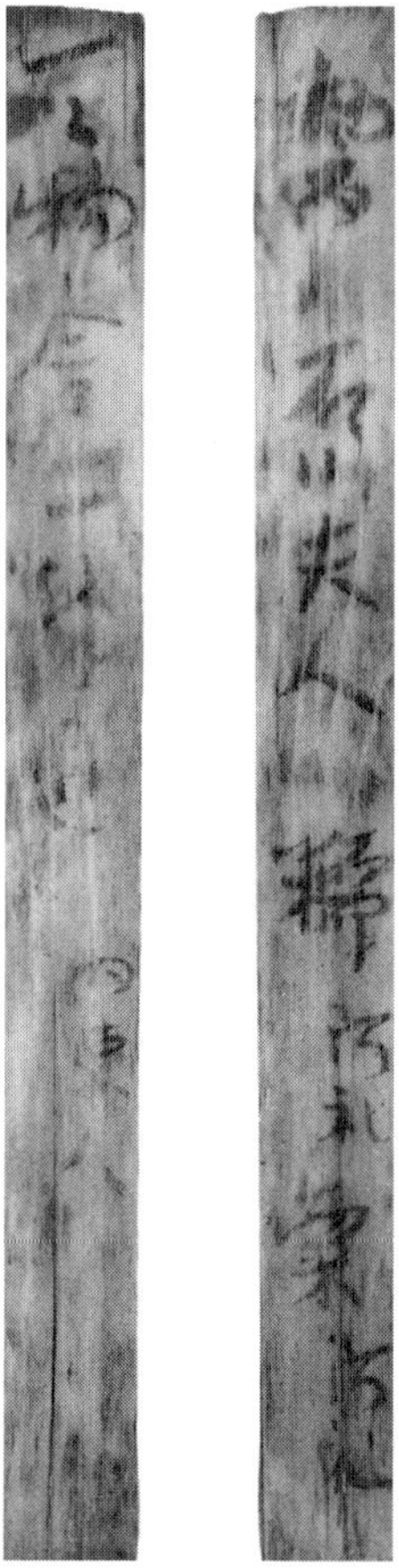

◀木簡学会編『日本古代木簡集成』東京大学出版会、二〇〇三、二七頁より引用

・勅旨　石川夫人　糯阿礼粟阿礼

・一々物今二斗進　内東人

1. 畳語形態による択一の語法

この「一々（物）」を「ひとつひとつ」と訓むことに問題はない。観智院本『類聚名義抄』にも「一」字に「ヒトツ」の訓がある。「物」の訓については末尾に述べる。これを留保しても以下の考察が成り立つ。ここでは「ひとつひとつ」の語義を「いずれか一方」の意と解釈することが肝要である。現代語では「逐一に」ほどの意で用いられるが、平安時代には択一の意であった。左は『蜻蛉日記』の用例である（以下、平安時代の用例は、注でことわらない限り『日本古典文学大系』岩波書店の本文に依拠する）。

胸はしるまでおぼえはべるを、この御簾のうちにだにさぶらふと思給へて、まかでむ。一つ一つをだに、なすことにしはべらむ。かへりみさせたまへ。　下巻

作者の養女である姫に右馬頭遠度が求婚する件りの一節であるが、訪れた遠度が、姫との対面と御簾の内に入ることとの、「いずれか一方」だけでも実現したいと切望しているのである。類似の用例が『宇津保物語』にもみられる。

われひとり鶴と松とをみるよりもひとつひとつは君にとぞおもふ　菊の宴

この位置は、現存写本に「ひとりひとりは」の異文があり、前後の文脈にも誤脱が予想されているが、

「ひとつひとつ」の本文が正しいとすれば、松に鶴を添えて長寿を祝った歌に対する返歌であるから、鶴と松との「いずれか一方」の意である。

また、左の『竹取物語』の用例では、翁がかぐや姫に対して求婚を受けるように説得しようとしている。この「ひとりひとり」は、嫁ぐべき相手を誰か一人選ぶことを言いあらわしていると解釈しなくてはならない。畳語形態が択一の意味用法であったことを示す例として、右の「ひとつひとつ」の傍証とすることができる。

この人々の年月を経てかうのみいましつつのたまふことを、思ひ定めてひとりひとりにあひ奉り給ひね。

貴公子たちの求婚

これによれば、左の長屋王家木簡の「一々人」★2も、「ひとりひとり」と訓み、「いずれか一人」の意と解することができる。大炊司に所属する誰か一人を、または、あるところに所属する誰か一人を大炊司へ、派遣せよというのであろう。この章の次の節に述べるとおり、当時、指示された仕事をある集団として引き受け、交替で人が出るということが行われていた。

・○符豊嶋　長親王卌足所進□□
　　　　　□□急々今進出又飛鳥戸

・○若万呂召進出又大炊司一々人進上
　附仕丁安万呂　廿一日家令

豊嶋に符す。　長親王足所進□□□□急々く今進り出せ。又、飛鳥戸若万呂を召して進り出せ。又、大炊司の（にヵ）一々人を進り上げよ。仕丁安万呂に附く。廿一日　家令

さらにまた、次の長岡京跡木簡にみえる「一々人」についても、同様なことが言える★3。

・御司召田辺郷長里正一々人［　］□（野カ）苅丁一人又［　］依不
・□召知状令々急々向□□勿怠（忘カ）々□
　大領　八月廿二日□

不明瞭な箇所もあって訓み下し難いが、田辺郷長か同郷の里正の「いずれか一人」を召喚する意であることは確かであり、ここまでに挙げた用例全体を畳語形態を用いた択一の意味・用法として整合的に理解することができる。

以上により、最初に示した長屋王家木簡の大意を糯か粟かいずれか一方を二斗送るように命じたものであると解釈できる。右に挙げた諸例の文脈からみて、何も送らないという選択肢は許されず、少なくとも一方の実現が強く要求されているのであろう。

2．二項並列の構文と文意

次に、右の結論をふまえて、この長屋王家木簡の表の文面をどのように訓読するかである。二つの「阿礼」がいわゆる宣命書きになっているので、これをラ変動詞に訓むのが素直であろう。問題は「あれ」の前に補読すべき助詞である。左のように、古訓点や『今昔物語集』の二項並列の構文の用例では「も」をとる。そして、古訓点の用例では「にも」をヲコト点で示し「アレ」を傍訓とするのが通例である。

若（しは）是レ法器にもアレ、若（しは）非法器にもアレ、諸の弟子の所に、悩乱し呵罵し或（い）は鞭杖を以て…　『地蔵十輪経元慶七年点』★4

王、君ヲ放チテ令去シム、我等不可留ラズ。但シ、多クモ有レ少モ有レ、乞ハム物我等ニ送レ。　『今昔物語集』巻七

そのように訓読される語法を有する文脈があらわす文意について、注意すべきところがある。「にもあれ」「もあれ」で並列されるものは必ず両極端の概念であり、文意が結果的に「無限定」となることである。右の二例も「…であろうと…であろうと、とにかく」のように解される。

この「もあれ」が熟合して「まれ」の形態になったものによる二項並列も、平安時代の和文脈と漢文訓読脈とを通じてあらわれ、同じ文意を表現する。

君と言へば見まれ見ずまれ富士の嶺のめづらしげなくもゆる我が恋

『古今集』巻十四・六八〇

其（の）三寶に於（て）深ク敬メて心ヲ一（に）セム、在家ニマレ出家ニマレ持戒犯皆、化導を蒙（り）證果解脱（せむ）。

『大唐西域記』巻七★5

当該の長屋王家木簡における二項「糯」と「粟」は、必ずしも両極端のものとはみなされない。正倉院文書において、糯と粟は価格にあまり差がみられず★6、穀類のうち上等なものと下等なものの両極を並列したとは考え難いからである。

そこで、左のような用例を参照して、名詞の後に「に」だけを補読する「にあれ」の形態を採り、無限定ではなく択一の並列として読んでおきたい。

何ニアレ、人ノ声ナメリ。去来、此掘リ出ダシテ見ム。

『今昔物語集』巻二十六

こうして、この木簡は左のように訓読できる。石川夫人に糯か粟のいずれか二斗を必ずお送りせよという文意である。右の二項並列の構文に関する考察をふまえると、穀類なら何でもよいからという情意は含まれない。

勅旨。石川夫人に糯にあれ粟にあれ、ひとつひとつ（のもの）、今二斗進れ。内東人

残る問題は「物」を名詞と助数詞のいずれに解釈するかである。木簡上に「物」を助数詞に用いた例があると先行研究に指摘されている★7。その例の一つに、左の長屋王家木簡が挙げられている★8。

・請解　敢大嶋　急薬用　醤一合　又味滓
・右二物請□□大夫　〔信者宇太末呂〕

薬用に用いる醤と味滓の二種の物を送れと指示した例であり、この「二物」を「ふたつ」と訓むことが可能である。これに従えば当該の木簡の文字列「一々物」全体で「ひとつひとつ」と訓むことになり、「一々人」が「ひとり」の畳語形態であるのに対して「一々物」は「ひとつ」の畳語形態として整合的に説明できる。訓読としてはこれで問題ない。文字の理論からみても、語形表示の上で余剰な要素を、書きあらわそうとする意味情報を明示するために付け加えることはままある。

ただ、「物」を名詞として訓む可能性も消去されない。右の先行研究の挙げる例をみても、たとえば「五十八物」は「いそあまりやつ」と訓めるが、「いそあまりやつのもの」と訓むことを積極的に排除すべき徴証もない。名詞「もの」の語義自体、抽象性が高く、「ひとつひとつ」と「ひとつひとつのもの」との知的論理的意味の相違はほとんどない。

いずれに訓むか確定するには同一の対象を「物」と万葉仮名とで書きあらわした例の出現を待たなくてはならないが、その必要はないと思う。伝えようとする文意は同じになるからである。木簡の漢字列は、記紀

万葉の類と異なり、一つの訓読の仕方を厳密に要求するような態度で書かれたものではない。
【この記述のもとになった論考は、東野治之氏と毛利正守氏、筆者の三名で行った「長屋王家木簡輪読会」において検討を加えた内容であり、初発表時の記述が両氏の承認を経ていたことを明記する。ただし、本書の内容の一部とするにあたって変更を加えたところはすべて筆者に責がある】

注

(1) 奈良国立文化財研究所『平城京発掘調査出土木簡概報(二十一)』一四頁下段。
(2) 注1『概報』六頁下段。奈良国立文化財研究所『平城京木簡　長屋王家木簡一』吉川弘文館、1995には木簡番号146として収録。解説六二頁に釈文がある。
(3) 木簡学会『木簡研究』第一二号図版(六)による。
(4) 中田祝夫『東大寺諷誦文稿の国語学的研究』風間書房、1969、による。
(5) 中田祝夫『改訂版　古點本の國語學的研究　譯文篇』勉誠社、1979、による。
(6) 関根真隆『奈良朝食生活の研究』吉川弘文館、1969、参照。
(7) 三保忠夫『木簡と正倉院文書における助数詞の研究』風間書房、2004、参照。
(8) 奈良国立文化財研究所『平城京発掘調査出土木簡概報(二十五)』から引用されている。

二．人名「あしへ」と集団を指す「つら」

［要旨］

平城京左京二条二坊出土の木簡に左のものがある★1。この「悪閇」は食器名「あしへ」による人名である。この木簡の内容は当時の仕事の引き受け方を伝える。集団の代表者に業務が指示され、そこから交替で人が出ていたのである。この木簡上の「列」字は、その一統、集団を指す和語「つら」を書きあらわしている。こうした「列」字の用法自体は歴史学の分野で既知のことのようであるが、ここでは、業務担当単位として機能するさまの具体的な記述を行う。

▶写真提供●奈良文化財研究所

・大粮綿　　十月料
・□八日国勝列一人凡至古志列一人辛人府生悪閇干一人正身
［　］三人遣［　］

1．人名「悪閇」の語形と語義

この木簡に書かれている人名はすべて五人である★2。そのうち裏二行目の「三人」にあたるのは、以下に述べるとおり、「凡至」「辛人」「悪閇干」である。

人名「悪閇」は大宝二年度豊前国上三毛郡塔里戸籍にも同じ書記形態の「秦部悪閇」がみられる（『大日本古文書 一』一五〇頁。以下、『大日本古文書 一』にある用例は「大一五〇」のように示す）。語形は「あしへ」であろう。人名に字音語「悪」はなじまず、この字音を借りて日本語の表音に用いた確例もないので、訓「あし」でよむ。枕詞「あしひきの」を「悪氷木乃」（万葉集巻一一・二七〇四番歌）と書いた例が参考になる。「閇」はヘ乙類の万葉仮名である。大宝二年度美濃国以外の上代戸籍の人名において、訓よみの字と万葉仮名用法との共起は例外的であるが、筆者の旧稿★3で述べたとおり、「赤乎《あかを》」「小伊波《いは》」「穂豆《ほっ》賣」などのように、形容語と被形容語、接辞と語基、語基と接辞などの語構成をもつ人名には許容される。

語形が「あしへ」であるなら、天平元年の近江国志何郡計帳に「三上部足戸」とあるもの（大三八八）が、天平六年の同一人名に「阿志閇」と書かれている（大六二二）のは、これと同じ名であろう。知られるとおり、同計帳は同一家族の各年にわたる記録である。他に平城京東二坊坊間路西側溝出土の木簡に「服部足倍」とあるもの★4も同一の名とみてよい。なお、『西琳寺縁起文永注記』の「文忌寸足閇」もある★5が、江戸時代の字面であるから参考例にとどめる。

この「へ」を調理器具の「瓮」と解釈する。「あしへ」の語形にあたる語はいくつか想定できるが、へが乙類であることを前提にすると最も整合性が高い。調理器具名による人名は確実に存在する。推古天皇の名が「豊御食炊屋姫」であるように、食にちなむ命名は当時自然なことであった。たとえば大宝二年度美濃国本簀郡栗栖太里戸籍の「奈倍賣」「小奈倍賣」（大二七）は「鍋」であろう。同じく「都伎」（大二五）は「杯」、同じく「麻利賣」（大二六）は「椀」の可能性がある。神亀三年の山背国愛宕郡雲下里計帳（大三七三）の「賀志伎賣」は「炊」とみてよい。天平十一年の出雲国大税賑給歴名帳の「竈」（『大日本古文書　二』二一六頁に二例）は「かまど」または「へ」であろう。同じく「波智」（同二二五頁に二例）は「蜂」であろうが「鉢」の可能性もある。

前部要素の「あし」については「悪」の訓を借りて「足」の語形にあてた用法と考える。天平宝字六年の米賣價錢用帳に「足釜」（『大日本古文書　五』二六六頁）があるが、これは「足釜とは鼎状に足の付いた釜」と推定されている★6。また、平城京左京三条二坊出土の左の木簡に「足附大埦」の例がある★7。八種類の土器の器形毎に数量と直の銭を列記したもので「これらの土器の購入に関わる内容か」とされている★8。

・埦形五十口直廿五文　　大盤十口廿七文
片盤百口五十文　　高杯十口廿七文
片坩五十口廿文　　足附大埦十口廿八（「文」欠）
・陶大埦四口十二文
洗盤二十一文

これらの価格をみると、「足付き大垸」は「高杯」や「大盤」とほぼ同等である。「陶の大垸」にはやや劣るものの、「足付き」のものが比較的上等であったと窺い知ることができる。人の親として子の命名に良い意味の語をあてるのは自然の傾きである。「あしへ」も良品にちなんで与えられた人名と理解できる。

ただ、そのように考えると「あし」に「悪」字があてられていることが問題になる。これについては、良品ではあるが「普段使い」ほどの意と解釈しておく。「吉醤」「悪醤」（『大日本古文書 五』二八九頁）のような例★9からみて、「吉」「悪」の対立は「よしあし」の対極ではなく程度の差であったと考えることができる。

2.「つら」による業務担当

表面下部に「十月料」とあるので、この木簡が十月の仕事に対する報酬伝票であることは確実である。「大粮綿」については粮として綿を支給したと解釈できる。正倉院文書には「料」の「粮」として米、塩、布とならんで綿を支給した記録がある★10。

裏面の解釈には「列」の意味用法が肝要である。観智院本『類聚名義抄』の「列」字に「ツラ」の訓があることなどによって「つら」とよむ。「つら」は連なることであるが、文脈によって「列につらなる者、一統、仲間に所属すること」のような意味を帯びた。たとえば『東大寺諷誦文稿』に「四生ヲ撫育テ吾子爲。世中ヲ誘《コシラ》ヘテ御子ノ列《ツラ》ニ預《アツ》ケタマヒ」の例がある★11。平城宮跡第四一次調査で出土した木簡に左のものがあり★12、「真竜」の一統、関係者四人の名簿とみることができる。

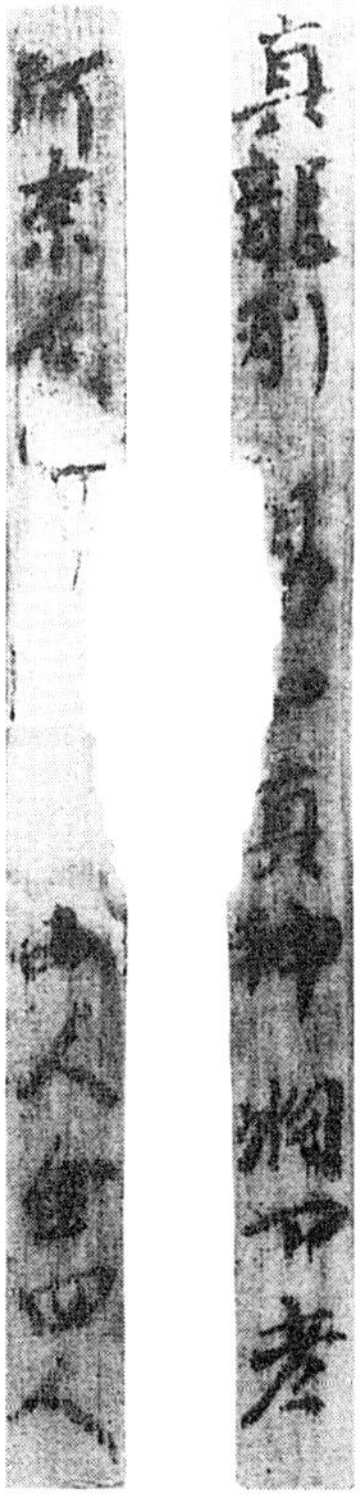

◀木簡学会『木簡研究』第八号、一九八六、図版五の（4）より引用

・真龍列　□部真神　物部老
・阿奈石□　［　］□人合四人

問題の二条大路木簡の「国勝列」「古志列」も「国勝」「古志」の関係者ということになる。それぞれから「一人」、「凡至《おほしのいたる》」と「辛人《からひと》府生」が仕事に派遣されたのである。同じ二条大路木簡に「大足列米運人万呂五俵」などの例★13もある。そのときは「大足《おほたり》」の関係者が米を運んだのである。この章の前節に考察したように、その仕事の指示は「符　大足　米運人今一々人進　…」のような文面の木簡で行われたはずである。

なお、この「府生」は本書旧版で下の「悪閇」に付くとみたが（旧版の一一一頁注（20））、山本崇の教示に従い、上の「辛人」に付くと改める。「府生」「史生」が人名の上に付くか下に付くかは一律に決められないようであるが、原文で切れ目なく小字右寄せ書きされていることを自然に解釈しておく。

この「列」は「烈」と書かれる語とも同じであろう。平城京木簡に左のものがある。「諸羽」以下三人の召喚状で、名の上の合点は参加の確認であろう。この「烈」は「仕丁の隊編成の単位」、「勝」は「責任者の姓か」と解釈されている★14。

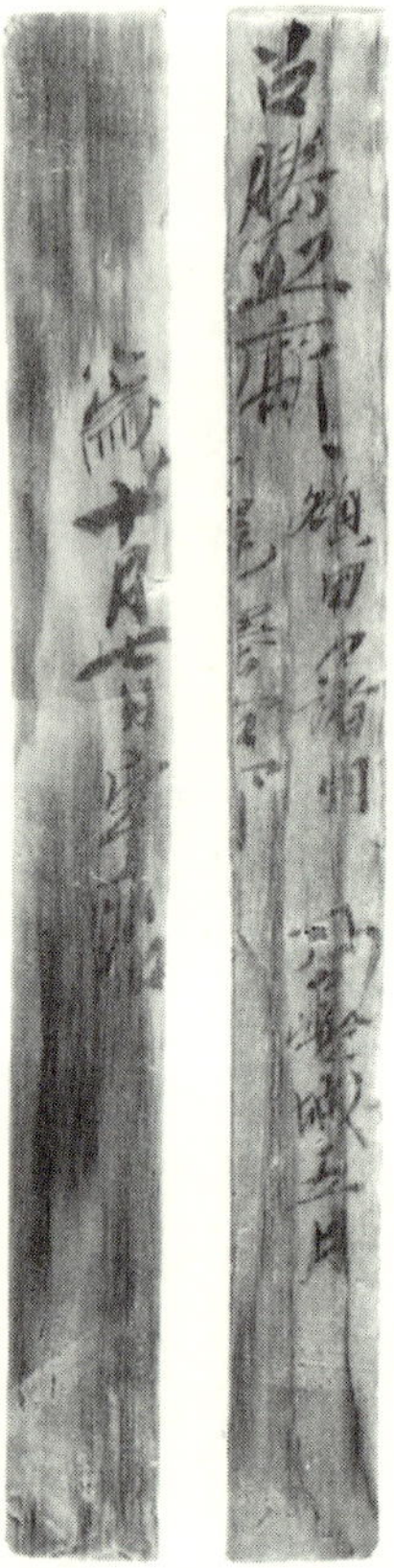

◀木簡学会編『日本古代木簡選』岩波書店、一九九〇、二三頁より引用

・召勝烈廝 、額田マ諸羽 「公嵯城五月
　　　　　、尾塞古万呂

・　　八歳十月七日宇治

この「つら」がどのようにして編成されたものか必ずしも明らかでない。歴史学では官によって編成されたと一般的に考える由であるが、その編成母体に関しては研究途上のようである。門の衛士についての近年の論考の一つによると、門によって配置される警備担当者が特定の氏に偏る★15。これが「つら」一般にあてはまるとすれば、何らかの血縁・地縁を基盤として関係者を隊に編成したことになる★16。これ以上は筆者の分を越えるので、後考を待ちたい。

なお、ここで考察の対象にしている木簡の「勝」は名の可能性もある。他の木簡の使用状況をみる限り「列」の前は姓でなくすべて名である。この木簡の「国勝」「古志」も、「勝」字に「すぐり」の用法があり、

「古志」は九世紀の秋田城出土の死亡帳★17に「古志公」姓をみるが、名の可能性も消去できない。

先に見たとおり「悪閇」は人名である。その下の字を筆者の旧稿★18では「于」とみて「於」に通ずる助辞の用法と考えたが、市大樹の教示に従って「干」とする。その「干」は「廝丁」を書きあらわしたものであり★19、「かしはで」とよむのが適当である。「国勝」「古志」の列からの一人ずつに対して、一人の「干」が作業に出たのである。

末尾の「正身《ただみ》」は、用例が正倉院文書にも散見する。語形は「家人の斎ひ待たねか〔多太未〕かも過ちしけむ」(『万葉集』巻一五・三六八八番歌)によって「ただみ」と推定できる。律令制下の法律用語としても、宮衛令の「凡兵衛衛士上番皆須検點正身然後奏聞」のように用いられた。この用例は山田孝雄がつとに指摘している★20。ただし、山田は平安時代の「さうじみ」の訓みをあてているが適当でない。「さうじみ」は待遇度の高い用語であるが、「ただみ」の待遇度はやや下である。たとえば『源氏物語』末摘花巻の「さうじみは何の心化粧もなくておはす」は主人である末摘花本人をさしている。それに対して、右の『万葉集』の用例は遣新羅使歌群の一つであり、病死した雪連宅満を、留守宅で道中安全の祈りをしていないのか本人が不注意だったのかと悼んでいる。公務にある立場と考えれば、公に対してへりくだっていることになる。宮衛令の用例も役所に本人が出頭する立場である。この木簡の「正身」も「干」自身をさすとみて矛盾がない。

なお残る問題がある。「悪閇」と「干」の関係である。「…列一人」との対応から、ひとまず「悪閇」に所属する「干」たちの「一人」がと理解しておく。「辛人府生」の場合と同じとみて「干」である「悪閇」の可能性も排除できない。「悪閇」は「干」の名にふさわしい。いずれにせよ、この木簡に書かれた作業は何か調理関係であり、二つの列から作業員の派遣を得て「悪閇」のところから本人が出たのであった。

以上により、当該木簡の裏面の文字列を左のように分節し訓読することができる。当時、仕事の指示を集団の代表者が受けて交替で人数を派遣していたさまがわかる。

・□八日　国勝列一人凡至　古志列一人辛人府生　悪閇干一人正身

［　　］三人遣［　］

□八日、国勝のつら一人凡至、古志のつら一人辛人府生、悪閇（の）干一人正身。…三人遣す…

3. 人員の派遣と記録

このような仕事の指示の仕方、引き受け方は、七世紀末以来行われていたらしい。左の藤原京跡の内裏西外郭地区から出土した木簡（下欠損）★21の記述は仕事の割り振りの具体的な記録である。

▶木簡学会『木簡研究』第十五号、一九九三、図版一の（1）より引用

・十上廣田列十之中日置造出一口　□
菰作一口　□七
船守一口

・『遠江國濱名日下部君□』

十人のうち三人をそれぞれの業務に派遣し残り七人が□とある。裏面は異筆の由で、「荷札として使用されたのち、裏返して文書に転用したものか」「『廣田列』は衛士・仕丁等の集団名」と解説されている★22。また左の藤原京内裏東外郭地域から出土した木簡★23は、どの関係から派遣された者たちが仕事に就いているかを記録にとどめたものと解釈できる。

・「□殿分　南方列
丸子マ和気」

・「　八嶋列　別マ古」
□マ犬万呂　□

平城京跡左京七条一坊出土の左の木簡★24も同様である。内容は門の衛士の配置であろう。

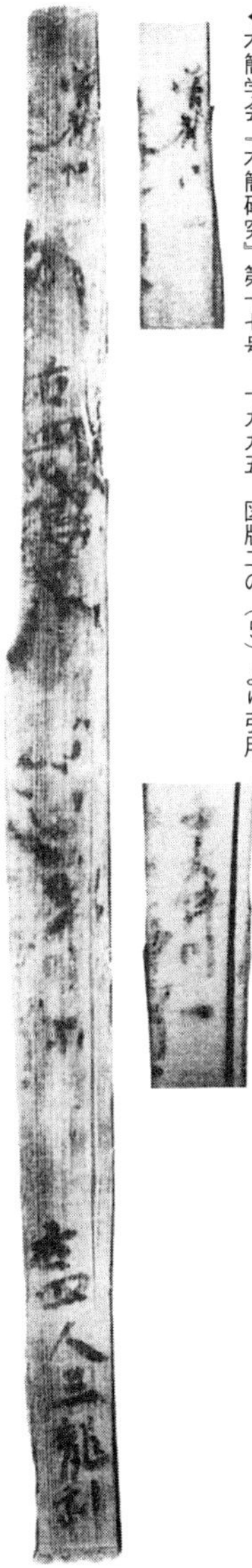

◀木簡学会『木簡研究』第十七号、一九九五、図版二の（5）より引用

曽□門一　　　　中大伴門一
□右四人嶋村列　　□右四人三龍列

左の木簡は藤原宮大極殿院・朝堂院地区から出土したものであるが、通用門の位置付近から出た由で、門の衛士の勤務に関する記録と解釈される★25。猪手の「つら」のなかで丸部国足は夜勤をしないということであろう。

夜不仕人猪手列丸マ国足

これらによって想像すれば、日々、大都市たる藤原京、平城京を、「○○列」にあてて「一々人今進」「○人進上」などと書いた業務依頼の木簡が送られ、「○○列」所属の誰それが何処に勤務したという記録が作成されていたのである。

【この記述のもとになった論考は、はじめ鈴木喬氏と共同で行った。本書の内容の一部とするにあたり、考察の追加と見解の変化は筆者に文責がある】

注

(1) 奈良国立文化財研究所『平城宮発掘調査出土木簡概報(二十四) 二条大路木簡 二』1991、一二二頁。

（2）奈良文化財研究所が公表している「木簡データベース」http://mokuren.nabunken.jp に、本節の執筆によって、この木簡に書かれている人名に「国勝」「凡至古志」「辛人」のほか「悪閇」が加えられた。
（3）拙稿「訓仮名の使用環境」（『国語文字史の研究　二』和泉書院、１９９４。拙著『上代文字言語の研究・増補版』に補論として改稿収録）。
（4）木簡学会『木簡研究』第一二号、１９９０、二〇頁。
（5）『古代人名辞典　第六巻』吉川弘文館、１９７３、一五七一頁。
（6）関根真隆『奈良朝食生活の研究』吉川弘文館、１９６９、三四九頁。
（7）奈良国立文化財研究所「平城宮発掘調査出土木簡概報（二十二）」１９８９、一六頁。
（8）沖森卓也・佐藤信『上代木簡資料集成』おうふう、１９９４、一四五頁。
（9）注6書一九八頁に指摘。
（10）たとえば天平十七年類載の「刑部省移」（『大日本古文書　二』四一九頁）。これについては丸山裕美子氏に教示をうけた。
（11）中田祝夫『東大寺諷誦文稿の国語学的研究』風間書房、１９６９、による。
（12）木簡学会『木簡研究』第八号、１９８６の図版五の（4）。時期は特定できない由である。
（13）注1概報一八頁。
（14）木簡学会『日本古代木簡選』岩波書店、１９９０、一一八頁。
（15）高橋周「兵衛関連木簡の再検討―二条大路出土の門号木簡を中心に―」（『学習院史学』三九、２００１）。
（16）市大樹『飛鳥藤原京木簡の研究』塙書房、２０１０、一一三頁に、「仕丁は出身地別に一〇人・五〇人の列としてまとめられ、（中略）実際の作業に際しては、ひとつの列から複数の作業場に差配される場合があった」と述べる。「列」「烈」についても同書第二章第三節参照。
（17）平川南「秋田城跡第七二次調査出土漆紙文書について」（『平成十年度秋田城跡発掘調査概報』秋田市教育委員会、１９９９）による。
（18）拙稿「人名「あしへ」をめぐって」（『萬葉』第百九十一号、２００５・１）、本書旧版一〇七頁。「于」とみて格助詞「に」によむ案は撤回する。
（19）注16書七七頁、一〇九頁。

(20) 山田孝雄『国語の中に於ける漢語の研究』寶文館、1940、二五二頁に指摘。
(21) 木簡学会『木簡研究』第一五号図版一の(1)。
(22) 注21書二四頁。
(23) 木簡学会『木簡研究』第一一号三二頁。
(24) 木簡学会『木簡研究』第一七号図版二の(5)。
(25) 奈良文化財研究所『飛鳥・藤原宮発掘調査出土木簡概報(十八)』の図版三の8。出土状況については同研究所(当時)の竹内亮氏に教示を受けた。なお、竹内氏は、「辛犬列卅五」(同概報図版三の9)と「五背部卅三百嶋部六」(同図版二の12)のように、この「列」字の用法は「部」字と通ずるところがあると指摘する。観智院『類聚名義抄』の「部」字に「ツラヌ」の訓があり、検討の必要があるが。今後の課題としておく。

第四章

地方中心地の漢字受容

観音寺遺跡木簡

［要旨］

一九九七～二〇〇一年の発掘調査で出土した徳島市国府町観音寺遺跡の多くの木簡には、『論語』の字句、「難波津の歌」を万葉仮名で書いたもの、「椿」字を含む字書の断片等、日本語史の常識を塗り替える意義を持つものが含まれている。これらを対象として、地方の中心地における漢字受容がどのようにすすんでいったかを考察する。徳島県埋蔵文化財センターが推定した出土層位との対応に添って、漢字の書かれている木簡の主なものを古い順にみていくことにより、都の状況との異同を視野に入れながら、地方で文字文化が受容された過程を概観する。以下にとりあげる木簡どもは徳島県埋蔵文化財センター調査報告書第四〇集『観音寺遺跡Ⅰ（観音寺遺跡木簡篇）』に掲載され、同センター研究紀要『真朱』第9号で書かれた文字の釈読が大幅に改められた★1。（　）内に漢数字で示したのはその木簡番号である。

1．七世紀前半の層

観音寺遺跡の木簡のうち、年代の確認される最も古いものは七世紀前半にさかのぼる。「大卩（部）」と書かれたもの（七十九号）と、瓦篇の字と推定されるが判読できないもの（八十号）との二点である。七世紀第Ⅰ四半期のものと推定される前者は、左側が切れているが、「大」との位置関係からみて2字目は「部」全体でなく旁のみが書かれていると認められる。「大」は「大伴」の略である（図①参照）★2。

この「部」の旁をとった略体字「卩」は、八世紀以前の出土資料に全国的によくみられる。この字形が平仮名「へ」片仮名「へ」の直接の字源であるが、「部」の字音は日本語のエ列音には適さない。この略体字の使用は、当初、字音を借りた万葉仮名ではなく、字義をとって日本語の「へ」という語にあてた漢字の訓としての用法であった。頻用されるうちに「へ」という語でなくへの発音そのものをあらわすように意識が変化し、万葉仮名として使われるようになる。たとえば西暦七六〇年頃のものとされる『正倉院万葉仮名文書』にもその用例がある。この経緯は「万」が「まろ」を「万呂」と書くのに頻用されるうちに韻尾のnが忘却され、のちには片仮名「マ」の字源になった事情に似ている。

しかし、観音寺のこの木簡の例はまだ漢字としての使用である。つとに東野治之が指摘したとおり、漢字「部」を旁のみに略して使うことは朝鮮半島に先例があり★3、日本列島における使用はそれに学んだと考えてよい。ただし、朝鮮半島におけるこの字の略体はローマ字の「P」に似た縦長の直線的な字形である。日本列島においても七世紀はこの木簡のように縦長である。後に、次第に横に曲線的に書きくずされる。観音寺木簡のなかでも、後にふれる八世紀前半の「マ（部）」（図⑤参照）はその形になっている。同じ遺跡の年代を隔てた木簡によって字形の変化の跡をたどることができるわけである。

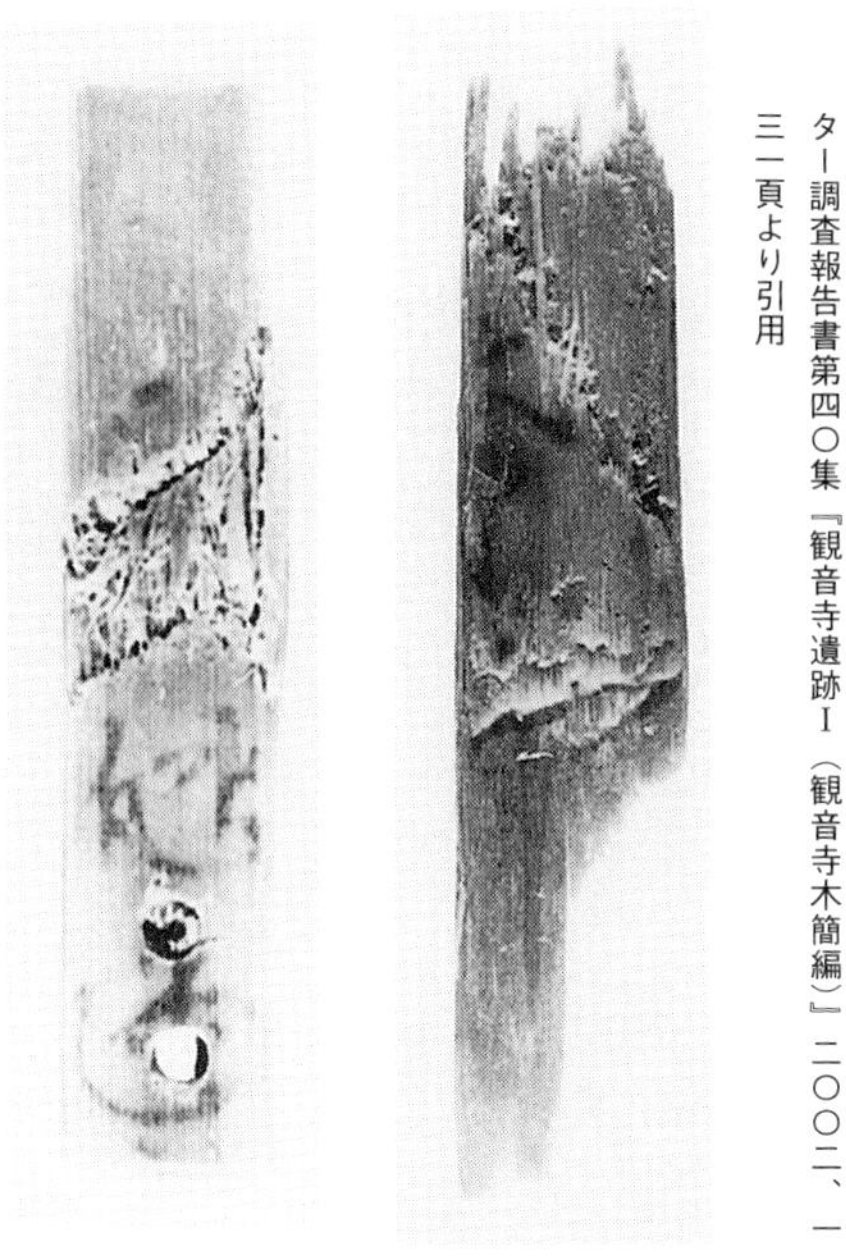
図①◀観音寺遺跡木簡（右・七十九号、左・八十号）・『徳島県埋蔵文化財センター調査報告書第四〇集『観音寺遺跡Ⅰ（観音寺木簡編）』二〇〇二、一三一頁より引用

日本のまとまった文献は推古朝（五九三〜六二九）の遺文を嚆矢とする。六世紀の半ば欽明朝以来、政治が近代化された。それにともなって、文書による行政がはじまり大量の文献が書かれるようになったことが推古朝遺文に反映したと考えることができる。そして、当初、文書作成には朝鮮半島からの渡来人の力が大きかったと言われている。七世紀前半の観音寺木簡に半島起源のものと一致する略体字の使用をみることは、それを裏付け、しかも、その影響が地方の中心地にも及んでいたことを示している。

2．七世紀中頃の層

次に古い層からの出土で注目されるのは『論語』「学而」篇の語句を含むものである（七十七号。形状は木簡でなく觚）（図②参照）。上代日本の律令制は、中国のそれにならって、官人の儒教的な素養を必須としたので、阿波の国府・国学でも学習されたはずであるが、国府の設置は天武朝のはじめとされている。もともと地方の中心地であったところを選んで設置されたのであろうが、『論語』の学習が以前からそこで行われていたことになる。和田萃が「粟国造の居館内で『論語』の教授・学習が行われていた可能性を示している」と指摘するところである★4。

日本で律令が公式に制定されたのは、『日本書紀』の記述によれば天武十年（六八一）の律令制定の詔によってであるが、難波宮跡から「戊申年（六四八）」の字句を有する木簡、芦屋市の三条九ノ坪遺跡から「壬子年（六五二）」の字句を有する木簡が発掘され、大化改新（六四五）直後には律令制の実質が施行された可能性が大きくなっている。律令制は文書行政の施行をともなうので、官人による漢籍学習は素養としてだけでなく文字能力の習得という実際的な意味をもっている。欽明朝以来、政治が近代化されたときも、四書五経の学習を奨励したはずである。観音寺遺跡の『論語』習書の出土は、すでにこの時期に律令制の文化政策の実質的な形成がすすんでいたことを裏付ける。

また、この『論語』習書は、識字層のひろがりの問題にもかかわる。先にも述べたとおり、推古朝に至って急に多くの文献が書かれるようになった。そのとき、都近辺の渡来人がほとんど独占的に文書作成を担当していたように従来は想像されていた。この「常識」を改めなくてはならない。観音寺遺跡のこの觚の書き手が渡来系の人であった可能性は排除されないが、遺跡自体に渡来系の色彩は濃くない由である。七世紀中頃には、識字層が地方にもひろがりをもつに至っていたと考えるのが自然であろう。

ところで、この觚の字句は、今日伝えられている『論語』「学而」篇の本文と相違がある。今日の『論語』の本文が古代と同じであるか否か、その書誌的な問題は筆者の分を越えるので中国古典学者による解明を待たなくてはならないが、それを留保した上で、『論語』原典の当該箇所の字句が七世紀も今と同じであったとすると、さらに興味深い問題が生ずる。この観音寺の『論語』習書の背景には訓読があるかもしれない。

図②◀『論語』の習書・『徳島県埋蔵文化財センター研究紀要　真朱　第九号』二〇一一、七二頁より引用

子曰　学而習時不孤□乎□自朋遠方来亦時楽乎人不知亦不慍（左側面）

子曰　学而時習之不亦説乎有朋自遠方来不亦楽乎人不知而不慍不亦君子乎（『論語』学而篇第一）

この觚の字句と『論語』本文は相違がある。左側面の冒頭「子曰　学而習時不…」は『論語』本文の「学而時習之不」と比べて①「時習」の転置があり②「之」を欠く。それに続く「自朋遠方来」も③「朋自」とあるべきところが転置になっている。これらを、訓読を暗誦していて書いたために誤りが生じたと考える試案がある★5。①「時に」の「に」の位置での返読意識、②「之」を不読に扱う訓法、③「朋有り遠方より来る」でなく「朋遠方より来る有り」とよむ訓法の記憶によったからだというのである。

漢字で書かれていながら漢文と異なる字順があらわれている早い例として、『法隆寺薬師仏光背銘』の「薬師像作」が知られているが、その直前の「造寺」は動詞が先に立つ漢文の字順に合致している。変体漢文体にはこのような現象がしばしばみられる。これは、書き手の脳裏に「てらをつくり、ヤクシザウをつくる」という日本語文があり、それを文字として出力するとき、ある日本語の単位は漢文の語順と一致する字順で書き、ある単位は日本語の語序に従ったと説明できる。観音寺遺跡の『論語』も、書き手の脳裏に「と

きにならふ」のような日本語文があり、その出力が漢文では動詞が先に立つという知識によって「習時」の字順をとったのかもしれない。とすれば、漢文が訓読されていた証左になる。

右の説が成り立つためにはいくつもの留保を要する。字句の相違は屋代遺跡から出土した『論語』習書にもみられる。観音寺の習書は個々の漢字の用法に関心を示したもので『論語』を一つの書物として書き写そうとしたものではないとの見解もあり、あるいは、この『論語』の字句を書いた木片が木簡ではなく木の四面に文字を書いた觚であることに注目して、これが完成形態であり、一種の呪札として立てられていたものとの見解もある★6。これらの見解に従えば、この木簡は『論語』の訓読とかかわりがない。

なお検討を要するところであるが、本書の趣旨に即して観音寺の地における漢字学習の普及を示す徴証であることは動かない。ごく少数の識字者が厳密に漢字を使っていたのでなく、常日頃それなりに漢字を使っていたからこそ、このような正格から外れたものが書かれたと考えなくてはならない。この「習時」を筆者の理解で表現すれば言語史で言う「誤てる回帰」である。たとえばハ行転呼の知識があるために「あるいは」を「あるひは」と復元してしまうような言語現象が実際に起きるが、この觚の字順の背景には、漢文は動詞を先に書くというなまじな知識が伺われる。この説明は、『論語』という本そのものの習書でなかったとする見解に従うとしても、あてはまる。

以上に見たところは、七世紀以前の日本列島における漢字の普及度に修正をせまるものであろう。日本列島における漢文・漢字の学習が、かつて予想されていたよりも長い時間と人的・地域的なひろがりをもっていたことを示す証左である。

そのひろがりの背景について、近年、朝鮮半島との対照研究によって新たな知見がもたらされつつある。韓国出土の『論語』資料を日本のものと比較すると大きな違いがある。内容が「学而」篇または「為政」篇でなく「公冶長」篇であり、木簡でなく觚に書かれている★7。ここでは内容の相違はさておき、観音寺の『論語』が觚であることは朝鮮半島の文化の直輸入を想わせる徴証である。和田萃は「百済出身の人物、あるいはその子孫が粟国造の周辺にいた」と推定し、佐藤信は「七世紀前半から、阿波の地方豪族が、積極的に漢字文化や儒教を導入していた（中略）倭国の大王勢力を介さずに、瀬戸内海経由で中国大陸・朝鮮半島の情報と緊密に結びついていた」と主張する★8。七世紀後半に、官人たちの漢字能力が急速に向上したのは、この下地があってこそと考えることができる。

3．七世紀後半〜七世紀末の層

次に古い木簡群は七世紀後半のもので、「五十戸税」「束」「国守」等の律令制の実施を証拠立てる用語や「軍布」等の物産名「板野」等の地名を書いたものが多数出土している。これらの木簡の歴史的意義については本書の立場から述べることをひかえる。日本語史の観点からは、七世紀後半、文書を起草し、やり取りして仕事をすすめる文書行政が、この地で盛んに行われたことの裏付けと言える。

さて、同じ年代層から「奈尓波つ尓作久矢己乃波奈」等と書かれた木簡（六十九号）が出土し、一九九八年一一月の公表当時に話題を呼んだ（図③参照）。『古今和歌集』の仮名序にある「難波津に咲くやこの花冬ごもり今は春べと咲くやこの花」の前半である。木簡の年代は天武・持統朝の六八〇年頃にほぼ特定されるという★9。異論を唱える研究者も少なくないが、ひとまず留保して論述をすすめる。後に述べるように、用字に関する限り、この時代のものとして矛盾は生じない。

本書の第八章に詳述したとおり〔→211頁〕、この歌の語句は七、八世紀の木簡や土器などに多く見られ

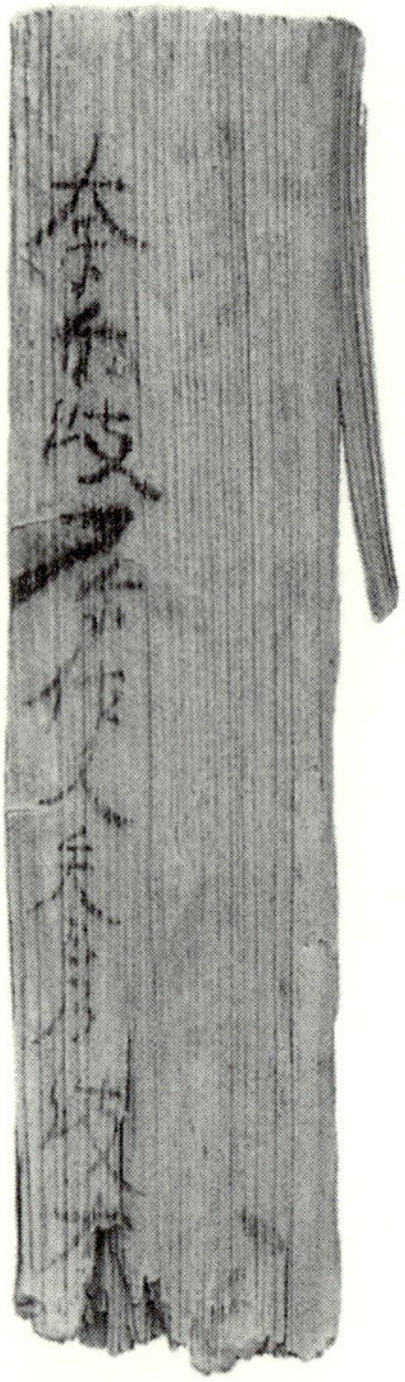

図③◀「難波津の歌」の習書木簡（六十九号）・『徳島県埋蔵文化財センター研究紀要『真朱』第九号』二〇一一、七〇頁より引用

『古今和歌集』仮名序に、この歌は「うたのちちははのやうにてぞ、てならふひとの、はじめにもしける」とあるところを裏付ける事実である。従来発見されていた最古のものは法隆寺五重塔の天井板にある和銅年間の落書であったが、この観音寺木簡はそれをさらに約五十年遡り、「難波津の歌」が七世紀後半から全国に普及していたと考えられる端緒になった。

　地方の国府の官人が天武・持統朝にこの歌を書いていたことは、兵庫県や富山県からも出土をみることによって知られる。この出土例もその一環に位置付けられる。また、この木簡に使われた万葉仮名の字体は八世紀初頭の諸地方の行政文書におけるそれと一致し、地方官人の漢字学習の内容、また、万葉仮名によって日本語を書きあらわす方法の地方的実態を示している。詳しくみてみよう。

　はじめに「つ（の古体。以下「ツ」で表示する）」の使用である。この略体仮名は、本書の第六章1節にもふれたとおり【↓173頁】、その資料の文字の使い方が日常ふだんの性格であることを知る一つの目安となるものである★10。「ム」「へ（の古体）」などの略体仮名と共起することが多く、「支」「止」などのいわゆる古韓音による音仮名と共起することが多く、また訓仮名と共起することが多い。つとに春日政治★11が大宝二年（七〇二）度の美濃国戸籍における使用を指摘しているが、七、八世紀を通じて文字使用の歴史の底流で使われ続け、『正倉院万葉仮名文書』における使用を経て平仮名・片仮名につながるものである。観音寺遺跡においても、先に本書の第一章2節でふれた［↓43頁］字書木簡の「ツ婆木」にも使われているが、その用例の「木」のように、訓仮名とも表語文字としての用法ともつかないものと共起することが多いのである。また、この遺跡から出土した須恵器の墨書にも「□ツ支」の例をみる。そして、この仮名を使う文献は概して清濁の書きわけが厳密でないが、この木簡でも「なには」に下接する「つ」の連濁が期待される位置にあてられている。

次に「作」字である。「佐」とみる向きもあるが、実見による和田萃の見解に従う。この字の万葉仮名としての使用は多くない。「美作《みまさか》」のようないわゆる二合仮名としての用例は地名にままみられるが、音仮名としての用例は少ない。古く推古朝遺文の一つ『上宮太子系譜』に「作々女王」をみるが、写本に信用が置けない。それを除くと、観音寺の木簡のものが確実な用例として最古ということになる。『日本書紀』には歌謡三三番の「作沙《ささ》（かけ声）」、一〇八番の「作基泥《さきで》（咲き出）」、大化二年訓注の「居騰作柯《ことさか》（事瑕）」の用例がある。歌謡の二例は前出歌謡または同じ歌謡の同一語句の字面を変えたいわゆる変え字である。注目すべきは、歌謡一〇八番と訓注の用例の直後にカ行がきていわゆる連合仮名になっていることである。入声韻尾の字を万葉仮名として使うとき、八世紀初頭までは連合仮名として用いた★12。観音寺の木簡の「作」も直後に「久」がきて古用にかなっている。「作」の末尾の-kと「久」の頭のk-とが重ねられて、子音の連続が解消されているのである。『万葉集』には五つの「作」の用例をみるが、四例が巻二十の防人歌、それも下総国防人歌に集中してあらわれる。それらのうち四三八五番の「由古作枳《ゆこさき》（行先）」は直後がカ行であるが、これは偶然であろう。「作」の『万葉集』中の残る一例は、巻七の一一四三番歌の「作夜深而（さ夜更けて）」である。この歌は『夫木和歌抄』と『続古今集』に「人丸」作歌としてとられているので、古い歌である可能性をもつが、それ以上のことはわからない。以上みたところ、「作」は古い時代の用字ということになる。下総国防人歌の用例は地方における残存とみてよい。

訓仮名「矢」の使用は日常ふだんの性格がある。先にも述べたとおり、訓仮名の使用は画数の少ない音仮名と共起する傾向があり、その場合、清濁の書きわけも厳密でない。天平十一年（七三九）の出雲国大税賑給歴名帳の人名を例にとれば、この文献は部分ごとに文字の使い方が異なり、比較的に字画の多い音仮名を専用し清濁を厳密に書きわける部分と、字画の少ない音仮名に訓仮名ないし表語文字をまじえ清濁を書きわけない部分とがある。「（伊福部）奈具夜《なぐや》賣」と「（語部）奈久矢《なぐや》女」はおそらく同義の名とみられるが、その前後の書記様態に伴って書き方が異なるのである★13。この歴名帳の文字列には、「（勝部首）比枳《ひき》」のように、「枳」もめだつ。この「枳」の用例は少ないが、使用されるときは地方の公文書にあらわれる傾きがある。養老五年（七二一）度の下総国戸籍にも用例がある。訓仮名「矢」はそのような性格の万葉仮名である。ここにも地方色が認められよう。

このように、この木簡の用字は、七世紀末の地方の官人が日常ふだんの態度で書いたものとしていかにもふさわしい様相を呈している。奈良時代以前の地方の官人たちがどのような書記形態を用いて文書行政を行っていたかが伺われる。

なお、この観音寺遺跡のもののほか奈良県石神遺跡と藤原京左京七条一坊と平城京第一次大極殿西側から出土した「難波津の歌」木簡に共通して「咲くや」のヤに「矢」があてられている。それについて本書の第六章2節［↓174頁］、第八章2節に［↓227頁］述べたところがある。

同じ年代層に漢文風の戯れ書きかとみられる木簡がある（五十九号）（図④参照）。中央に「我非九部」と書き、その右に小さく「通下迩盗人」と書かれている。裏にも「為」その他の文字がみえる。これについて解釈の一試案を示す。当該の木簡は下部が切り折られているので、文意が完結しているのか否か不明であるし、もとより本書の著者は漢籍の知識に乏しい。中国古典学の専門家をはじめ、大方のご批正を乞うものである。

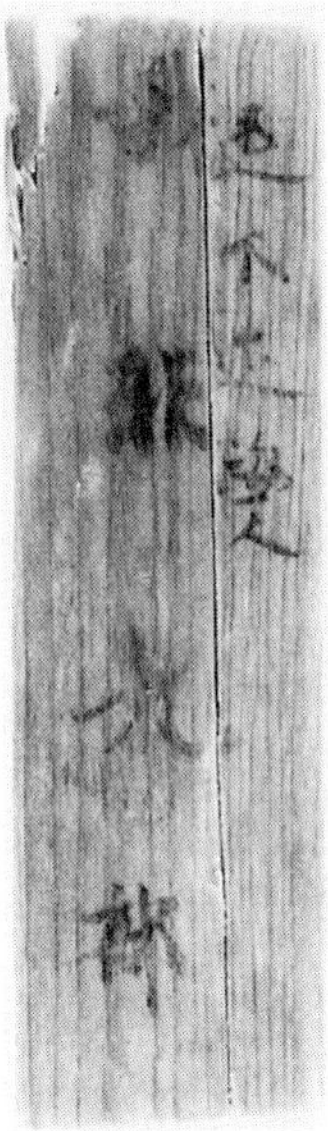

図④◀五十九号の木簡・『徳島県埋蔵文化財センター調査報告書第四〇集 観音寺遺跡Ⅰ（観音寺木簡編）』二〇〇二、一二一頁より引用

まず「迩」は『古事記』等に借音の万葉仮名としての用例がある。藤原宮木簡にも海産物「宇迩」等の用例をみる★14。そうであれば「下迩」は「下に」とよむ宣命書きの可能性がある。あるいは「卑近」のような意味の漢語の可能性もある。いずれにせよ、右側の文字列は何らかの嫌疑、非難を意味する字句か。そして中央の文意は「九部経」にかかわるものであろうか★15。大乗仏教で十二部経から除かれる三部は「因縁」「譬諭」「論議」である。「因縁」には仏教用語としての縁の意味のほかに官吏の私情による不正な裁量の意味があり、「因縁為市」（『後漢書』）という成句がある。「我非九部」がこの「因縁」と「譬諭」「論議」をさ

すとすれば、今日言うところのやり手ほどの意になろうか。いささか深読みにすぎるかもしれないが、もし部分的にでも当を得ているとすれば、当地の天武・持統朝の官人が有していた漢文の学識はなかなかのものであったことになる。

その上の七世紀末のものと推定される層から出土した一群の木簡があるが、文字の書かれたものは少ない。「己丑年」（六八九）と書かれたもの（四十一号）がその年代を推定する証左となる。先に述べた「部」の横に書きくずされた略体「マ」が確認される（四十三号）ことを指摘するにとどめる。

4．七世紀末～八世紀前半の層

その上の、七世紀末から八世紀前半と推定される層から出土した多くの木簡は文字の書かれたものが多い。まず人名「得矢女《とこやめ》」（二号）（図⑤参照）であるが、「得」の音を日本語の「とこ」にあてるのは先にもふれた大宝二年度の美濃国と九州の戸籍、養老五年度の下総国戸籍に例が多い。また、「矢」の純粋に表音的な

図⑤◀二号の木簡・『徳島県埋蔵文化財センター研究紀要　真朱　第九号』二〇一一、五九頁より引用

・於井郷忍海マ得矢女九月七日

訓仮名としての用法は、先にふれた「難波津の歌」木簡にもみられ、天平十一年（七三九）の出雲国大税賑給歴名帳等の地方の公文書にもみられる。そして、こうした借音の仮名と借訓の仮名との無原則な併用は、実用的な行政文書の様相を示すものである。このように、観音寺遺跡木簡の万葉仮名は、おおよそ地方行政機関の一般的な用字の傾向と一致している。この「部」の略体「マ」が横長であることは先に述べた。

しかし、物産名「伎珥」の書記形態（四号）（図⑥参照）は当時にあって特異である。この「珥」は「雉」のジにあてられているとみられ、そうであれば漢音による万葉仮名だからである。万葉仮名の基盤をなす漢字音の変遷は、七世紀から八世紀前半まではいわゆる呉音、正確には和音によるのが一般的であり、本書第一章3節に、古韓音による字音が従来考えられていたより後まで残存したことを明らかにした［↓46頁］。八世紀に入ると漢音によるものが次第に普及する。この木簡の「珥」は、地方行政機関においてはやくも漢音による万葉仮名が用いられている点で注目に値する。

図⑥◀四号の木簡・『徳島県埋蔵文化財センター研究紀要　真朱　第九号』二〇一一、五九頁より引用

・＜麻殖評伎珥宍二升

しかも、『日本書紀』の歌謡や『万葉集』にあらわれる「雉」の語形はキギシである。キギシとキジの関係は、フフキとフキ（蕗）などの関係と同じであり、歴史的には原形と縮約変化形、同時代にあっては歌語・

文章語と日常語とにあたる。つまり、「伎珥」という書記形態は、新知識の漢音を用いて日常語を書いているわけである。この木簡を書いた地方行政機関の官人は、新知識をいちはやく取り入れていた一方、都にあっては漢音による万葉仮名が「はれ」の場の文脈でのみ用いられている事情をわきまえていなかったことになる。

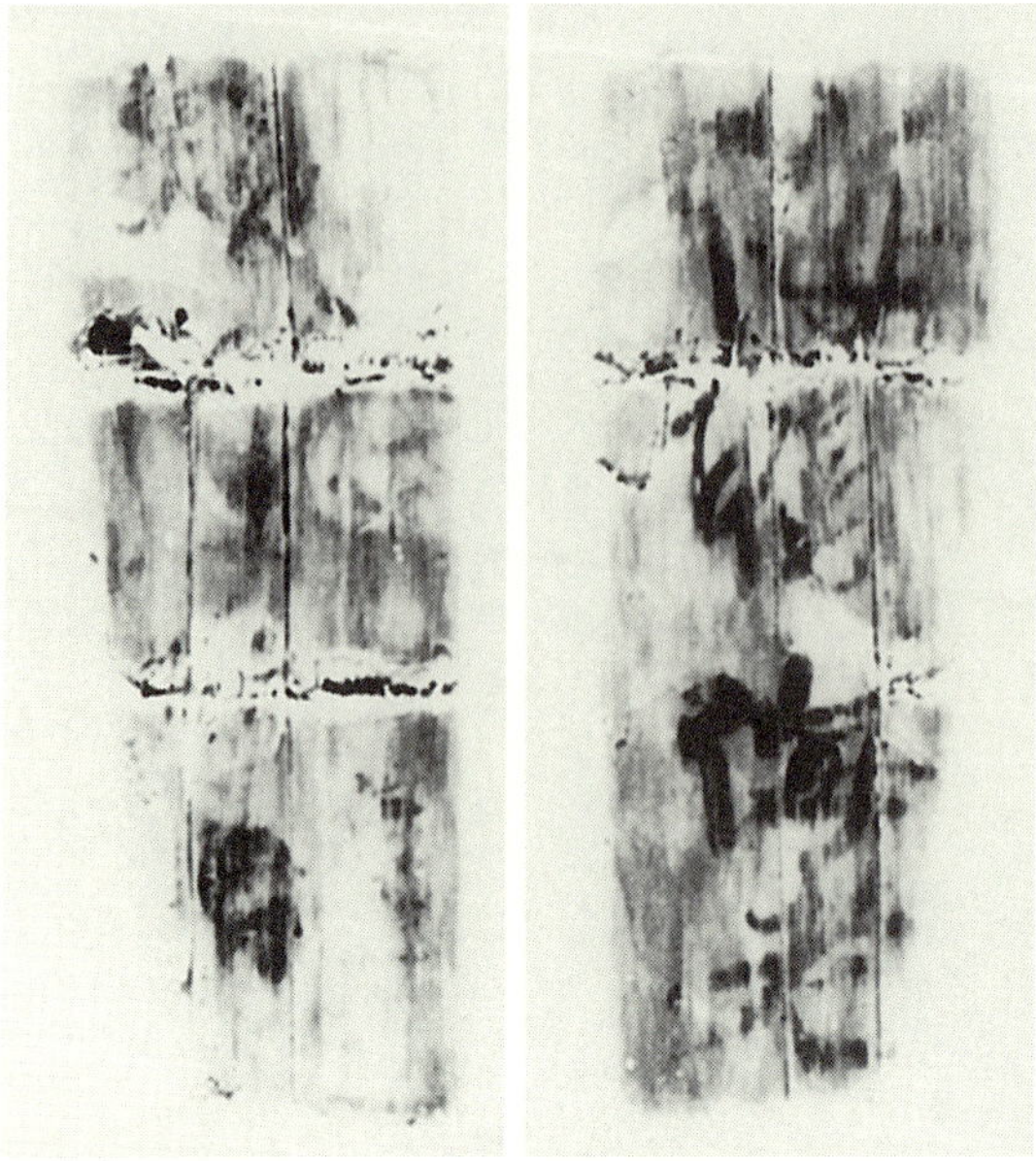

図⑦◀十四号の木簡・『徳島県埋蔵文化財センター調査報告書第四〇集　観音寺遺跡Ⅰ（観音寺木簡編）』二〇〇二、六九頁より引用

なお、当該の木簡の書体は、同じ時期の都のものとは異なり、隷書の味の残る古態であり、ここまでに見てきた七世紀の木簡の書体との連続性を感じさせる。この点にも、新知識と当地における伝統との同居がみられる。

同じ年代層から出土した海産物名を書いた木簡（十四号）（図⑦参照）にも言及しておきたい。表に「海蝮　海老」とあり裏に「鰻老海」云々とあるものである。この「蝮」を『徳島県埋蔵文化財センター調査概報第2集　観音寺木簡』では「鰒」の誤記と推定している。この「蝮」字は藤原宮木簡の貢進物荷札にも「依治郡蝮」の例があり、その例について、木簡学会編『日本古代木簡選』は「鰒（アワビ）」と理解している★16。

当該木簡の字配りは「海鰒」「海老」がそれぞれひと続きであるようにみえる。これによれば「海鰒」は「海の○○」のはずである。海生物をあらわす漢字には「蝦」「蛸」「蜆」などのように虫偏の字が少なくないので「鰒」と「蝮」の混同はあり得るが、「あわび」ならわざわざ「海」を冠する必要はないように思う。そこで、誤用でなく、食用に供したうみへびの類をさすとの試案を示す。

虫偏は「蛇」等に使われているように、くねくねとした形状の生物の象形からきている。この「蝮」という字は中国では毒蛇と大きい蛇との二つの意味で使われていた。『爾雅』の「釈魚」の項に「蝮、博三寸、首大如擘」「蝮、大蛇也、非虺之類」両用の記述がある。うみへびの類を和語に即して「海蝮」と言いあらわすことはいかにもありそうに思う。「海」と「蝮」の二字熟合した例が管見に入らないので、日本語に馴化した漢字の用法かと推測するが、精査すれば中国に典拠があるのかもしれない。ご批正を賜れば幸いである。

右の試案は、同じ年代層から出土した植物名を記載した字書様木簡（八号）によって考えるところと連動している。「椿」に対して「ツ婆木」の訓が施されており、それがいわゆる国訓であることは、発表時に話題を呼んだ。漢字「椿」がさす植物は落葉喬木、「つばき」は常緑である。筆者は、これを、当地において漢字の日本語への馴化・適合がかなりすすんでいたことの証左とみる。

この木簡の記載は平安時代前期の『新撰字鏡』の植物名を集めた部分に似ている。本書の第一章2節に述べたとおり［↓43頁］、遅くとも八世紀前半当時に、そうした国訓を含む和訓をあつめた字書が編纂されていたことを伺わせるのである。してみると、海産物に関しても、同じように漢字の日本的な用法が七世紀末に各地で行われていても不自然はない。

この層に属するものの最後に「難波津の歌」を書いたもの（十二号）を取り上げる。『観音寺遺跡Ⅰ（観音寺遺跡木簡篇)』では不明ながら散文を書いたかと想像されていた。本書の旧版ではその線から様々に推察したが、すべて幻影に帰した。赤外線カメラの性能向上によって文字の釈読が全く変わったのである★17。左に『真朱』第9号に示された釈文を掲げる。

　　　　〔都　佐　己乃ヵ〕
「□方　那尓波□尓□久矢□□波□
〔□　那ヵ〕　〔矢ヵ〕〔奈ヵ〕
阿波国道□　□尓波都尓佐久□己乃波□
　奈尓波□

主要な本文は上端から九・五センチほどの位置から書かれた二行の「難波津の歌」である。現状では冒頭の二句が残っているが、その下は折損しているので、全文を書いていた可能性もある。もしも全文を書いていたとすると、字配りから推定して文字の末尾で材の上端から約五〇センチに達し、二尺の材に書く「歌木簡」の規格の条件の一つに合致することになる。「歌木簡」は本書の旧版第八章等の論述をふまえて栄原永遠男が提唱した概念である★18。後に第八章で詳述するが、典礼の席で「歌」の詠唱が行われ、そこで使われた特別な規格の木簡をさす。

　この十二号木簡が「歌木簡」であったとするには、幅広の材に歌句が二度書かれている点が規格に合わない。狭義の「歌木簡」は長さ約二尺、幅約一寸の材の表面に歌句を一行で一回だけ書く。ただし例外がないわけではない。藤原京左京七条から出土した「難波津の歌」木簡〔→224頁〕は、長さは原形を保っており、幅は現状が三四ミリで左側面が削られているのでやや広かったことになる。第四句「いまははるべと」

で改行して二行に書かれている★19。なぜそうなのか事情はまだわからない。また、飛鳥池出土の「…止久《とく》止佐田目手《とさだめて》…羅久於母閉皮《らくおもへば》」と書かれた木簡【↓54頁】は、歌句が複数の行に書かれた跡が明瞭である。ただ書かれているのが一首、一続きの歌句であるとは限らない。

二つの事実を手がかりにして、当該の観音寺木簡は、何らかの典礼で使うものであったという試案を述べておこう。手がかりの一つは、先にあげた六十九号木簡である。幅の広い材の左端に「難波津の歌」の冒頭を一行に書いている。第四字「つ」の終画が切れていることからわかるように、左側面は割れている。そして『真朱』第9号では慎重を期して「□」にしているが、残っている歌句の右側に薄い墨痕がある。何が書かれていたかは後考を待つほかないが、当地では幅広の材に「歌」を書く文化があり、一行一回に限らなかったのかもしれない。もう一つの手がかりは、二〇〇八年に京都府木津川市の馬場南遺跡から出土した「あきはぎ」木簡である。『万葉集』巻十・二二〇五番歌「秋萩の下葉黄葉ぬ…」と一致する可能性をもつ歌句であるが、裏面の上部を少し削り込んで「越中守」と読める（奈良文化財研究所の見解）文字が書かれている。表面の「歌」と、この裏面の官名との関係は慎重に考えなくてはならない。たとえば詠者とするにはいくつもの関門を越えなくてはならず、おそらくは結局のところ当を得ない。しかし、何らかの意味で、その「歌」の関係者という解釈が成り立つ余地はあるだろう。これらから、十二号木簡について次のように想像する。材の上部にある「□方　」と「阿波国道□（道□は別筆のようにも見える）」のそれぞれに関係する「難波津の歌」を書いたものであると。左端に小さく書かれた「奈尓波□」は後筆であろうか。憶測はこれで慎しもう。

本書の観点から、もう一点指摘する。二行の冒頭の「那」は特異である。この字体はナの万葉仮名として頻用されるが、出土資料にはまれである。出土資料上の日本語韻文に「那」を用いた例を他に筆者は思い当たらない。「那」と「奈」との間には「晴」《はれ》と「褻」《け》との関係が設定できる。たとえば序論でふれた[↓26頁]扶餘出土木簡に「那」が使われている。倭国から百済へ送られた付け札である。「難波津の歌」に「那」を使うのも当地の文化であろうか。先に四号木簡を取り上げて新知識と当地風の同居を指摘したが、軌を一にするとの見方が成り立つかもしれない。

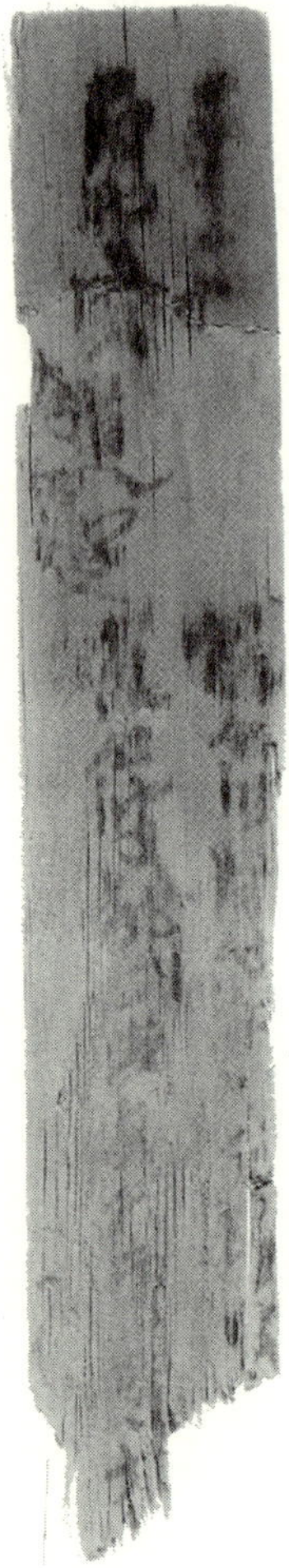

図⑧◀十二号の木簡・『徳島県埋蔵文化財センター研究紀要　真朱　第九号』二〇一一、六〇頁より引用

5. 結語

こうしてみると、七世紀前半から八世紀前半の約百年の間に、まず所有の記号としての固有名詞、次に『論語』という有名古典に象徴される漢字・漢文習得がすすみ、律令制の施行に添って文書行政が施行されるようになり、日本律令の文化政策に従って歌が学習され、文書作成が盛んに行われる中で、新来の漢音の習得がすすむ一方、漢字の用法の日本語への馴化がすすんだ跡をたどることができる。

その百年を通じて感じられるのは、最新知識と地方的な特色の同居である。他の地方の行政文書における漢字使用と共通の様相を示す一方で、新知識の伝播がはやく、その消化もすすんでいたようにみえる。そしてそれを可能にした背景には、津令制が及ぶ以前から当地において文字文化が培養されていた様子が見られる。畿内から海ひとつをへだて、瀬戸内海を通じて半島・大陸とも交流できる地理的な位置が文字文化にもあらわれていると言えよう。かつて、八世紀以前の漢字使用は都周辺の限られた人たちによるものと思われていたが、観音寺遺跡の木簡どもは、文字文化が早くから地方にも及んでおり、その理解にも地方それぞれの特徴が生じていたことを示している。

注

（1）『徳島県埋蔵文化センター調査報告書第四〇集　観音寺遺跡Ⅰ（観音寺遺跡木簡篇）』2002、三七～四三頁、五七頁、二一一～二一四頁参照。和田萃・藤川智之「徳島市観音寺木簡の歴史的意義」（徳島県埋蔵文化財センター研究紀要『真朱』第9号2011）で釈文が訂正されたが木簡の年代には修正がない。
（2）注1『調査報告書第四〇集』一三〇頁。
（3）東野治之「金石文・木簡」（『漢字講座＝5　古代の漢字とことば』明治書院、1989）参照。
（4）『徳島県埋蔵文化財センター調査概報　第2集　観音寺木簡』の和田萃による解説。注1『調査報告書第四〇集』にも同趣旨を述べている。
（5）瀬間正之「上代漢文訓読の一端」（『季刊　悠久』第八六号、鶴岡八幡宮悠久事務所）。
（6）多田伊織「観音寺遺跡出土『論語』木簡の位相　～觚・『論語』文字～」注1『調査報告書第四〇集』所収。
（7）橋本繁「金海出土『論語』木簡について」「古代朝鮮における『論語』受容再論」（『韓国出土木簡の世界』雄山閣、2006）、尹善泰「木簡からみた漢字文化の受容と変容」（『東アジア古代出土文字資料の研究』雄山閣、2009）参照。
（8）注1『真朱』第9号掲載和田論文「6　おわりに」、佐藤信「七世紀における地方豪族の漢字受容」（科学研究費補助金研究成果報告書『古代日本列島における漢字文化受容の地域的特性の研究』2011・3）。

（9）平成十二年度木簡学会研究集会における藤川智之氏の口頭報告による。同遺跡の遺物の堆積状態は「層位間の乱れが確認されず、緩やかな堆積が進行したことを再確認した」（木簡学会『木簡研究』第二一号、1999、二〇五頁）という。
（10）拙著『上代文字言語の研究』笠間書院、第一部第一、三章参照。
（11）春日政治『仮名発達史序説』1933。
（12）注10書第一部第二章参照。
（13）拙稿「訓仮名の使用環境」（『国語文字史の研究　二』和泉書院、1994。拙著『上代文字言語の研究・増補版』笠間書院、2005に補論として収録）参照。
（14）木簡学会編『日本古代木簡選』岩波書店、1990、一〇六頁に図版掲載。
（15）和田萃「木簡の観察と釈文」注1書、九八〜一〇〇頁は、考えられる可能性として、宮廷の「九部楽」、この「九部」、『山海経』の「九部」を挙げている。
（16）注14書、九九頁。
（17）この経緯は拙稿「古代語資料としての出土物」『日本語の研究』第四巻一号、2008・1に報告した。
（18）栄原永遠男『万葉歌木簡を追う』和泉書院、2011にこれまでの論考のまとめが示されている。
（19）注18書五八〜六〇頁。

第五章

大宝二年度戸籍と木簡

導言

正倉院文書におさめられている戸籍、計帳の人名は、八世紀日本語の語彙資料として貴重であるが、これまで日本語史の研究において充分に利用されてきたとは言い難い。これを解読し活用すれば、文字や音韻に関する分野のみならず、意味や語法に関する研究にも裨益するところが大きいであろう。その際、木簡をはじめとする出土資料の書記様態・書記形態と見比べることが有益な知見をもたらす。ここにその方法の一端を示す。

一・では、美濃国戸籍（原文「御野」。便宜「美濃」とする）について、その大宝二年度戸籍のなかで際だって個性的な様式を、木簡の冊による住民台帳を想定することで説明しようとする。

二・では、筑前国戸籍の人名「牧夫」について、「枚夫（ひらぶ）」と同認されることを明らかにする。「枚」と「牧」との通用は、歴史学において常識として扱われてきたが、木簡に書かれた字形を論拠として、その背景にある漢字の字形・字体認識と用法受容の様相を考察する。

一．美濃国戸籍の文字言語史上の位置

［要旨］

大宝二年（七〇二）度に編纂された美濃国戸籍は、八世紀に入ってからの文献であるが、その漢字使用は七世紀の様相を濃厚にとどめている。人名を書きあらわした万葉仮名の様相は、紙に書かれた公文書でありながら、木簡等に使われる官人たちの日常ふだんのものに近い。様式に他の戸籍・計帳にみられない特徴が多々あるが、これは木簡を冊にした記録簿で住民を把握していたものの書記様態をうけついでいると考えることができる。また、記載された人名を日本語として解読するにあたり、七、八世紀の木簡上の人名、地名がよき資料となる。

1．美濃国戸籍が編まれた頃の漢字使用

美濃国戸籍が編まれた頃、漢字を輸入して日本語に適応するいとなみは、それ以後に受け継がれる諸要素・諸相が出そろっていたが、まだ整理がついていなかった。

まず漢字音については、中国の二、三世紀の北方系字音に由来する「古韓音」系の字音、それ以後長期にわたって輸入され南方系字音を含むと見られる「和音」系の字音、そして中国の六、七世紀の北方系字音にもとづく「漢音」系の字音が、七世紀末の日本で並行して用いられていた。ここで言う和音は一般に「呉音」と呼ばれるものを指すが、厳密な定義で言う「呉音」は平安時代に「漢音ならざる字音」として人為的に体

系化されたものである。これに対して和音は漢音の輸入以前に歴史的に集積された字音のあつまりであり、複層的な性格のものである。ここでは当時の実態に即して「和音」を用いる。

古韓音は朝鮮半島経由の輸入とみられることからその名がある。『古事記』の応神天皇の記事に百済から渡来した王仁が『論語』『千字文』を伝来したとあるところが象徴するように、書記 writing という技術自体、半島から学んだところが大きかった★1。古韓音はそれに伴って輸入されたのだから、日本の漢字音の基層的な位置をしめていたはずである。本書の第一章3節で考察したとおり〔↓46頁〕、従来考えられていたよりも後の時代まで用いられていたらしい。

そして、新来の漢音は当時の標準中国語として学習が奨励された★2。その政策の浸透につれて、古韓音は漢字の音よみとしては駆逐され、和音も次第に漢音に置き換えられて、江戸時代には字音は漢音が基本になる★3。しかし、美濃国戸籍の編纂された西暦七〇〇年前後は、古韓音を含む和音の上に漢音が注入されつつある構図を描くことができる。

また、これも本書の第一章2節に詳述したとおり〔↓41頁〕、七世紀末にはすでに漢字の訓が大規模に整備され、日本語を訓で書く技術が開発されていた。漢字の音を借りて表音的に日本語の語彙あるいは日本語の文を書く技術も確立していた。その交用も行われていた。

しかし、八世紀と七世紀との相違もある。八世紀には、文献の性格によって日本語を書きあらわす様態の相違が明瞭になっていく。『日本書紀』は中国史書の伝統的な文体にならって本文を漢文体で書き、訓注と歌謡を仮借で書く。『古事記』は日本語の文であることをめざして本文を独特の変体漢文体で書き★4、訓注と歌謡を万葉仮名で書く。『万葉集』の和歌どものうち、巻一〜四、六〜一三、一六は訓を主体にした書記様態、巻五と巻一四、一五はほとんど万葉仮名だけで書きつづる書記様態が採用されている。それらの巻々

郵便はがき

料金受取人払郵便

神田支店
承認

3455

差出有効期間
平成25年2月
6日まで

101-8791

504

東京都千代田区猿楽町2-2-3

笠間書院 行

■ 注 文 書 ■

◎お近くに書店がない場合はこのハガキをご利用下さい。送料380円にてお送りいたします。

書名 冊数

書名 冊数

書名 冊数

お名前

ご住所 〒

お電話

ご愛読ありがとうございます

これからのより良い本作りのために役立たせていただきたいと思います。
ご感想・ご希望などお聞かせ下さい。

この本の書名＿＿＿＿＿＿＿＿＿＿＿＿＿＿＿＿＿＿＿＿

本読者はがきでいただいたご感想は、お名前をのぞき新聞広告や帯などで
ご紹介させていただくことがあります。何卒ご了承ください。

■本書を何でお知りになりましたか（複数回答可）

1. 書店で見て　2. 広告を見て（媒体名　　　　　　　　　　）
3. 雑誌で見て（媒体名　　　　　　　　　　）
4. インターネットで見て（サイト名　　　　　　　　　　）
5. 小社目録等で見て　6. 知人から聞いて　7. その他（　　　　　　　　　　）

■小社PR誌『リポート笠間』（年1回刊・無料）をお送りしますか。

はい　・　いいえ

◎はいとお答えくださった方のみご記入下さい。

お名前

ご住所　〒

お電話

ご提供いただいた情報は、個人情報を含まない統計的な資料を作成するためにのみ利用させていただきます。また『リポート笠間』ご希望の場合は、個人情報はその目的（その他の新刊案内も含む）以外では利用いたしません。

は公的な場に即した性格の歌をあつめている。巻一七以降は、巻二〇の防人歌を除いて大伴家持周辺の私的な性格が濃いが、漢字を訓で用いるか万葉仮名で用いるかが整理され、万葉仮名として用いる字体が特定されて、今日の漢字仮名交じりに近付いている。

それに対して、七世紀後半から八世紀初頭の木簡類には、借音の万葉仮名と借訓の万葉仮名が無原則に同居している。本書の第一章4節でふれた奈良県飛鳥池出土の「歌」を書いた木簡が典型的である［↓54頁］。藤原宮木簡で字訓で書かれていた語が平城宮木簡では万葉仮名で書かれるようになったものも少なくない。木簡の文体も、七世紀より八世紀のものの方が漢文体に近い傾向がある★5。総じて、七世紀には、漢字はおしなべて漢字であって、ある字の用法が表語と表音のいずれであるか、未分化であった★6。

2. 文字言語としての美濃国戸籍の位置

美濃国戸籍は、日本語の文字言語史上、ある意味でかなめの位置にある。前節に述べたような七世紀末の漢字使用の状況が縮図のようにあらわれていると言える。

漢字音からみてみよう。美濃国戸籍の万葉仮名には、漢音によったと確実にみなされるものはない。古韓音によったものは確実にある。キ甲類にあてられた「支」とト乙類にあてられた「止」は、木簡をはじめ他の文字資料にも頻出するが、それ以外に、ガにあてられた「宜」、ヤにあてられた「移」、ロ乙類にあてられた「里」の使用をみる。それぞれ、「蘇宜部《そが》」（『大日本古文書 一』六六頁。以下「大六六」のように示す）、「移和《やわ》（同じ戸に「弱」とも書かれている）」（大八一）、「比里《ひろ》（その弟の名が「小廣」）」（大九三）などの用例である。

しかし、これら古韓音の万葉仮名は全面的に用いられているわけではない。「宜」はこの姓にのみあらわれる。ガの音は「加《か》ゝ《が》彌《み》賣《め》」のように「加」で清濁を兼ねて書きあらわされるのが通常である。また上古音における字音にてらして「義」もガにあてられておかしくないが、「牟義都」などの「むげつ」姓にあてられ、和音系のゲの字音を反映している。「移」「里」も、たとえば「弥《み》移《や》賣」（大六六）と「弥屋賣」（大七四）と「宮賣」（大六四）、「也《や》里《ろ》都《つ》」（大七二）と「也呂都」（大八六）のように、古韓音によらない万葉仮名や字訓による書記形態と同居している。体系的に中国の上古音にもとづく字音によっているのではなく、上古音から由来する古韓音によるものが個別にあらわれているのである。本書の第一章3節に考察したとおり【↓46頁】、このような、まだ漢音を含まない、中国の新旧の字音から由来するものが入り交じった字音体系が七世紀末日本における一般的な漢字の音よみだったのだろう。念のため付言しておくが、ロ乙類に「里」をあてるのに対して、リには「理」「利」をあてているから、音韻体系と万葉仮名の体系との対応は破綻していない。

次に訓をみてみよう。たとえば春部里の「金」（大一九）は同じ戸の「久加尼」と同一人であり、「金」を「くがね」の訓でよんだ証拠となる。上代の文献において、近接位置に同一語が再出すると書記形態を変える原則★7が広く行われているが、この戸籍の書き手もそれを忠実に実行している。この例も、初出時に「戸主弟金」と訓で書かれた語が再出時に「久加尼母…」と万葉仮名で書かれたものである。右にあげた「弱」と「移和」も同じである。

字訓の運用は未整理の一言に尽きる状態を呈している。以前にその実態を論じた★8ので、要点のみ述べておこう。大宝二年度戸籍のなかでも、西海道の戸籍は整然たる書記様態をとっており、漢字の訓を借りて表音に用いる用法＝訓仮名は連体助詞の「つ」にあてた「津」にほとんど限られる。この「津」は、訓仮名のなかでは特別に音仮名と同居する性格をもっているので許容される例外である。たとえば古事記の「大宜《おほげ》津比賣《つひめ》」や平城宮出土木簡の日本語韻文「津玖余《つくよ》、美宇我礼《みうかれ》…」【→228頁、図⑦参照】などの例をみる。西海道の戸籍には、一つの人名に訓でよむ漢字と万葉仮名とを交用した「赤乎《あかを》」のような例も極めて少ない。西海道三戸籍の記載人数の計は美濃国戸籍の半数弱にあたるが、そのなかで十例程度である。つまり、記紀万葉の類と同じように、漢字を訓で用いるか音仮名として用いるかが仕分けされている。

これに対して美濃国戸籍は、訓仮名も多く、訓と万葉仮名との交用も自由である。たとえば「目理《まり》」（大六九）は「麻理賣」（大八六）と同じ人名要素とみられる。この書記形態では「目」が被覆形の訓を借りてマの仮名として用いられ、音仮名の「理」と同居している。「加良安《からやす》」（大三）のような音仮名と訓よみする字の交用例は枚挙にいとまがない。しかも、字訓を借りた表音用法と、語を訓であらわした表語用法との境が分明でない。たとえば、「阿手」（大六八）「阿手良」（大八七）の「手」は、先にふれた飛鳥池木簡の「…佐田目手…」【→54頁】と同じ表音用法であるが、この人名の意義を古代日本語としてみると、動詞「あつ」の連用形、それに接辞の付いたものである。後者は長屋王家木簡では「充良」「当良」とも書かれている【→200頁】。「弖」でなく「手」をあてたことが動作性の意義に関わっている可能性を認めて良いであろう。「伎波見《きはみ》」（大八三）は「極み」の意であろうが、「見」はマ行四段活用連用形のミ甲類の語尾にあたるだけでなく、動作もあらわしている可能性がある。

また、美濃国戸籍は、同一の漢字を複数の訓で用いている。「足」を例にとると、「得足」（大九一）などは下総国戸籍の「徳太理《とこたり》」などと同じ名であろうから「足」が「たり」の訓をあらわしている。しかし、「足結」（大六五）は「あゆひ」であろうから、「足」は「あし」または「あ」の訓もあらわしていることになる。「足奈賣」（大六二など）も、「虫奈賣」（大七六など）「虫名賣」（大三八など）★9や筑前国戸籍の

「方名賣」と類似の語構成であるとすると「あしな」とよむことになる。
さらに、右の「足奈賣」を筑前国戸籍と豊前国戸籍に各一例あらわれる「宿奈賣《すくな》」と同一の名（『古事記』の「少名毘古那」など参照）とみなせば、「足」を字音でスクの二音をあらわす借音用法とみて「すくな」とよむ可能性もある。

このように、美濃国戸籍では、同一の漢字を訓で用いたり万葉仮名として用いたりしている場合がある。人名「安倍」「安部」「安閇」をどうよむか長く愚考をこらしてきたところであるが、結局、これらを「あへ」または「あべ」とよみ、「安麻呂」「安賣」の場合は「やすまろ」「やすめ」とよむのが良い。

人名「安倍」などを「あへ」とよむのを躊躇した理由は、「安」一字の人名（大九、四二）と、「安麻呂」の弟が「古安」である例（大三五）が存在することである★10。これらの「安」を「あ」とはよめない。一つの字は訓と万葉仮名のいずれかで用いられたという前提に従えば、「安倍」などを「やすへ」とよむことになる。しかし、「安倍」は他の文献に「阿閇」などと書かれた人名と同義（「饗」の意）の可能性が大きい。この戸籍の漢字使用における未整理・未分化の一面としてとらえ、「安」は訓にも万葉仮名にも用いられたとみるのが穏当であろう。

なお、「安」は末尾にn韻尾をもつ字であるが、七世紀末までに韻尾を忘却してアの音をあらわす万葉仮名として使うことが一般化していたとみてよい。長屋王家木簡の「安倍女王」などの例は八世紀に入ってからのものであるが、二〇〇一～二年の飛鳥京跡苑池遺構の発掘で「三野国安八《あはち》麻《ま》評」と書かれた木簡が出土した★11。この木簡が美濃国から送られてきて廃棄されたとすれば、戸籍に「安倍」と書いた同一人の手になる可能性さえ想像できる。

次に、美濃国戸籍には略体字の使用が目立つ★12。万葉仮名としての使用例は「つ（の古体）」「ム」がある。いずれも七世紀の出土資料に頻出する字体である。前者は今もって字源がわからない。「川」もしくは「州」、あるいは「門」「闘」、さらには「津」かと言われているが確証が得られていない。筆者は、日本列島へ輸入されたときすでに略体字だったのではないかと予想している★13。後に述べるように「部」の旁を字源とする「へ」がそうだからである。なかで、「州」は『日本書紀』中に朝鮮半島の固有名詞に用いられた例があるので可能性が高い。いずれ出土資料によって証拠付けられるであろう。「ム佐」（大三五）などにあらわれる「ム」が「牟」の略体であるのは言を待たない。

なお、略体ではないが、美濃国戸籍は全体に謹厳な楷書体で書かれているなかに、草書体の字形をとどめるものがある。「閇《へ》止《と》女」（大八一）「意《お》閇《へ》賣」（大八二）の「閇」の門構えは原文で「つ」のように一筆で書かれている。全体が楷書体の文字列で一部の字の門構えを略体化することは高句麗の碑文に先行例があり★14、日本でも白雉元年のもの（六五〇）とされる『法隆寺金堂四天王光背銘』の署名に「手」の例があるし、飛鳥、藤原京の木簡にもみられる。朝鮮半島からもたらされて日常ふだんに使われていたのであろう。

略体を表語文字として使用した例は「部」の旁のみの使用と「村」を「寸」に略したものがある。前者は古代の朝鮮半島の碑文に先行例があり、その影響を受けたとみられる用法である★14。日本でも、本書の第四章1節でふれたとおり【→114頁】、徳島県観音寺遺跡出土の七世紀前半の木簡に早くも「大阝」の例をみる。ただし、朝鮮半島のものと日本の早い時期のものは、もとの旁の形をとどめた縦長の字形であるが、日本では次第に横へ曲線的に書きくずされて「マ」に近い形になる。美濃国戸籍の字形も曲線的である。後者は現在のところ来歴がわからないが、本書の著者は古代の朝鮮半島における訓よみを媒介にしたのではないかと想像している。

略体についてみたところは、万葉仮名のなかに古韓音によるものがまじっていること、漢字の訓による用法と万葉仮名としての用法とが雑然と同居していること、と軌を一にする現象である。美濃国戸籍の書記様態には、朝鮮半島からもたらされて日常ふだんに行われていた漢字の使用が反映していると言える。その様相は七世紀の木簡と一致する。

なお、美濃国戸籍の万葉仮名は、濁音専用の字体の使用がまれで、清濁を同じ字体で書きあらわす傾向が著しい。これも七世紀の木簡と一致する。たとえば三井田里の「己、志賣」(大五〇)は筑前国戸籍の「許《こ》其志《ごし》」と同じ人名要素であろう。

以上に指摘した特徴は、いわゆる記紀万葉の類とは不連続である。ここに日本語の固有の文字である仮名の母胎があったと考えることができる★15。

3. 中国籍帳の様式との乖離

戸籍は紙に書かれる水準の公文書であるから、木簡と異なり、人名以外の部分は漢字列に日本語が反映しているか否かの問題に良き資料とならない。しかし、美濃国戸籍の兄弟と姉妹の次序を「次」字であらわす形式は日本語を反映している可能性が大きい。これについて筆者は以前に不十分ながら論じた★16。今でも批判に耐えると思う点をここに述べておく。中国の古代籍帳にこのような「次」字の用法はなく、日本の他の籍帳にもない。しかし、中国の史書では「次」字で兄弟・姉妹の次序をあらわすことがある。そのとき、兄弟の順をまず述べ、文を改めて姉妹の順を述べる。美濃国戸籍は、人名全体を男女に大きく分けて記載するので、結果的に「次」字は「その弟」「その妹」の意をあらわしているが、『古事記』等における「次」字の用法をあわせて考えると、本来は、男女の別なく出生順に「つぎに…つぎに…つぎに…」と認識していた日本語の発想を反映したものである。

男女の別なく出生順という認識は、古代日本における兄弟・姉妹概念と、それを言いあらわす語彙の問題につながっている。八世紀以前には「いも」が妹だけでなく姉をもさし、さらに親しい間柄の女性を広くさしていた。「いも」は、おそらく母をさす「おも～あも」と語源を共通にするもので、東アジア一帯に分布する親しい女性をさす語 mo～ma と関係があるだろう。性別と年上・年下の十字交差で定義される「兄」「弟」「姉」「妹」字が中国から輸入されたとき、「いも」を姉妹の概念の翻訳にあて、そのとき「いも」と「おも～あも」が分化したのであろうと筆者は想像している。

八世紀には漢字の影響で年齢の上下を姉妹に適用する変化が日本語に起きたらしく、西海道の戸籍と諸計帳においては「妹」字が年上の姉妹をあらわさなくなる★17。しかし、美濃国戸籍の「妹」「弟」字の用法は、七世紀以前の古い日本語の語義を反映している。男性からみて姉妹は年上も年下も「妹」で示され、男性からみて年下の兄弟と、女性からみて年下の姉妹が「弟」で示され、「姉」字は人名の構成要素にはあらわれるが、姉妹の関係を示すために使われていない。

次に、この戸籍の人名を三段に記載する特異な様式は他に例をみない。これについて、筆者の旧稿★18では「聞き書き」の様相をとどめている可能性を考えたが、木簡を使った住民の動向台帳の姿を反映していると考えた方がより良い説明になるので、次のように訂正する。

つとに七世紀の記録簡において段を揃えて木簡に歴名を記す様式が見られることが指摘され、美濃国戸籍の三段組みとの関連が示唆されている（図①参照）★19。そして、中国の竹簡・木簡に人の動向を三段に記載して冊書とするものがあり、美濃国戸籍との関連が示唆されている★20。これらにより、この戸籍の三段の記載様式は、住民の動向を記録した木簡のつづりの状態をそのまま紙に清書したものと説明できる。木簡を冊にするとき、二カ所を紐で綴じ、紐をよけて記事を書けば三段になる。この様態が紙に書くときに転写されたのであろう。

木簡の冊からの転写という考え方を導入すれば、先に指摘した日本語の反映は、木簡に一般的にみられるものがそのまま書かれた結果として説明できる。半布里の「秦人久比《くひ》」（大七八）の戸を例にとって想像してみよう。まず「秦人久比。久比の子、与理《より》。久比の兄《え》、伊怒《いぬ》」という日本語にあたる記録がある。この一家に「戸主同黨」として「椋人《くらひと》」、「戸主同黨妹」として「麻留《まる》女」を同籍する必要があった。「椋人」に関しては「椋人の子、黒麻呂。次に意須《おす》比《ひ》女と赤麻呂。次に忍麻呂」「椋人の弟《おと》、止伎《とき》麻呂。次に阿《あ》止里《とり》」「椋人（三十七歳）の妹《いも》、大相《おほさが》女（四十二歳）。次に志都《しつ》女（十一歳）」「椋人の妻《め》、物マ《もののべ》多都《のたつ》女」という日本語にあたる記録があり、さらに「大相女」

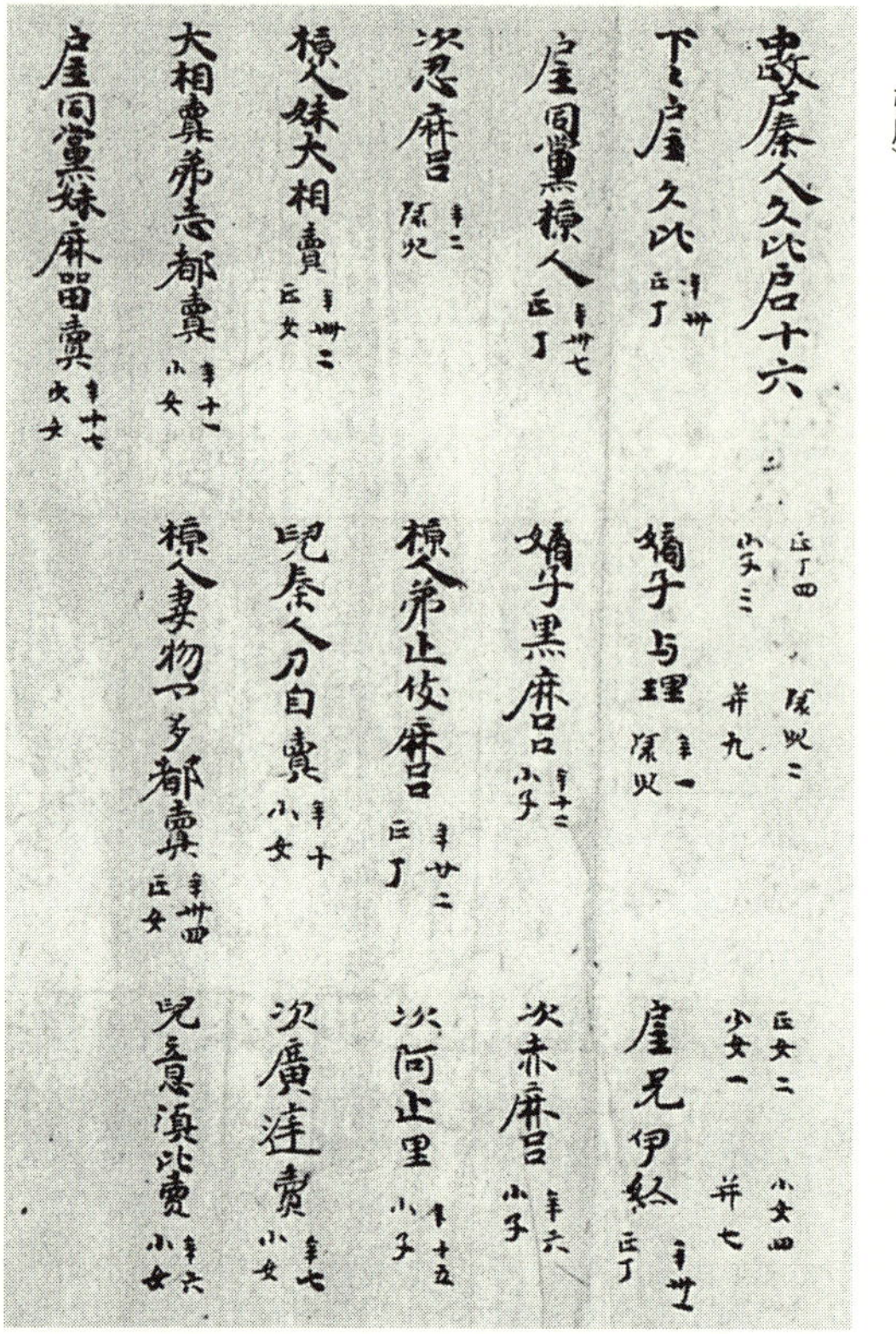

図①◀御野国戸籍（宮内庁正倉院事務所『正倉院古文書影印集成』八木書店、一九九二、三八頁より引用）

に関して「大相女の子、秦人刀自《とじ》女。次に廣庭《ひろには》女」という記録があった。これらを「久比」を基準にした家族関係によって男女に分け「子」と「児」で区別してまとめて書くと、現在残されている紙面になる。

そういう目で見ると、女性名の末尾に付く要素「め」の用字に美濃国戸籍で「女」が使われていることにも説明がつく。一般に、この「め」は、戸籍では「賣」、計帳では「女」で書かれる規則になっている★21。木簡も「女」である。ところが、美濃国戸籍はほとんど「賣」であるが「女」が少数ある。その「女」は、たとえば「安《あ》津《つ》妻懸主族若《わ》屋《か》女《や》」（大六二）のように、前出の人との関係をやや長く記述したものに集中してあらわれる★22。この例の場合は前に「戸主兄安《あ》都《つ》」★23とあるのを受けている。木簡の册ではすべて「女」と書かれていたものを、戸籍として清書する際に「賣」と書き改めたが、一項目の記述が長いものには見落としがあったと想像できる。先にあげた「閇止女」の門構えを一筆で書いた例も、「移和妻懸主族閇止女」という長い記述であり、ここにも「女」が使われている。美濃国戸籍が下敷きにした木簡には、このような日常ふだんの書記形態で書かれていたのであろう。

美濃国戸籍の編纂のあり方について「原理が異なる情報を一つの帳簿に入れている」と指摘されている★24。日本律令体制整備の過程において、七世紀に住民の把握が木簡を册にした記録簿を使って行われており、八世紀に入ったばかりの美濃国では、その記録簿の姿を清書し戸籍として都へ提出したのであろうか。先の諸節で述べた漢字使用の未整備・未分化な様相、日常ふだんの書記形態の露呈は、これに伴って生じた現象と考えることができる。

なお、大宝二年度の戸籍の様式については、かねて、美濃国は旧い飛鳥浄御原令により、西海道三国は新しい大宝令によったかとの議論があった。これについて、近年、新しい知見が示されている。尹善泰は、美濃は新羅の様式、西海道は百済の様式に従ったかと提唱した★25。七世紀後半とくに白村江敗戦後、日本の律令制度の整備にあたって、新羅から様々な様式を学ぶ一方［↓59頁］、亡命した百済王室関係者を学術方面の人材の基幹に据えた事情★26と調和する見解である。本書の観点からすれば、美濃国戸籍人名の書記様態における漢字の用法は、『三国志記』（一一四五）『三国遺事』（一二八九頃）にみられる古代の固有名詞のそれと、近似が著しい。『三国史記』『三国遺事』の固有名詞の書記様態は、おそらく六、七世紀の木簡のそれを継承している★27。今後、城山山城木簡をはじめとする韓国の古代木簡の解読がすすみ、日本のものと比較・対照することによって、研究が進展するであろう。

4・記載された人名に反映している言語

ここまでにもいくつかの例を示したが、美濃国戸籍の人名のよみは難渋を極める。その根本的な理由は、漢字の用法が字音による万葉仮名と字訓による万葉仮名と字訓による表語文字の用法とにわたり、仕分けされていないからである。

これは、七世紀までの朝鮮半島における固有名詞の書記様態・書記形態の影響を受け継いでいるとみられる。高麗時代に編纂された『三国史記』、『三国遺事』は、高句麗、百済以来のものを含む新羅時代の地名を多数記載しており、それらの書記形態は同一の文字列に漢字の訓と音を交えている。たとえば新羅の始祖「赫居世」の名について『三国遺事』に「蓋郷言也或作弗矩内《ポルコナ》王言光明理世也」とあり、「赫」「世」は「弗」「内」の音にあたる訓ポル、ナでよみ、「居」は音でよんでいたことになると指摘されている★28。これは、たとえば「光る人」のような書き方と本質的に同じであり、美濃国戸籍の「荒久眞《あらくま》」のような例と比べられる。

そして、表語文字の常として、漢字は表音用法においても字義を意識して使われる。たとえば先にあげた「得足」(大九一)の「得」は、「とこ=常」という和語を書きあらわしたものであるが、字義も意識されているかもしれない。下総国戸籍の「徳太理」の「徳」も同様である。

美濃国戸籍にはあきらかな字音語の人名もある。春部里の「阿弥多」「无量壽」(大一三)である。同じく「儒」(大一三)も「はかせ」とよむ字音語起源の語である可能性が大きい。同じく「功得」(大二〇)も功徳の意である可能性が残る。

これらにひかれると、春部里の「孔子」(大一五)は大儒のことかと思われる。しかし、この人名要素は和語であって、半布里の「功子賣」(大六〇)「功志」(大九二)とともに「くぐし」とよむべきものである。栗栖太里の「久ゝ志」(大三四)、半布里の「久ゝ志」(大七二、八三)と同じ語ということになる。栗栖太里の「久ゝ志」と同じ戸の「己ゝ志賣」、三井田里の「己ゝ志賣」(大五〇)などの「こごし」は交替形にあたる。凝集のような意の形容詞終止形による命名とみてよい。

この「孔」は「空」と中国原音で同一の字音であり、「功」は頭子音が無気である(「孔」「空」は有気)こと以外は同一である。これらの字の末尾はŋ韻尾である。本書の第一章3節に述べたとおり[→46頁]、奈良県飛鳥池遺跡から出土した字音を示した木簡によれば、八世紀初頭の下級官人層の音よみではŋを開音節化してグと認識していた。美濃国戸籍の「孔」「功」も同じである。

なお、八世紀以前の日本語に地方語の相違があったことは確実である★29。美濃国戸籍に登録されている人たちが話していた言語と現在の岐阜県方言とのつながりを証明するすべはないが、西日本方言と東日本方言の境界にあり、双方の要素をもっていたであろうことは想像に難くない。安永四年(一七七五)刊の『物類称呼』には近江方言とのつながりを示唆する記述がある。一方、筆者の旧稿では人名要素「てご」を東日本の語彙と推定した★30。現在の八丈島方言で三女を指すほか北関東に女児の愛称として分布する語の祖先と考えたのである。その後、出土資料上の「てご」を注意深くみているが、未だ都より西には出ていないようである。もし見落としがあればご批正を賜りたい。都の例は長屋王家木簡にあらわれている「手子」および「手古」★31である。男子なので現在の「てご」とは語義が異なる。福島県荒田目条里遺跡から出土した郡符木簡の「手古丸」★32など東国の出土資料には多くの「てご」があらわれる。美濃国戸籍にも男性「手古」が一人、女性「手古賣」が四人あらわれている。

　美濃国戸籍の人名には地方語の様相として解釈できそうな現象がほかにもある。「志祁賣」「志祁多賣」「志祁太賣」の「しけ」は「祁」がケ甲類の万葉仮名なので、中央語で解釈しようとすると「穢」の意になる★33。わざと悪い名をつけた例は『続日本紀』などにあるし、のちに良くなることを願って出生時に悪い名をつける習慣も現在まである。しかし、「志祁田賣」（大三四）から「繁女」「繁田女」の意であることが期待される。その場合、中央語ではケが乙類でなくてはならない。筆者は当時の美濃の方言においてエ段の甲類・乙類の別がなかったという考えに傾いている。そして、都周辺においても非貴族層では同じ状態であったと考える。具体的には天平元年の『近江国志何郡計帳』にあらわれる「志祁志賣」を形容詞「しけし」による人名とみる。長屋王家木簡にあらわれる「阿刀マ《あとべ》志祁太女」★34は「繁田女」とみる。

　なぜなら、美濃国戸籍にはゲの甲類・乙類の別がなかったと解釈される現象が存在する。武義郡にかかわるとみられる姓名「むげ～むげつ」は「牟下」と「牟義」とで書かれているが、中央語に即せば「下」はゲ甲類、「義」はゲ乙類の万葉仮名である。七世紀の木簡をみても、奈良県の石神遺跡から「乙丑年十二月三野国ム下評／大山五十戸造ム下マ知ツ／従人田マ児安」（図②参照）★35が出土する一方、酒船石遺跡から「牟義君」と書いた削り屑が出土している（図③参照）★36。ケ～ゲの甲類と乙類の別がないとすれば「志祁」

図②◀石神遺跡木簡・木簡学会『木簡研究』第二六号、二〇〇四、図版(一)の(2)より引用

図③◀酒船遺跡木簡・木簡学会『木簡研究』第二五号、二〇〇三、五四頁より引用

とともに整合的に説明できる。用例の少ない「下」をゲ乙類の万葉仮名とすればそれまでであるが、美濃国戸籍の「女《め》知《ち》賣」（大一八）が「米知賣」と同じ人名要素なら「女《め》」はメ甲類「米」はメ乙類であるから、メの甲類と乙類の別も疑われることをあわせて考えると可能性は消えない★37。

注

（1）河野六郎「古事記に於ける漢字使用」（『古事記大成3』平凡社、1957、のち『河野六郎著作集3文字論・雑纂』平凡社、1980に収録）。

(2) 湯沢質幸『増補改訂　古代日本人と外国語』勉誠出版、2010など参照。
(3) 例外もあるが、文献上で『日葡辞書』(一六〇三)あたりまで呉音、以後は漢音という語が多い。
(4) 亀井孝「古事記はよめるか」(『古事記大成3』平凡社、1957、のち『日本語のすがたとこころ(二)』吉川弘文館、1985に収録)など。
(5) 小谷博泰『木簡と宣命の国語学的研究』和泉書院、1986。
(6) 拙稿「訓仮名の使用環境」(『国語文字史の研究二』和泉書院、1994。拙著『上代文字言語の研究・増補版』笠間書院、2005、に補論として改稿収録)。
(7) 高木市之助『吉野の鮎』岩波書店、1941の言う「変え字法」。
(8) 注6論文。なお、近日刊行予定の『上代戸籍人名索引と研究(仮題)』の解説参照。
(9) これを「むじな」の意とする説は成り立たない。関和彦「古代人名考」(『日本古代の国家と祭儀』雄山閣出版1996)に「虫名賣」の異父姉妹が「小虫賣」「古虫賣」である例(大三八)などの存在が指摘されている。
(10) 注6論文。
(11) 木簡学会『木簡研究』第二五号、2003、四八頁(55)。
(12) 春日政治『仮名発達史序説』岩波書店、1933(のち同氏『著作集』勉誠社、1984に収録)は、このことを早くに重要視した。
(13) 拙著『上代文字言語の研究』笠間書院、1992、第一部第三章参照。
(14) 東野治之「金石文・木簡」(『漢字講座=5古代の漢字とことば』明治書院、1989)など参照。
(15) 注13書、第一部第一章参照。
(16) 拙稿「『次』字で兄弟姉妹を列挙する形式」(『佐伯梅友博士喜寿記念国語学論集』表現社、1976)。
(17) 注13書、第三部第一章参照。ただし、その補説で古代日本の家族を女系としたのは今日の研究水準にてらして誤りである。双系とする現在の定説に従って、破片的な家族の柱になったのは母、母も失われた後は姉であったと訂正する。
(18) 注16論文。
(19) 鐘江宏之氏「七世紀の地方木簡」(『木簡研究』第二〇号、1998)。
(20) 井上亘「中国籍帳と御野国戸籍」(『美濃国戸籍帳の総合的研究』東京堂出版、2003)参照。
(21) 桑原祐子「『正倉院文書』に於ける女性名の表記」(『萬葉』第百三十九号、1991)。

（22）つとに池田温が、建初十二年（四一六）の西涼敦煌郡の戸籍に、直前に書かれた人物との続柄がいちいち示されていることをとりあげて、木簡を整理してつくった戸籍の姿を伝えるものかと指摘している（『中国古代籍帳研究』東京大学出版会、１９７９、三五頁）。

（23）この人名にちなんで指摘すれば、上代戸籍の命名法において、家族全体の名が意味上の関連をもっている例が多い。この半布里の「上政戸懸主族牛麻呂」（大六〇）の男子たちは、戸主の兄が「あへ（食事）」「あつ（充当）」であり、戸主の子たちが「このみ（好み）」「よごと（吉事）」「たり（足り）」である。もう一人の「小依」は「多利」と年が十五歳はなれていて異母弟であろうから、母親が別の原理で命名したと考えられる。「安閇《あへ》」の子たちも「とこ（常）」「かづら（縵）」「小 - おびと（頭）」であり「指導者を意識した呪的な」とでも言うべき共通性がある。「あへ」の孫が「あは（粟）」であるのも偶然でなかろう。「安都《あつ》」の子も「おしひと（推人）」である。その弟「小人」は「それ相当の人」の意かもしれないが、年が十三歳はなれているであるいは異母弟か。このような現象は人名のよみと意味を推定する手がかりになる。のみならず、当時の家族意識、ひいては、人々の世界観を知る手がかりにもなる。

（24）新川登亀男「里の成り立ちと九等戸制」「里の成り立ちと三政戸制」（『美濃国戸籍の総合的研究』東京堂出版、２００３。

（25）尹善泰（翻訳：方国花）「古代韓・日（日・韓）の文化交流」『愛知県立大学大学院　国際文化研究科論集（日本文化編）』第11号（日本文化編第1号）２０１０・３。

（26）拙稿「天平期の学制改変と漢字文化を支えた人材」（『万葉語文研究』第6集、和泉書院、２０１１・３）。

（27）權仁瀚（「함안 성산산성 목간 속의 고유병사 표지에 내내하예」『동아사아 자료학의 가능성』成均館大学校出版部、２００９）は、『三国史記』『三国遺事』の固有名詞に使われた字と、咸安城山山城出土木簡のそれとがほぼ一致すると指摘している。

（28）李基文（藤本幸夫訳）『韓国語の歴史』大修館書店、１９７５。

（29）つとに亀井孝「方言文学としての防人歌」（『文学』一八巻九号、１９５０）が指摘したとおり、方言における地域差と階層差の取り扱いは慎重を要する。戸籍・計帳の人名においても同じであるが、その地方にしかあらわれない語、言語要素は確実にある。

（30）注（13）書第三部第四章参照。

（31）奈良国立文化財研究所『平城宮発掘調査出土木簡概報（二十一）』一〇頁、同『（二十五）』一六頁。

(32) 木簡学会『木簡研究』第一七号、1995、九九頁。
(33) 動詞「積《し》く」の命令形ならケ甲類で意味も適合するが、命名法として疑問がある。
(34) 奈良国立文化財研究所『平城宮発掘調査出土木簡概報（十三）』一二頁。
(35) 木簡学会『木簡研究』第二六号、2004、図版㈠の⑵。
(36) 木簡学会『木簡研究』第二五号、2003、五四頁⑾。
(37) そもそも中央語においてもエ段の甲類・乙類の別には問題がある。たとえば「辺《へ》」について、へ甲類のそれは「ある場所の周辺」で、へ乙類のそれは「まさにそのところ」の違いであるとの『時代別国語大辞典上代編』三省堂1967の説明が、どの程度説得力をもつであろうか。エ段音の起源として、甲類音はイの後に広母音が連接したもの、乙類音は広母音の後にイが連接したものと説かれ、なかば通説化していたが、前者は確証に欠ける。後者については「稲荷山古墳出土鉄剣銘」の「獲居《わけ》」が障害になる。この「居」は推古朝遺文や『日本書紀』の朝鮮半島関係の記事にも使われ、古くケ乙類にあてられたことが確実であるが、漢字としての原音は日本語のイの後に広母音が接したものと合致する。このような徴証から、本書の著者は、エ段の甲類・乙類の区別は七、八世紀の貴族層におけるものを百済系渡来人の耳で観察した結果であり、非貴族層ではイと広母音との中間音がエという一つの音韻であったと考えるに至っている。美濃国戸籍の女性名要素の「賣」が「正用」であるのは、書き手の音韻認識によるものではなく、与えられた書記素材であったことになる。

二.「枚」と「牧」の通用―「牧夫」は「ひらぶ」―

[要旨]

大宝二年度の筑前国戸籍等に記載されている「牧夫」は、七世紀に活動した「阿倍引田臣比羅夫」と同じヒラブの語形でよまれるべき名である。七、八世紀日本において、「牧」字が「枚」字の意味用法で使用されていたからである。管見に入る限り「牧」を「枚」の意で用いた例ばかりで逆のものはない。木簡をはじめとする出土資料上の字形が、その根拠となる。「牧」と「枚」との通用は、平安時代にも行われていた。その証拠も文献上に存在する。

1.上代戸籍の命名原理

大宝二年(七〇二)度の筑前国戸籍に有名な大家族が記載されている。嶋郡川辺里の「肥★1君猪手」を戸長とし課口集計表によれば一二四人からなる★2。『寧楽遺文』で九五頁から九九頁に及ぶ(以下、「寧九九」のように示す★3)。戸主「猪手」は正八位上の位階を有して大領を務め、朝鮮半島との対応に活躍した当時の北九州の名族「肥君」に属する。この家族は富裕であり先進文化を摂取する環境にあった。

この家族は奴婢を三七人所有しており、左に示したように、その六番目に「奴牧夫、年肆歳」とある(寧九八)。「戸主奴婢」と脚注される十人のうちの一人である。この人名「牧夫」をどのような語形によみ、どのような意味による命名と推定するか。

（前略）
奴志麻、年貳拾陸歳
男奴意富麻呂、年貳歳
弟比多司、年拾陸歳
妹婢尾豆賣、年貳拾玖歳
妹婢宿古太賣、年拾肆歳
奴牧夫、年肆歳
婢大豊賣、年陸拾参歳
婢小豊賣、年陸拾壱歳
女婢久我尼賣、年拾陸歳
奴許牟麻呂、年壱歳　久我尼賣男、上件十口戸主奴婢
（中略）
婢倭賣、年貳拾歳
女婢若津賣、年壱歳
娣婢笠志賣、年拾陸歳
娣婢久尓賣、年拾伍歳
（後略）

およそ上代戸籍の人名を解読するにあたって、当時、生まれた子に命名したのは母親であり★4、その血族ごとに意味上のまとまりがあると予想することが、作業仮説として有効である。たとえば当該の「牧夫」の前に記載されている「志麻」「意富麻呂」「比多司」「尾豆賣」「宿古太賣」は、「志麻」当人からみて、息子、弟、姉★5、妹である。語形はシマ、オホマロ、ヒタツカサ、ヲヅメ★6、スコ《甲》ダメであろう。このうち「意富麻呂」は母親某★7が命名したとみて別にすると、四人の名の意味は「収穫などの領分」「直丘」「緒（または苧）の女」「鋤く（または確かな）田女」と推定することができ統一性が認められる。また「牧夫」の後に記載されている四人も血族である。「大豊賣」「小豊賣」の姉妹は語基「とよ」に大小を付けたもので、この命名方法は上代戸籍に多い。「小豊賣」の娘「久我尼賣」は「ゆたかさ」の意味範疇の

「黄金」による名であろうし、孫の「許牟麻呂」のコ乙ムはそれらを「籠める」意であろう★8。またさらに、一家の記載全体の末尾から九番目以下（寧九九）の「倭賣」「若津賣」「笠志賣」「久尓賣」は「倭賣」当人からみて娘と妹二人であるが、ヤマトメ、ツクシメ、クニメの三姉妹の名は「くに」の意味を共有する。すべての名がこうした解釈を許すわけではないが、傾向として著しいことは否定できない。しかしながら、問題の四歳の幼児「牧夫」は係累が不明である。もし「宿古太賣」の息子なら「男」という家族関係の表示が冠せられていなくてはならないし、年齢的にもまず無理である。

そこで次に手がかりとなるのは、奴婢の場合、名が職掌にかかわる可能性が大きいことである★9。右にあげた奴婢たちの人名にも、名と漁労や農作業、財産等とのかかわりを伺うことができる。「戸主母奴婢」と脚注される八人のうちの「獲賣」「稲賣」姉妹と娘「手束賣」（寧九八）も農作業にかかわる命名である。名と職掌とのかかわりは奴婢だけでない★10。当該家族の中の寄口★11「生君鏡」「妻搗米□蘇代賣」「男生君多智麻呂」一家（寧九七）は、「かがみ」「そで」「太刀」という、あきらかに祭事にかかわる物の名をもつ。その次に記載されている「搗米□弩弖」（寧九八）も寄口であるが、名が「ぬて」という楽器である。あるいは、「弩弖」は「蘇代賣」の兄であって、こうした技能をもつ人たちが寄口としてこの一家に組み込まれており、年中節目の祭事などに役割を果たしていたのかと想像できる。

こうした現象から「牧夫」は「家畜を担当する男」という意味の名であるとの想像がうかぶ。「牧」字は天治本『新撰字鏡』に「亡六反、養也、創也」とあり、観智院本『類聚名義抄』の訓には「ウシウマカフ　アハレフ」（佛下末）「ヤシナフ　カフ」（僧中）と「ムマキ」（両項共通）がある。それでは、これによる命名と解することができるであろうか。

この「牧」は訓よみしなくてはならない。上代戸籍の人名に字音語の名はまれだからである。実例は大宝二年度美濃国味蜂間郡春部里戸籍（以下、再出時には「美濃国春部里」のように略記する）の「阿弥多」「无量壽」（寧三八）、「功得」（寧四二）、「法師」（寧五三、一三二）などのように仏教にちなんだ特殊な命名である。ほかに「恵師（絵師）」（寧二一、一〇八）「儒《はかせ》」（寧三三、三八、四三）がそれなりの広がりをもっていたらしいが、「牧」のような普通の字音語を命名に用いた可能性は認められない。ところが、「牧」の訓にあてるべき「まき」は八世紀以前に用例が存在しない。朝廷が経営する牧は実在したが、それをさす固有語がないのである。動詞「まく（設）」が意味上でつながる可能性はあるが、「牧」字との結び付きを証明することができない。

のみならず、「牧夫」は当該例のほか同じ筑前国川辺里（寧八八、九四、一〇三）、豊前国上三毛郡塔里（寧一〇七）、美濃国加毛郡半布里（寧六二、七一）に記載がある。このうち川辺里（寧九四）と半布里（寧六二）の「牧夫」は兄がそれぞれ「久漏麻呂」と「黒麻呂」であり「くろ＝充実」と牧畜はにわかに結び付かない。豊前国塔里の「牧夫」は一六歳で、「比羅乎《ひらを》」一五歳と「荒熊《あらくま》」五歳の三人兄弟である。「比羅乎」との関係からは「牧夫」は牧畜と結び付かない。末弟の名は動物なので結び付く可能性もあるが、「牧夫」の脚注に「嫡子、先嫡男」とあり「荒熊」の脚注には「今嫡男」とあるので、末弟は異母弟の可能性がある。

さらに別の観点からも、この名を牧畜にかかわる意味で解する可能性が否定される。美濃国春部里に「牧夫賣」の記載があり（寧三九）、女性であるから、「夫」字は、訓で男の意をあらわしているのでなく、万葉仮名の用法とみなくてはならない。筑前、豊前、豊後の大宝二年度戸籍の人名において、音訓を交用した書記形態は少ないが、語の根幹的な部分に字訓をあて、接頭辞・接尾辞あるいは付属語・活用語尾を音よみの万葉仮名で書くのは許容のうちである★12。先にあげた「比多司」の「比多《ひた》」は形状の接頭辞、「尾豆賣」の「豆《づ》」は連体助詞にあたる。これによれば、「牧夫」は、訓で書かれた語基に「ふ」または「ぶ」という接尾辞あるいは語尾が付いたものである可能性が大きい。

2.「枚」と「牧」の通用

筑前国戸籍の人名に使われた「牧」字の訓を上代資料の徴証によって特定できない理由は、「牧」が「枚」の意味用法で使われているからである。その根拠を述べる。

両字の通用を明瞭に証明する例は筑前国川辺里の「物部枚太賣」の記載である（寧一〇〇）。（図①参照）この二五歳の女性は戸主「物部細」の三男「物部都牟自」三十歳の妻であるが、別に「卜部」氏の某男性と

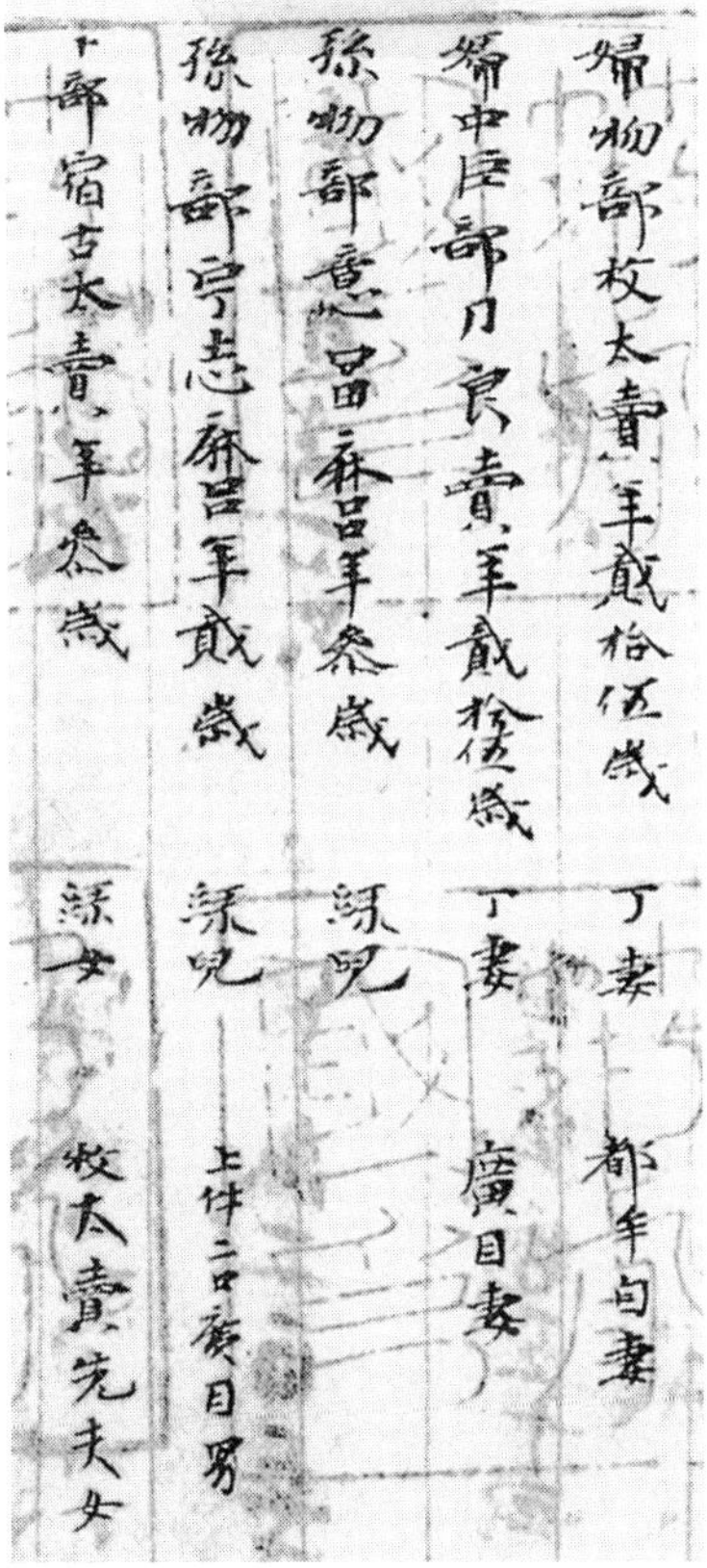

婦物部枚太賣 年貳拾伍歳 丁妻 都牟自妻
婦中臣部刀良賣 年貳拾參歳 丁妻 廣目妻
孫物部意富麻呂 年參歳 緑兒
孫物部宇志麻呂 年貳歳 緑兒 上件二口廣目男
卜部宿古太賣 年參歳 緑女 枚太賣先夫女

図①◀筑前国川辺里の「物部枚太賣」記載（宮内庁正倉院事務所編『正倉院古文書影印集成 二』八木書店、一九九〇、二三〇頁より引用）

も婚姻関係を結び一女を得ている。その女児は、この戸籍では家族の末尾に「卜部宿古太賣　年参歳　緑女牧太賣先夫女」と書かれている。脚注で「枚」字が「牧」字に変わっている理由は、上代文献において広汎かつ律儀に行われた変え字法の可能性もあるが、以下に考察するところによれば、単に書き手が同じ字体と認識していた可能性が大きい。

もう一例、同じ戸籍の、戸主の記載が失われて「妻大家部泉賣」（寧一〇三）からはじまる戸の子供たちの次女と三女は「枚賣」「小牧賣」である。九歳と四歳で確実に直系の姉妹であるが、妹の名は姉の名に「小」を冠したもので「牧」は「枚」の通用とみてよい★13。先にふれた美濃国半布里の「牧夫」の一人（寧七一）は弟が「小牧」である。筑前国川辺里には「牧賣」の記載もあり（寧九六）、「枚賣」と「牧賣」は同じ名ということになる。

こうして、問題の「牧夫」は「枚夫」と書かれても同じ名だったことになる。人名「枚夫」は上代戸籍に見えないが、筑前国川辺里に「枚田」という男性が記載されていて（寧九九）、右の「枚太賣」と同じ語による人名とみてよいであろう。

筑前国川辺里の人名において「枚」と「牧」が通用して使われていることは確認できた。それでは、この現象は筑前国嶋郡の書記に固有のくせ★14かと言えば、そうではない。次の長屋王家木簡の一つ★15では「牧」字が助数詞「枚」の意で使われている。

◀奈良国立文化財研究所『平城宮発掘調査出土木簡概報（二十一）——長屋王家木簡一——』一九八九、図版二より引用

・移　務所　立薦三牧　旦風悔過布施文
右二種今急進

・大炊司女一人依斉會而召　二月廿日
遣仕丁刑部諸男　家令

朝風の寺で行われた法要のための用品送付依頼状である。記述のはじめの部分は、日付からみても、寒風を防ぐための立薦を「三枚」送れとの指示であり、この「牧」を漢字の原義にそって家畜の世話の意で解釈することはできない。長屋王家木簡で「枚」が期待される位置に「牧」が使われている例は「符　田辺黒麻□」とあるものの裏側の小字割書き「苫二牧…」にもみられる★16。都の日常の漢字使用におけるこれらの例の存在からみて、八世紀前半当時、「枚」字と「牧」字の通用は、一般的、全国的であったと推測される。

写真の公開されている木簡から管見に入ったものを左にあげる。これ以外にもいくつかあるが、どの字形であるか写真で視認するのは難しい。

まず一九九七年の発掘調査で奈良県飛鳥池遺跡から出土した左の木簡は、天武天皇の丁丑年（六七七）と

いう年号と「次米」の語句で話題を呼んだが、裏側の人名「枚布」は、おそらくここで考察している人名そのものである★17。

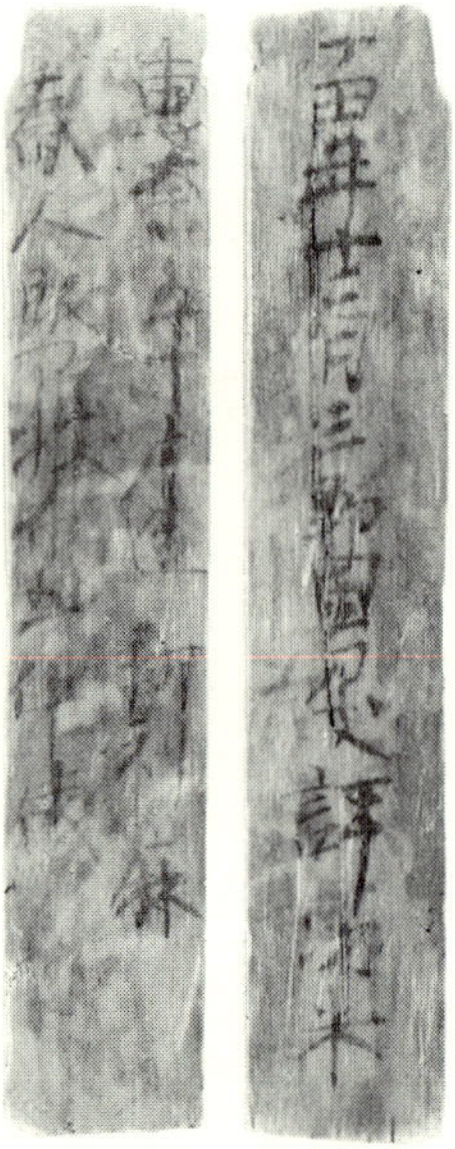

◀写真提供●奈良文化財研究所

・丁丑年十二月三野国刀支評次米
・恵奈五十戸造　阿利麻
春人服ア枚布五斗俵
(搗く人、服部の枚布、五斗俵)

この字形は偏が「扌」の形になっていて「枚」にも「牧」にも解される。一画目は縦から入って横に曲がる「牛」偏よりは、横から入った「扌」偏のように見えるが明瞭でない。おそらく、書き手の意識でも、どちらとも区別されていないのであろう。いずれにせよ「木」偏の形ではない。日常ややくずして書いたときのこうした混淆が、戸籍の楷書体における通用の土台になっていたと推測できる。
飛鳥京跡苑池遺構出土の「西州」からはじまる薬草関係の木簡の「杏人卌枚」は「牧」の字形に見える。

詳細に観察すると、偏の一画目が右上から縦に入り横に引いた後、曲げて左下へ払い、最後に縦棒を書いたようである★18。二条大路木簡群とともに出土した環状木製品に書かれた「二枚」は「枚」の字形に見えるが、これも「木」偏の第四画がなく「攵」旁の第一、二画が続け書きされている★19。東大寺出土の奈良時代と推定される木簡の「枚二」は一画目が横から入っていて「枚」の字形と認められる★20。平城京内裏外郭東方官衙から出土した延暦二年（七八三）の年号をもつ「合自」からはじまる木簡の「円坐七十六枚」は「木」偏が「扌」偏の形に書かれている★21。

地方の木簡では、屋代遺跡のよく知られた「符　屋代郷長里正等」ではじまる長文の郡符の「敷席二枚…」は「枚」の字形である★22。埼玉県行田市小敷田遺跡の文書木簡の「…布四枚…」は「枚」の字形である【↓57頁、図⑧参照】★23。山口県長登銅山跡大切ⅢC区出土の八世紀前半の木簡群には「枚」字に翻字された例を多数みるが、行草体で「扌」偏に「又」旁のような字形のものがある（図②参照）★24。文脈から「枚」字にあたるのは確実なので、「木」偏と「攵」旁をこのようにくずして書いたことになる。広島県安芸国分寺跡から出土した八世紀中葉の木簡★25の「茵二枚」などは「枚」と認められるが、それらも「木」偏の一画目と三画目を続けて書いていて「扌」偏に近い形である。

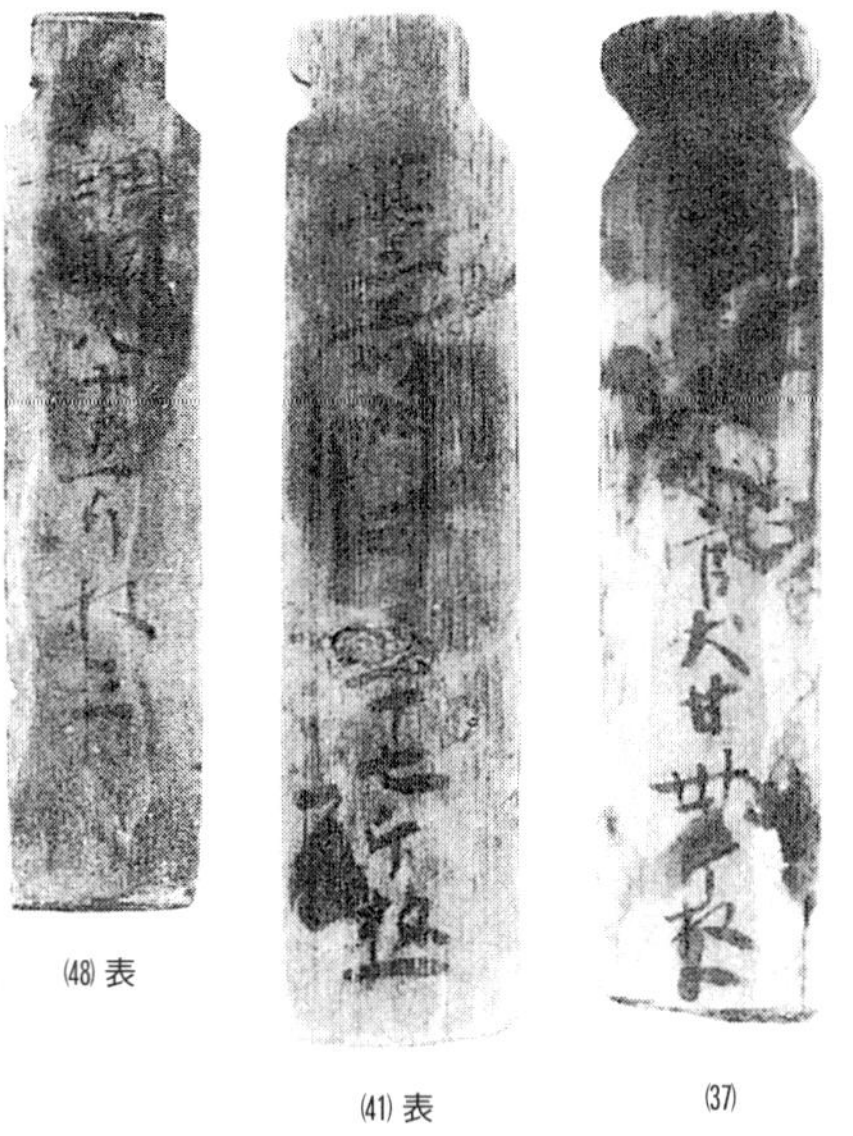

図②◀山口県長登銅山跡大切ⅢC区出土の木簡群（木簡学会『木簡研究』第一九号、一九九七、一九七頁より引用）

以上みたとおり、楷書体の水準における「木」偏と「牛」偏との混同は、行草体にくずして書いたとき「扌」偏と同じ字形になることを媒介にしているようである。後に第4節でふれるところの、「扌」偏に「攵」旁の字体との関係で興味深い。

右によれば、筑前国川辺里だけでなく、豊前国仲津郡丁里戸籍（寧一一四、一二五）、美濃国春部里（寧三三）、美濃国半布里（寧一六二）に記載のある「牧賣」はすべて「枚賣」と書かれても同じ名だったことになる。念のために付言すれば、美濃国戸籍と養老五年度（七二一）の下総国戸籍に「枚賣」の記載はない。

3・「牧夫」は「ひらぶ」

先の長屋王家木簡の文意から「牧」＝「枚」の訓として「ひら」が予想される。天平勝宝八年（七五六）の『雙倉北雑物出用帳』（『大日本古文書　四』）に同一の人名を「高丘連枚麿」「高丘連枚麻呂」「高丘連比良麻呂」と書いた例などから「枚」をヒラとよんだのは確実である★26。上代戸籍中の内部徴証としては、万葉仮名で書かれた「比良賣」が筑前国川辺里（寧九二、一〇〇）、豊前国丁里（寧一二〇）に記載をみる★27。

この「牧」＝「枚」もしくは「比良」と書かれた「ひら」は「平」の意とみてよいであろう。第2節でふれた筑前国川辺里の母娘「枚太賣」「宿古太賣」（寧一〇〇）の意味は「平田」「鋤く田（または確かな田）」になる。筑前国川辺里の「比良賣」の一人（寧九二）は、母が「赤根賣」である。その長男と長女が「根手」「泥豆賣」、次女がこの「比良賣」であり、「根」との対比で「平」と命名されたと解釈できる。もう一人の「比良賣」は「妻」なので係累から名の意味を推定することができない。豊前国丁里の「比良賣」は二歳年下の弟「牟知」の名との関係を「平」と「細くしなうもの」との対比と解釈できる。先にふれた筑前国川辺里の「牧賣」は妻なので命名の事情が不明。「枚賣」「小牧賣」姉妹の兄弟姉妹五人はすべて動物名で、この二人の名だけが「平」の意をもつ事情はわからない。

語基にあてられた「牧」字を「ひら」とよむとして、「夫」は何か。万葉仮名としての「夫」字はフにもブにもよみ得るので、そのようにふるまう、そのような様子をする、そのような状態であるなどの意の動詞語尾「ぶ」と解する。「牧夫」は動詞終止形「ひらぶ」による命名ということになる。

その傍証となるのは「しこぶ」という人名である。筑前国川辺里に「志許夫」（寧一〇三）と「志許夫賣」（寧九六）、同じ戸籍に「色夫」（寧九五）、下総国葛飾郡大嶋郷甲和里戸籍にも「色夫」（寧一五、一〇）、同じ戸籍に「志己夫」（寧一一、一三）が記載されている。「色夫」の書記形態には『古事記』の「葦原色許男」などを参照できる。これらの語形はシコ乙ブであり、形状言「しこ（力強い）★28」に動詞語尾「ぶ」がついたものと解してよい。筑前国川辺里の「志許甫智」（寧九九）と美濃国春部里の「色夫知」（寧三二）は「しこぶ」に「ち（霊または男）」が付いたものと解される。

これによれば、「平」に「ぶ」がついた「ひらぶ」は、語としての意味が、（精神的に）安定する、（土地を）平らにする、広がる、などの意になり得る。先にふれた筑前国川辺里と美濃国半布里の「牧夫」は兄「久漏麻呂」「黒麻呂」の名との関係を「くろ＝充実」と「平らぐ」との対比と解釈できる。

なお、先にふれた豊前国塔里の「牧夫」の弟「比羅乎」は、同じ形状言に「男」が付いたもので、「平らかな男」の意になる。年子の兄弟に「ひらぶ」「ひらを」の名が与えられたのである。「しこぶ」の場合も豊前国丁里に「色乎」の記載をみる（寧一二六）ので、「ひら」と「しこ」に「ぶ～を」の付いた例が並行して存在することになる。この「しこを」は『古事記』の「色許男」と同語にほかならない。

結局、筑前国川辺里の「牧夫」は、豊前国丁里の「古溝勝比良夫」（寧一一九）と同語の異なる書記形態なのであった。飛鳥池遺跡木簡の「服ア枚（あるいは牧）布」は「ぶ」に「布」をあてた日常の書記形態ということになる。そして、この名は、皇極天皇に仕えて百済に使いした「阿曇比羅夫連」、斉明天皇に仕えて粛慎、蝦夷を伐った「阿部引田臣比羅夫」と同じであろう。「平ぶ」は「平定する、政情を安定させる任を帯びた将軍」にいかにもふさわしい名と言えよう。七世紀文化の様相が未だ濃厚な八世紀初頭、この名が多くの男子に与えられていたのは自然な傾きと理解できる。

4. 通用の背景

最後に、上代戸籍の用字における「枚」と「牧」字の通用の背景を考えてみたい。

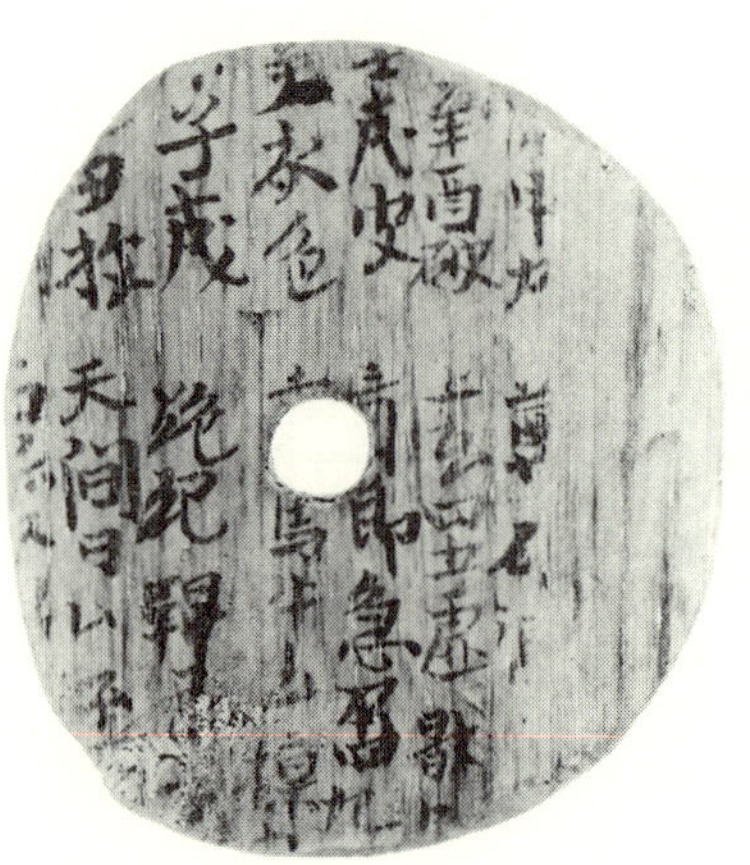

図③◀「具注歴」木簡・木簡学会『木簡研究』第二六号、二〇〇四、口絵図版二より引用

奈良県明日香村石神遺跡出土の「具注歴」を書いた木簡が二〇〇三年二月に公表された（図③参照）。当初、十二直の「収」の期待される位置に「枚」があてられているかとみられたが、当該の字は偏が「扌」であって「収」の異体字の一つであろうとの指摘があり★29、二〇〇三年一二月の第二五回木簡学会研究集会における報告資料も「収」で釈文が示された。

観智院本『類聚名義抄』に、まさにその、偏が「扌」で旁が「攵」の字（現行の康熙字典体では「技」）が記載されて

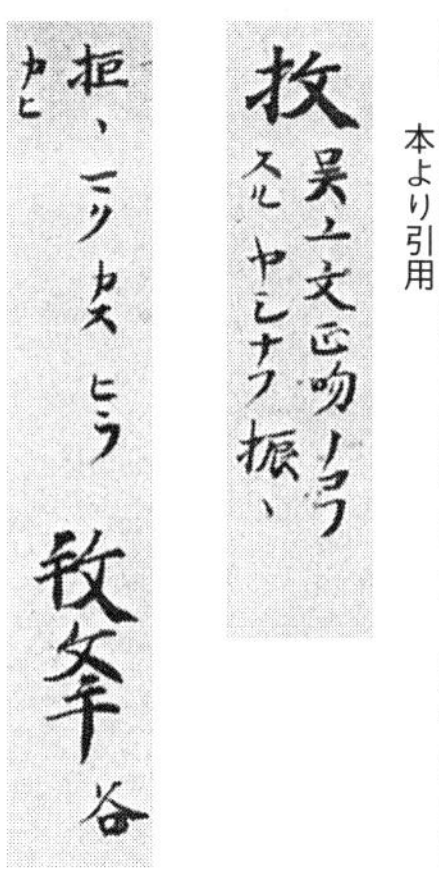
図④◀観智院本『類聚名義抄』（部分）八木書店刊影印本より引用

おり、そこに「ひら」の訓があらわれる（図④参照）★30。当該の字に付された訓と字注は「ノゴフ　スル　ヤシナフ　振也　拒也　マク　カス　ヒラ　カヒ」である。一つの字の字義として統一性を欠くこと、一見して明白であろう。この字に相当する訓または字注として自然なのは「のごふ」「する」「拒」、そして左に述べる理由から「振」である。「やしなふ」「まく」「かひ」は「牧」字の、「かず」「ひら」は「枚」字の訓であることが期待される。

このうち「牧」字については実際に訓が一致すること、第1節で天治本『新撰字鏡』と観智院本『類聚名義抄』の例をあげて示したとおりである［↓152頁］。しかるに、観智院本『類聚名義抄』の「枚」字に付されている訓「カラ　ムチウツ」は「幹」「鞭」にあたる意味用法であり★31、助数詞に相当する訓はない。天治本『新撰字鏡』の「枚」字の字注に「數也」が含まれるので、当時、訓「ひら」が存在したと予想されるが、観智院本『類聚名義抄』は別の訓を採っているのである。この現象は錯綜ではなく有意とみるべきであろう。

すなわち、この背景に「牧」「枚」と「収」の異体字の通用が考えられる。それぞれの正格の字義が知られる一方、実際の使用においては三つの字に及んで通用していたのではないか。先に木簡どもの字形を検討したところによれば、通用の背景は日常ふだんの書き方における混淆であろう。混淆が楷書で書く字体の水準に及んで通用となっていたのである。『類聚名義抄』は平安時代に行われた漢文訓読脈から訓を集成したものと言われている。類似の字形が、あるときには「枚」字、あるときには「牧」字としてよまれ、それら

図⑤◀観智院本『類聚名義抄』（部分）八木書院刊影印本より引用

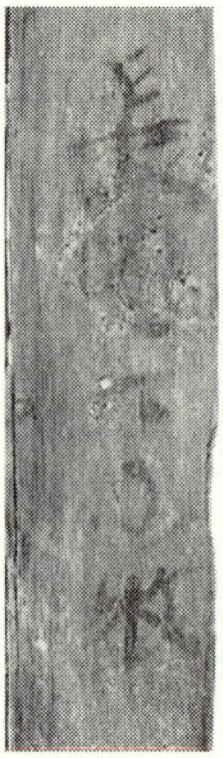

図⑥◀平城京出土木簡「小枚」例（部分）・木簡学会『日本古代木簡選』岩波書店、一九九〇、一七頁より引用

の訓が偏「扌」旁「攵」の字の項に集められて、現存の紙面になったと推測できる。それを実証するには古訓点を博捜する必要があり、今その用意は整っていないが、『東大寺諷誦文稿』に「花天女カ修法時ニハ三牧金銭ヲ獻毗波尸仏」（三九行目）を確認できる★32。この「三牧」はあきらかに「三枚」の意で書かれている。

この通用は「をさむ」の訓に相当する意味用法を媒介としたかもしれない。中国古典においても、「牧」は「治」と、「枚」は「収」と意味用法上の通用があった★31。また、実際の書写において、第2節にあげた山口県長登銅山跡等の木簡の字形にもあらわれているとおり、「扌」偏と「木」偏の形がまぎれやすい。「収」の偏も第一画を「ン」のように書けば手偏にまぎれる。観智院本『類聚名義抄』にその実例がみられる（図⑤参照）。そして「牛」偏は「扌」偏に縦一画を加えた形である。とりわけ隷書の味の残った書体では横第一画の筆が縦から入る。滋賀県北大津遺跡出土の辞書木簡【↓41頁図①】では「披」の「扌」偏に縦一画がある。平城宮の内裏東大溝から出土した八世紀の歴名木簡の一つに書かれた「小枚」は明瞭に「木」偏であるが、「小」から続く筆勢で一画目に縦画が生じている（図⑥参照）★33。隷書風の筆法ならこのような環境がなくてもそうなり得る。こうした意味用法上の通用と書写における字形の抵触が、字体の水準にまで通用をもたらしていたのであろう。

なお興味深いのは、先にふれた指摘★29によると正倉院蔵の『新羅民政（村落）文書』に酷似の字形（「扌」偏で「攵」旁）がみられる。ここで考察した「枚」と「牧」の通用は、七世紀後半〜八世紀初頭の日本における漢字使用の多くの特徴と同じく、朝鮮半島における漢字使用と関係付けて考察すべき現象の一つと予想される★34。

中国中原の本来の字義と異なる意味用法を、従来は、日本に輸入してからの和習ととらえた。今後は、東アジア一帯における漢字受容の一環としてとらえなおす必要がある。漢字が中国中原から周辺へ伝播する過程でさまざまなことが起きたはずである。手で書くことによって字形の交差が生じ、それを行草体から楷書体に復元するとき字体の交差をもたらす［↓61頁］。使用場面・文脈によって意味・用法の適用範囲が拡大され、ときには字義の中核的な部分が遷移する。変化した意味・用法が字書類に登録されて新たな規制となる。そのような文字論的な事情に加えて、東アジア諸国においては、固有語への適用が行われた。字体と固有語よみとの結合が深まれば、固有語に即して意味・用法の拡大・変容が生じる。たとえば「椿」と「つばき」の結合がそうである。もともと固有語になかった意味・用法が固有語に即した字義として成立する場合もある。たとえば古代日本において「いも（人）」が年下の姉妹の語義をもつに至ったのは「妹」字と固有語「いも」との接触の結果である。あるいは、漢字の字体の構成原理を用いて固有語用の文字が創られるときもある。そのようにして朝鮮半島で生じたものが、日本列島に規範として輸入される場合もある。たとえば「くら」の意味の「椋」がそうである★34。従来「和習」とみなされてきたものは、そのようなさまざまな営みの末端のあらわれである。まず韓国出土の木簡をはじめ半島側の資料との比較から研究にとりかかるべきであろう★35。

【用例の調査にあたり、瀬間正之氏の指導のもとに尾田裕子氏が作成した電子テキスト『正倉院戸籍帳』と鈴木喬氏が作成した電子データベース『人名大日古』を参考にしたところがある】

注

（1）実際は旁が縦棒を欠く「巳」の形に書かれている。以下、便宜上、このような異体字は、論旨にかかわるところがない限り、現行の字体で示す。

（2）現存の正倉院文書では一二人分が失われている計算になる。失われた部分に書かれていたのは、前後の配列からみて、戸主の直系親族でなく「寄口」である。その部分の人名が何であったかは、本書の趣旨に若干かかわるが、その如何によって結論が大きく損なわれる可能性はない。

（3）所在頁を竹内理三編『寧楽遺文』（東京堂出版、１９６５）に即して示したのは、『大日本古文書』では当該の家族が断片ごとに分載されているからである。以下、便宜上、他の例の掲出もこれにならう。

（4）周知のとおり『古事記』垂仁天皇条に「凡子名、必母名」とある。これが当時の社会で一般的であったことについては、服藤早苗「古代の母と子」（『日本の古代12　女性の力』中央公論社、１９８７）などを参照。

（5）家族関係の表示「妹」字は年齢の上下にかかわらず男子からみて姉妹をあらわす。この場合「志麻」は二六歳、「尾豆賣」は二九歳。以下、便宜上、兄弟姉妹の関係は現代の概念で記述する。

（6）この「尾」はミ乙類の万葉仮名である可能性もあるが、とらない。「尾」の万葉仮名としての使用実績は少なく、『万葉集』では巻五の山上憶良作歌に偏在する。一般には訓で語をあらわす字として使われていたと考えてよい。もしもミヅメであるとしても「実の女」の意となり本書の論旨に抵触しない。

（7）奴婢は法律上では婚姻できないので「志麻」と誰との子であるか不明。

（8）「来む」という解釈は哲学的にすぎるのでとらない。「籠む」については豊前国仲津郡丁里戸籍の「許毛利賣」（寧一一九）が「籠もり」の意と解されることを参照できる。モの上代特殊仮名遣いが問題になるが、甲乙の別がない音韻とみる。

（9）こう考えることは、一方で、奴婢の場合、生まれたときに母親が付けた名とは別名で呼ばれている可能性を生じるが、今、作業上で論理の循環に陥ることを避けるために、これ以上立ち入らない。

（10）新川登亀男「里の成り立ちと三政戸制」（『美濃国戸籍帳の総合的研究』東京堂出版、２００３、一九頁）は、美濃国戸籍の人名をとりあげて父子ともに軍事・狩猟にちなむ命名の例を指摘する。本書の立論は母方による命名を前提としているので観点は相違するが、現象として同じところを指摘したものである。

(11) 上代戸籍に記載されている「寄口」あるいは「寄人」が直系の家族からみてどのような縁の人たちであるのか、歴史学において議論が決着をみていない。最近では井上亘「『寄人』からみた戸」(『美濃国戸籍帳の総合的研究』)に有益な整理がある。意見の相違は大別すれば周辺的な血縁か従属民かである。『類聚三代格』巻一七に所載の天長五年(八二八)太政官符の記述はまとまった家族のない者を指していて明らかに従属民であるが、平安時代の認識を八世紀初頭に適用できるとは限らない。美濃国戸籍では、奴婢は富裕な戸に集中するが、寄人はどの階層の戸にも存在する(勝あゆみ『古代日本の親族呼称』平成十二年度愛知県立大学国文学科卒業論文の調査による)ので、縁者を一戸の人数を平均化するために同籍した可能性がある。しかし、この大家族の、この寄口の記載は従属的とみることもできそうである。あるいは、縁者の零落、従属民化の進行が地域差として現れているのかもしれない。

(12) 詳細は拙稿「訓仮名の使用環境」(『国語文字史の研究 二』和泉書院、1994。拙著『上代文字言語の研究・増補版』笠間書院、2005に補論として改稿収録)を参照。

(13) 『寧楽遺文』の当該箇所に「枚カ」と注する。

(14) 上代戸籍の編纂・書記の過程は必ずしも特定されないが、現存する紙面が郡衙における浄書の段階を色濃く反映する点はまず動かない。ここで「くせ」と言っているところは、ほぼ「郡衙の役人の用字における個性」を指す。

(15) 奈良国立文化財研究所『平城宮発掘調査出土木簡概報(二十二)』1989の図版二。表面は木簡学会編『日本古代木簡選』岩波書店、1990にカラー口絵写真2として掲載。

(16) 奈良国立文化財研究所『平城京木簡一—長屋王家木簡一—』1995の木簡番号145。奈良文化財研究所の厚意によって原寸の赤外線写真で確認した。

(17) 「石神遺跡(第15次)の調査—第122次」市大樹執筆部分(『奈良文化財研究所2003』)一二五頁欄外に掲載。

(18) 木簡学会『木簡研究』第二五号図版四(1)。奈良県立橿原考古学研究所の厚意によって赤外線写真で確認した。

(19) 奈良国立文化財研究所『平城宮発掘調査出土木簡概報(二十四)』1991、図版一。

(20) 木簡学会『木簡研究』第二四号図版三(2)。

(21) 奈良国立文化財研究所『平城宮発掘調査出土木簡概報(十七)』1984、図版一。「才」偏の書き出しが木の節目にあたっていて墨が縦に染みているように見える。

(22) 長野県埋蔵文化財センター『長野県屋代遺跡群出土木簡』1996、一一〇頁。

（23）木簡学会『日本古代木簡選』岩波書店、１９９０、二〇〇頁。

（24）木簡学会『木簡研究』第一九号、一九七頁の（37）（41）（48）。

（25）東広島市教育文化振興事業団『阿岐のまほろば特集号　史跡安芸国分寺跡　―出土木簡とその概要―』２００１、三頁。

（26）『時代別国語大辞典上代編』三省堂、１９６７の「ひら」の項に指摘。本書では挙例をより確実なものに差し替えた。

（27）美濃国戸籍に「牧賣」がありながら万葉仮名で「比羅賣」などと書いた例を見出せないことが気にかかるが、偶然としておく。下総国戸籍にも「比良賣」の記載はない。

（28）『古事記』『万葉集』における「しこ」は「醜」の意に傾くが、それは文学語彙としての意味用法である。当時にあっても文学語彙と一般語彙との相違が存在した。たとえば『万葉集』における「てご」は女性、「わくご」は男性しかも若様であるが、上代戸籍には男性の「てご」も女性の「わくごめ」もあらわれる。

（29）新川登亀男「アジアの中の新発見具注歴」（『月刊しにか』一六三号、大修館書店、２００３・８）。

（30）正宗敦夫『類聚名義抄仮名索引・漢字索引』の現行刊本の付録「類聚名義抄仮名索引　補遺」（北原保雄作成）では「ひら」の訓にあたる漢字が「枚」の活字で表示されている。利用にあたって要注意。

（31）諸橋轍次『大漢和辞典』によれば、〔傳（『詩経』「毛傳」）〕に「枝曰條、幹曰枚」とあり（『四部叢刊』によれば『呂氏家塾讀詩記』に所引）、『春秋左氏傳』の注に「枚、馬檛也」とある。同じく、『韻會』に「牧、治也」、『廣雅』に「枚、収也」、そして『禮記』の『中庸』の注に「振、猶収也」とある。

（32）中田祝夫『東大寺諷誦文稿の国語学的研究』風間書房、１９６９による。

（33）木簡学会編『日本古代木簡選』岩波書店、１９９０の木簡番号１１８。

（34）平川南編『古代日本　文字の来た道』大修館書店、２００５に所収の李成市稿および拙稿を参照。

（35）拙稿「日本語史と東アジアの木簡」（『동아시아　자료학의　가능성』成均館大学校出版部、２００９）にその構想の一端を示した。

第六章

万葉仮名「皮」
万葉仮名前史試論

［要旨］

七世紀後半から八世紀前半の出土資料にハの万葉仮名としての「皮」の使用がしばしばみられる。これを「波」などの略体とみることもできるが、上古音に由来する古韓音による単体の音仮名とみても整合的な説明が可能である。おそらく、「皮」を字形の要素とする字を万葉仮名として使うときはハにあてるという認識が一般にあったのであろう。その検討をとおして、万葉仮名の黎明期における字音と語音と書き手の関係について考察を試みる。あわせて、これを手がかりとして六世紀以前の日本語音韻の状態を推定する展望を示す。

1. 万葉仮名「皮」の存在確認

一九九七年に奈良の飛鳥池遺跡から出土した天武朝または持統朝と推定される木簡に「□止求止佐田目手□／□□□／　／羅久於母閉皮」と書かれたもの〔↓54頁〕がある★1。内容は「…急くと定めて…らく思へば」と解され、おそらく日本語の韻文を書いたものである。この末尾の「皮」が考察の対象である。バの期待される位置にあてられているが、ハの万葉仮名であって、この万葉仮名列は清濁を書きわけない書記様態であるとみてよい。五字目の「田」の位置も「さだめて」のダが期待されるからである。

この「皮」は、滋賀県の北大津遺跡の一九七四年からの発掘調査で出土した辞書木簡にも使われている。「精」の異体字に「久皮之」の訓を示したもの〔↓41頁〕である★2。『法隆寺金堂多聞天光背銘』の「汗久皮臣」は、「的臣《うくは》」にあたるものとされた★3。また、千葉県龍角寺五斗蒔瓦窯跡出土の瓦の線刻に「埴生」にあたる「皮尓負」、おそらく「服部」にあたる「皮止卩」などの用例を見る★4。奈良県石神遺跡から出土した天武朝の「難波津の歌」を書いた削り屑にも「奈尓皮」「乃皮奈己」とある★5。藤原京跡左京七条一坊出土の「難波津の歌」木簡は八世紀に入ってからのものと推定される★6が、やはり「奈尓皮ツ尓佐久矢己乃皮奈泊由己母利伊真皮々留マ止（後略）」のようにハの万葉仮名として「皮」を専用している。七世紀後半から八世紀初頭の木簡ではハの万葉仮名として「皮」が常用されていたと言ってよい。

七世紀後半の万葉仮名がどのようなものであったかは、八世紀以降のそれを日本の文字言語史上に正しく位置付けるためにも注目に価する。筆者の見るところ、七世紀末から八世紀初頭までの藤原京の時代と、天平期とでは、質的な違いが認められるようである★7。八世紀初頭までの万葉仮名の様相は、本書の第一章

3節で、飛鳥池遺跡から出土した字書木簡を対象にして検討した字音認識の様相と軌を一にして整合する[↓45頁]。八世紀に入っても古韓音系の字音によって漢字列を音読することがあったらしい。

七世紀に用いられた万葉仮名であることの徴証となる字体は、「止《と》」「支《き》」「里《ろ》」などの古韓音による音仮名、「ツ（の古体）」「ム」「ヘ（の古体）」などの略体仮名である★8。ハの万葉仮名としての「皮」の使用は、その一つに加えられる。

2. 万葉仮名「皮」は「波」の略体か

これを「波」などの略体とみる説があり、筆者もその可能性は残ると思う。略体の万葉仮名は、古韓音による音仮名と共起し、訓仮名、それも表語文字としての用法と万葉仮名としての用法が未分化なものとも共起することが多い。そして、その万葉仮名列は、原則として日本語の清濁を書きわけず、大宝二年度の美濃国戸籍を除いて、日常ふだんの文献に使われる性格が濃い★9。「皮」の使用環境も同じだからである。

右の飛鳥池遺跡の木簡には、古韓音による「止」と訓仮名「田」「目」「手」の使用が伴っている。先に述べたとおり、清濁を書きわけない。木簡上の文字列であるから日常ふだんの性格である。

先にふれた飛鳥池遺跡出土の字書木簡は字音を万葉仮名で示している[↓46頁]。その万葉仮名の「ナ布」の「ナ」も「左」の略体である。北大津遺跡の辞書木簡にも、略体の「ム」「ツ（の古体）」の使用をみる[↓41頁]。「阿佐ム加ム移母」の訓では、「佐」が「あざむく」のザにあてられており、「移」を古韓音によってヤにあてている。龍角寺五斗蒔瓦窯跡の瓦の線刻にも「止」の使用をみる。

本書の第四章3節に示した徳島県観音寺遺跡出土の「難波津の歌」木簡は[↓119頁]西暦六八〇年頃

のものとされているが、その「波」の字形は、さんずい扁が左上に小さくかたまった形である★11。慎重を要するが、この木簡の「波」が「皮」にすり切れる過程を示している可能性がある。この観音寺遺跡の木簡にも、略体の「ツ」と訓仮名「矢」の使用をみる。同じ遺跡から出土した植物名辞書様の木簡にも「ツ婆木」などの「ツ」と訓仮名「木」が使われているし、同じ遺跡から出土した須恵器の墨書に「□ツ支」の例があり、古韓音による「支」も場を同じくして使われている。こうした日常ふだんの場で、あたかも多くの木簡の「万呂」が一筆で「」と書かれたように、「波」が「皮」にすり切れたのかもしれない。

なお念のために述べておけば、「皮」をヒにあてることがあったとみる★10のは適切でないと思う［↓49頁］。一つの字体が同時に複数の音韻にふりあてられたと認めることになるからである。一つの字体が万葉仮名として複数の音韻にあてられることがなかったわけではない。たとえば「宜」は、はじめ日本語のガ、次にゲ、後にギ乙類にあてられた。これは、中国字音の史的変化を反映したもので、時間軸にそった変容である。また、「吾」はグとゴ甲類とにあてられた。これは、しばしばみられるウ列音とオ列甲類音との交替現象から説明される。しかし、「皮」を字体の要素とする字は大きな字体群をなしている。次節にみるとおり、その字体群に属する字は古くから仮借として使われた。「皮」がそれらの略体であったとして、同時にハとヒとにふりあてられて運用に支障をきたさなかったとは考え難い。

3．単体の万葉仮名であった可能性

次に、「皮」が略体でなく、単体で上古音に由来する古韓音によって日本語音韻のハにあてられた音仮名であった可能性を吟味する。

この字は、中国の上古音（二～三世紀の標準音）で、董同龢の『上古音韻表稿』に言う「歌部合口」に属する。以下、「上古音で」と言うときは同書による韻類の別を指して言う★12。

古代における字音と日本語音とのひきあての関係を論ずるとき、字音の再建音と日本語音の推定音価とを直接に見くらべる方法がとられがちである。これは屋上屋を重ねる危険が伴う。ここでは、字の所属する韻類と仮借ないし万葉仮名としての使用実績を重視し、推定された具体的な音形はできる限り根拠にとらない方法を貫くことにする。

さて、「皮」と同じ「歌部合口」に所属する「和」「麻」などは日本語のア列音にあてられた常用の万葉仮名であったから、「皮」も古い時代の字音ではア列音にあてられた可能性がある。

ただし、「和」「麻」と異なり、「皮」は頭子音と中心母音との間に介母音を有する韻類である。「和」「麻」などは介母音がないので中古音で戈韻となり日本語のア列音に適する字音であり続けるが、「皮」を含む韻類の字は中古音で支韻となり、「靡」「為」のように日本語のイ列音に適する字音に変化する。

しかし、日本漢字音は介母音を無視してうけとめることがある。古代日本語の音韻に拗音がなかったからである。たとえば「良」は現代リョウと音よみするように介母音をもつ字であるが、「羅」より字画が少ないためかラの万葉仮名として常用され、後には平仮名・片仮名の字源となった。先にふれた飛鳥池遺跡出土の字書木簡に反映している字音認識においても、介母音を無視していたとすれば説明が整合する〔↓50頁〕。

それゆえ、「皮」がハにあてられた可能性は消えない。

また、「皮」と同じ韻類の字が日本語のハにあてられた可能性を示す徴証がある。時代が二百年以上さかのぼることになるが、埼玉県稲荷山古墳出土の鉄剣銘文★13の「披」である。銘文の表三十八字目からの人名「多加披次獲居」（記述の便宜上、異体字を現行の字体で示す。以下同じ）と裏四字目からの人名「加差

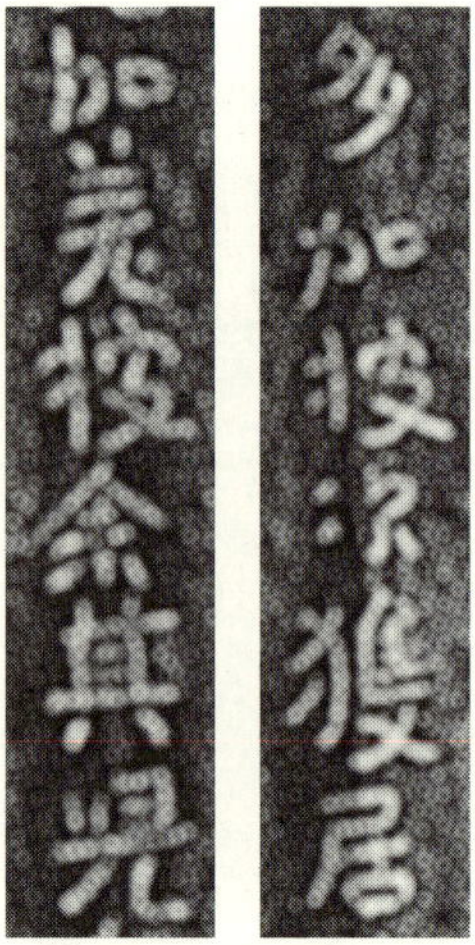

図①◀埼玉県教育委員会『稲荷山古墳出土鉄剣金象嵌銘概報』、一九七九、より引用

抜余」（図①参照）は、「たかはしわけ」「かさはよ」とよむのが通説である。この「抜」は、声調は異なるが、「皮」と同じ韻であり、頭子音と中心母音の間に介母音を有する。「抜」が日本語のハにあてられているとすれば、「皮」もハにあてられてよい。

その傍証とされるのが、『日本書紀』欽明五年三月条の記事に所引の『百済本記』にある「烏胡跛臣」の「跛」である。続けて「蓋是的臣也」とあることから「うくは」のハにあてられていることが確実である。ただ、この「跛」は、上古音で、「麻」「和」などと同じ韻と、「抜」「皮」と声調は異なるが同じ韻との両方の音を持っていたとされている。前者の字音によって「うくは」のハにあてられたのなら、これは『稲荷山古墳鉄剣銘』の「抜」をハとよむ根拠にはならない。

それゆえ、『稲荷山古墳鉄剣銘』の「抜」はヒにあてられている可能性もあり、もしそうであれば、右の人名は「たかひし」「かさひよ」と解されることになる。連動して「皮」もヒにあてられた可能性を保留しておかなくてはならない。

また、本書の第一章3節でふれた「彼」〔→50頁〕は上古音で「抜」と全く同音である。ここに字音の体系から吟味したところからすれば、古い時代の字音ではヒでなくハにあてられた可能性がある。第八章2節にあげる平城京第一次大極殿西側から出土した「難破津の歌」木簡も「彼」をハにあてた箇所がある。さらに、平城京出土の天長年間の「難破津の歌」木簡において「波」が期待される位置にいったん「彼」があてている。単なる誤りでなく、九世紀に入っても「彼」をハと音よみする認識が残っていたのかもしれない。

なお、ここであげた字の頭子音は、上古音で、「皮」が有声音、「披」「彼」が有気音、「跛」が無気音であるが、この相違は日本語音韻のハ行子音にあてられることをさまたげるものでない。

4．朝鮮半島の仮借との関係

およそ、七世紀前半以前の文字資料上の万葉仮名ないし仮借は、中国の字音と日本の語音との双方をどのようなものと把握するかが難しい。中国の字音の時代的変化、地方音の違い、あるいは、朝鮮半島経由と中国本土直輸入との違いなどの諸条件をそれぞれに考慮しなくてはならない。五世紀の資料なら五世紀中国の字音にひきあてたいが、北魏のものをもってするかそれとも南朝のものか。そしてそれが朝鮮半島でいったん受容されると、変容とタイムラグが生ずる。その一方、日本語の音韻もおそらく史的変化の途上にあった。前節に展開した推定の道筋も、時代によって字音も語音も違うと言えばすべてが崩壊する。

この章の検討対象とする「皮」は七世紀後半の日本における万葉仮名としての用法である。これに対して「披」は五世紀中葉の日本における仮借としての用法である。『稲荷山古墳鉄剣銘』が大和中央と東国現地のいずれで書かれたものか議論が尽きていないが、近年は前者が有力の由である★14。書き手は不明ながら渡来人の可能性が大きい。同時代の江田船山古墳出土の大刀の銘文には書き手が「張安」と明記されている★15。また「跛」は『日本書紀』の編纂事情の問題をさておいて単純に信じるなら★16五、六世紀の朝鮮半島における仮借の用法である。

ただ、『稲荷山古墳鉄剣銘』の仮借は、『日本書紀』所引の朝鮮半島史料の仮借に通じるところがある。銘文の表八字目からの「乎獲居」を通説で「をわけ」とよむのは『日本書紀』欽明六年九月条の記事に所引の百済が製作した丈六仏願文中にある「弥移居」が「みやけ」にあたるのを参照して「居」をケとよむのである。また鉄剣銘の表十五字目からの人名「意富比垝」は通説で「おほひこ」とよまれている。これは、神后摂政四十七年四月条の記事に所引の『百済記』に「千熊長彦」にあたる人名が「職麻那々加比跪」とあるなど、「比跪」で日本語の「彦」にあたる語を書きあらわしたとみなされる例がいくつか存在することを参照している。「跪」は「垝」と同じ韻である。頭子音は無気音と有気音の違いがあるが、先に述べたとおり支障にならない。

そして、『日本書紀』所引の朝鮮半島史料の仮借は、推古朝遺文とも通じるところがある。たとえば右の「弥移居」の「移」をヤに「居」をケにあてるのは『天寿国曼陀羅繍帳銘』に「豊御食炊屋姫」を「等《と》巳《よ》弥《み》居《け》加《か》斯《し》支《き》移《や》比《ひ》弥《め》」と書いた類例がある。この繍帳銘の末尾に「書者東漢末賢高麗加西溢又漢奴加己利」とあり、渡来系の人が書いたものである。その他の推古朝遺文も渡来系の人が書いたであろうと言われている。

このように、『稲荷山古墳鉄剣銘』、『日本書紀』所引の朝鮮半島史料、推古朝遺文の仮借ないし万葉仮名をつなぐものは、書き手が渡来系の人、それも、おそらく中国本土からではなく朝鮮半島からの人であり、その字音は上古音によって説明できるという点にある。この流れが木簡等における日常ふだんの使用を経て平仮名・片仮名の源流になった、というのが筆者の年来の主張である。

5. 字音と語音の整合性

ところで、『稲荷山古墳鉄剣銘』の仮借が上古音に由来する古韓音にもとづいているとして推論を一貫させようとするとき、一つの論理矛盾が生じる。字音体系が斉一であるとの前提に立つと、先にあげた「跪」「垝」は上古音で「皮」「披」などと同じ韻に属するのである。「多加披次」が「たかはし」または「たかひし」にあたるような語音をあらわしているとすれば、「意富比垝」は「おほひか」または「おほひき」であることになり、先に述べた、『日本書紀』所引の半島史料に「比跪」が日本語の「彦」にあたるとみなされる例がいくつか存在するから『稲荷山古墳鉄剣銘』の「垝」をコとよむ、との論理が崩壊する。

この「垝」を介母の合口要素［-w-］によってクとよむことで矛盾を回避する考え方もある★17。それには、先に第2節で「吾」に関してふれたように［↓174頁］、八世紀の文献上の万葉仮名の使い分けから帰納されるいわゆる上代特殊仮名遣い上で（以下、記述の便宜上、この「八世紀～上代特殊仮名遣い上で」の留保条件をいちいちに書かない）コ甲類の音韻と、クとの交替がしばしば生ずることが背景になっている。また、『魏志』東夷伝倭人条の「卑狗」が「彦」にあたる可能性を持つことも背景にある。

この章では、その考え方が成り立つ可能性を留保しつつ、第3節のはじめに述べた方法を貫いてみたい。中国で同じ韻類の字は日本の同じ母音の類にひきあてられた、との前提をできる限り守って推論を一貫させようと試みるのである★18。

とすれば、先の矛盾をつくろうためには次のように考えなくてはならない。「披」も「垝」も同じ母音を有する日本語音韻にあてられたとすれば、後の時代のアとオにあたる母音が同じであったか、アとイにあたる母音が同じであったことになる。もしくは、おそらく渡来人であった『稲荷山古墳鉄剣銘』の書き手が、当時の日本語の、後の時代のカとコにあたる音韻、またはカとキにあたる音韻を同じと認識したことになる。それぞれの仮設の後者、広母音と狭母音が同一、またはそれらを同認する可能性は小さいであろう。前者は、はたして論理的に可能か。

実のところ、『稲荷山古墳鉄剣銘』の仮借には他にも同様の現象がある。まず「乎獲居」の「乎」は「獲加多支鹵」の「鹵」と同じ韻に属する。この「鹵」は『日本書紀』の継体二十三年三月条と欽明五年諸条の記事にあらわれる「麻鹵」などの半島側で書いた（とされている）人名中に使われ、一般にロとよまれている。字音体系の斉一性を前提とすれば、「乎獲居」の「乎」をヲとよむのなら、この「鹵」もロとよむことになる。しかし、「わかたける」のルにあてられていると考えるのが通説である。

また、「獲加多支鹵」の「支」も日本の万葉仮名としてはキの仮名であるが、ここでは「わかたける」のケにあてられていると考えるのが通説である。その根拠として、推古朝遺文で、先にあげた「等已弥居加斯支移比弥」のように、イ列音とエ列音に同じ字があてられている事実があげられる。

これに対する説明は、従来、書き手の渡来人の音韻認識に帰せられた。書き手の耳にはオ列甲類とウ列音、イ列甲類とエ列甲類音の別が聞きわけられなかったというのである★19。以下に述べるとおり、筆者もその可能性を想定するが、同時に日本語の語音の側も疑ってみる必要があるだろう★20。「獲加多支鹵」は雄略天皇の「わかたける」に比定されている。それはおそらく確実であるが、銘文作成当時の語音としては疑いの余地もある。あえて片仮名で書くなら（以下、記述の便宜上、この前提もいちいちに書かない）ワカタキロにあたるような語音ではなかったのか。

さらにまた、「乎獲居」の「居」をケとよむこと先に述べたとおりであるが、八世紀の日本の万葉仮名では、この字はコ乙類にあてられる。同じ韻に「許」「余」「呂」などが属していることから、それは動かし難い。それでは、鉄剣銘文作成当時の語音はヲワコにあたるようなものではなかったのか。

6. 五世紀の音韻体系推定の端緒

当時の日本語音韻の体系は八世紀とどのように違っていたか、それは書き手の渡来人の耳にどのように聞こえたか、この二つは並行的に解明されなくてはならない。今、筆者には、いずれにも満足な準備がないが、前者について若干の見通しを述べる。

五世紀日本の母音体系は、**ア**、**イ**、**ウ**、**オ**の4音素に**エ**が加わって、5音素へ遷移する途上にあったと考える。この5音素は、上代特殊仮名遣いの甲類・乙類に相当する母音と次のように対応する。**ア**はア（一部オ乙類）、**イ**はイ甲類とエ甲類、**ウ**はウとオ甲類、**エ**はエ乙類（一部エ甲類）、**オ**はアとオ乙類（一部オ甲類）。

さらに古くは、**ア**と**オ**が広母音の範疇における異音の関係をなしていた可能性があり、五世紀はまだその状態だったかもしれない。というのは、「まろ」「そば」など、少数のアとオ乙類の結合した語例があり、従来これは語を構成するときにアとオ乙類が排除し合う傾向とみられた。いわゆる有坂法則の第三則である★21。後にアを結合上で中立とみなす説★22も出た。筆者は、もと異音であったので、音素に別れた後も、アｰオ、オｰアの結合の数が少なかった可能性を考える。八世紀の文献上における音節結合の状態をみるとオ列乙類音はそれだけで語を構成する傾向が著しいので、口の開きの比較的小さいもの★23が寄り集まって語根をなしたものが音素オ、結合が自由なまま残ったのが音素アとなったのではないかと思う。この仮設は思弁にすぎないので後考を待つ。これを抜きにしても以下の考察は成り立つ。

いわゆる上代特殊仮名遣いに対応する音韻体系と五世紀の音素との関係を述べると、八世紀のイ甲類は、もともと存在した音素**イ**である。イ乙類は、ウｰイ（一部オｰイ）の連接が起源である。五世紀にはエ乙類に遅れて重母音から融合途上にあり、のちに単音化するにつれて音価がイ甲類に近付いたであろう。

ウについて、古く甲類と乙類に相当する別があったとの説はとらない。本書の序論3節にふれたとおり**【↓20頁】**、文献上に確実な根拠がなく、甲乙の区別を設けることが具体例の説明に寄与するところもとくにない。

八世紀のエ甲類の起源は主として**イ**の開口度の増加にもとめる★24。「いざなみ」のミ甲類が「女」のメ甲類の異形態であることなどが参照できる。イ‐アの融合から生じたとする考え方は助動詞「り」の四段活用接続などを説明するのに有利であるが、文献上の根拠が必ずしも確実でない。およそ、本書の第五章一・節末尾にもふれたように**【↓148頁】**、エ列音の甲類・乙類の対立には疑問点が多い。エ乙類は、広母音と**イ**の連接が融合したさまざまな半広または半狭母音の全体である。原形は、「目《め》」などのア‐イ連接、「舎人《とねり》」などのオ‐イ連接のほか、「日置《へき》」などのイ‐オ連接、さらにイ‐ア連接を起源とするものも含まれるふしがある。五世紀には融合の度や音色が一様でなかったと考える★25。

オ甲類の起源は**ウ**の開口度の増加にもとめる★26。「子」対「此」のようなオ列甲類と乙類の最小対は、あくまで七、八世紀の表層における現象であり★27、本来、オ甲類はウの異音であった。本書の第八章2節でふれたように**【↓227頁】**、「難波津の歌」木簡の「咲くや」のクにコ甲類の万葉仮名「児」「古」をあてた例があるのは、その線から説明できる。オ乙類からオ甲類になったものがあった可能性も否定しない★28。八世紀のオ乙類は前代から存在した音素**オ**である。**ア**の音価が開口度を明瞭にしていくにつれて、オの音価は中広の開口度の範疇で次第に後舌化したのであろう。後舌化に伴う円唇化が、もとウの異音であったオ甲類との対立を解消したと説明できる。

右は、さまざまな徴証を考慮して考えた現時点での結論である★29が、この記述の限りでは思弁にとどまっている。批正を得て別の機会に論証を固めたい。

7. 字音と音韻認識

ともあれ、右の仮定に立てば、『稲荷山古墳鉄剣銘』の仮借における字音と語音との対応上の矛盾を次のように整合させることができる。

まず「獲加多支鹵」がワカタキロにあたるような語音をあらわしているのは、日本語音韻の側のキとケ甲類、ルとロ甲類の異音関係として説明できる。次に「乎獲居」の「居」がケに相当するのは、日本語のイと広母音の連接が融合してエ乙類になる姿をそのままに反映し、書き手の渡来人が後のコ乙類に近い音に聞きとったことを示している。董同龢の復元音によると「居」の中心母音は上古音では［a］の類（中古音は［wo］の類）である。介母音［i］とこれでケに相当する音韻を書きあらわしたことになる。

そして「意富比垝」の「垝」は、書き手の耳にコ～カが同一の音韻に聞こえたと説明できる★30。『稲荷山古墳鉄剣銘』には「多沙鬼」「斯鬼」の例があり、後者がおそらく地名「しき」にあたるので、八世紀のキ乙類に相当する単音は存在していた。しかし、先にも述べたように、カとキが同認されるとは考え難い★31。『日本書紀』の朝鮮半島史料に日本語の「彦」が「比跪」と書かれていることも、書き手にはコ～カが同じに聞こえたと説明できる。継体七年十一月条の記事に所引の百済の書簡中にある国名「伴跛」が慶尚北道星州「本彼」にあたることなどが、その裏付けになる。上古音で「伴」は「盤」などと、「本」は「敦」などと同じ韻類である★32。八世紀の日本語の音韻体系ではコ甲類とカとの同認は考え難いが、ここで言うところは六世紀以前の甲類・乙類の別のないコとカとの同認である。

これに連動して、「多加披次」はタカハシの語形にあたり、「加差披余」はカサハヨと聞こえたものであって音韻としては「かさはや」と同じということになる。このヨ〜ヤの関係について、前節末尾に述べたように、日本語音韻の側の事情でもあった可能性を留保しておきたい。

こうして、問題の「皮」は、「披」「波」などと同様に、単体でハの仮借ないし万葉仮名として使われ得たと確認できる。略体であった可能性も消えないが、その是非を云々しても生産的でない。「彼」「皮」などを「波」と同じくハとよむ字音認識があったというのが最も適切な説明であろう★33。平城宮東南隅から出土した木簡の歌句「玉《たま》尓《に》有皮《あらば》…」★34は、天平一九年（七四七）頃のものであるが、その認識がなお続いていることを示唆する。

注

（1）木簡学会編『日本古代木簡集成』東京大学出版会、2003に木簡番号509として掲載。
（2）拙稿「日本の辞書の起源」（『月刊しにか』平成十二年三月号、1999）参照。
（3）東野治之「法隆寺四天王光背銘の『片文皮臣』」（『MUSEUM』三八八号）のち『日本古代金石文の研究』岩波書店、2004に収録。
（4）稲岡耕二・水野正好・和田萃・平川南・犬飼隆『古代日本の文字世界』大修館書店、2000、一四三頁の図版参照。
（5）奈良文化財研究所『飛鳥・藤原宮発掘調査出土木簡概報（十七）』。
（6）木簡学会『木簡研究』第二五号の図版二の(3)。
（7）拙稿「天平期の学制改変と漢字文化を支えた人材」（『万葉語文研究』第6集、和泉書院、2011・3）参照。
（8）東野治之「金石文・木簡」（『漢字講座＝5　古代の漢字とことば』明治書院、1989）、拙著『上代文字言語の研究』笠間書院、1992の第一部第三章「万葉仮名の字体と使用場面の相関」など参照。
（9）拙著『上代文字言語の研究』第一部第一章「万葉仮名に内包されていた平仮名・片仮名への連続面」参照。

(10) 小林芳規「飛鳥池木簡に見られる七世紀の漢文訓読語について」(古典研究会『汲古』第36号、1999)。
(11) 徳島県埋蔵文化財センター研究紀要『真朱』第9号、2011の図版が最も鮮明。字偏が左上に小さくかたまる書風は中国の隋代までにみられ、朝鮮半島の出土資料にも散見する。この例はその流れの東端と言える。
(12) 董同龢『上古音韵表稿』台聯國風出版社、1945の1976版による。
(13) 埼玉県教育委員会『稲荷山古墳出土鉄剣金象嵌銘概報』1979。
(14) 和田萃「ヲワケ臣とワカタケル大王」(『稲荷山古墳の鉄剣研究20年の成果と課題』大東文化大学エクステンションセンター、1998)参照。
(15) 西宮一民『日本上代の文章と表記』風間書房、1970のI部第一章第一節二「推古遺文の文体」参照。
(16) 『百済本記』等は日本に渡来した百済人が朝鮮半島で成立した史書を装って書いたとの説がある。
(17) 馬渕和夫「稲荷山古墳出土鉄剣金象嵌銘の日本語表記史上の位置」(『古代日本語の姿』武蔵野書院、1999)など。
(18) 実際には、有坂秀世「『帽子』等の仮名遣について」(『国語音韻史の研究』三省堂、1957)に指摘されているごとく、子音との組み合わせによる音価の変容や、母語の相違による聞き取り方の違いなど、決して一様に処理できるものでない。
(19) 馬渕和夫『上代のことば』至文堂、1970、藤井茂利『古代日本語の表記法研究』近代文芸社、1996など。
(20) 東野治之「稲荷山古墳鉄剣銘を中心とする音仮名表」(『日本古代木簡の研究』塙書房、1983)に同趣旨の指摘がある。
(21) 有坂秀世「古代日本語に於ける音節結合の法則」(『国語音韻史の研究』三省堂、1957)。その第一則は同一結合単位内にオの甲類と乙類が共存しないこと。第二則はウとオ乙類とが共存し難いこと。そして第三則はアとオ乙類との共存が少いことである。たとえば、「事《こと》」のコとトは必ず乙類。「黒《くろ》」のロは甲類。しかし、第三則に法則と呼ぶほどの規制力を認めるか否かは問題がある。
(22) 山口佳紀『古代日本語文法の成立の研究』有精堂出版、1985。
(23) 古代語への適用は慎重を要するが、現代日本語におけるアとオの弁別はほとんど唇の丸めだけで充分である。
(24) 坂本宗和「上代日本語のe甲、e乙の来源」(『言語研究』第98号、1990・12)は、この問題に関して極めて示唆的である。
(25) 李崇寧「新羅時代の表記法体系に関する試論」(『ソウル大学校論文集』人文社会科学第2輯、1955。安玲熙氏による日本語訳を用いた）によると、「居」は「西」などとともに古代の朝鮮半島における表音的用法としては中舌母音［ə］の類をあらわす吏読の群に属している。「西」の万葉仮名としての使用実績はすべてセである。当時の日本語のエが広めの母音であったことの傍証になるかもしれない。

（26）注25論文によると、「烏」「吾」「古」「奴」などが古代の朝鮮半島における表音的用法としては後舌母音［o］の類をあらわす吏読の群に属している。『日本書紀』に所引の『百済本記』にある「的」の訓を「烏胡跛」と書いた例が資料的に信用できるとするると、当時の日本語のウは後世より広い母音だったかもしれない。

（27）服部四郎「上代日本語の母音体系と母音調和」（『月刊言語』第五巻六号）参照。

（28）松本克己『古代日本語母音論：上代特殊仮名遣の再解釈』ひつじ書房、1995など参照。

（29）この試案は拙文「シンポジウム『古代日本の文字世界』に参加して」（『月刊言語』第二八巻五号）に披瀝した考えを訂正するものである。そこで想定した母音体系は、ここで述べたところよりもう一つ古い時代に相当することになる。

（30）馬渕和夫注19書に、四・五世紀の朝鮮人の耳には日本語のア対オ乙類の対立が自国語のə対aの対立と聞きなされたとの試案がある。前提となる両国語の音韻状態についての見解は異なるが、本論はその示唆を受けている。また、李崇寧注25論文によると、日本の万葉仮名としてノにあてられる「乃」が朝鮮半島では［a］の類の母音をあらわす吏読の群に所属している。

（31）この「垝」をキとよむには、イ乙類がウ‐イの連接によるとして、「大彦」のクの後に接辞iが付いた形態を想定することになる。筆者はその可能性を全く否定するものではない。一連の人名すべての末尾に接辞iが付いて融合していると想定し、「加差披余」の「余」もヤに接辞iが付いたために開口度が小さくなったとすれば、一応の説明にはなる。

（32）なお、日本古典文学大系『日本書紀　下』岩波書店、1965の補注17‐一五は、二字目の「跛」をヘとよみ、字音が上古音から中古音に変化する途上の音をあてたとするが、朝鮮半島での語音がそうであったか証明の限りでない。また、片仮名でホへと書くような語音であったとしても、キ‐オの連接が融合してケになる途上の音に「居」があてられたのと同様に考えれば、上古音による説明が整合する。

（33）拙稿「日本漢字音のなかの古層」（『日本語学』30‐3明治書院、2011・3）参照。研究方法上での「上古音」の取り扱い方にも注意を促した。

（34）沖森卓也・佐藤信『上代木簡資料集成』おうふう、1994の写真番号62。当初は四字目が「波」と釈読されていたが、「皮」に訂正された。

第七章

古事記と木簡の漢字使用

［要旨］

『古事記』と木簡どもの漢字使用のさまを比較すると、字訓、字音、使用字種、変体漢文体で日本語文を書きあらわす方法にわたって、同じ基盤に立っていることがわかる。その一方、実態を子細に検討すると、天皇に献上する「晴《はれ》」の文献に対して、日常ふだんに使い捨てる「褻《け》」のもの、という相違は、漢字使用の相違にも明瞭にあらわれている。異同の関係は、『古事記』の書記様態は木簡に用いられた書記の技術を「精錬」したものととらえることができる。

1. 問題設定

七世紀後半から八世紀前半の日本において、散文の文体の主流は変体漢文であったと考えて良い★1。正格の漢文体は『日本書紀』のような特別の文献に限られ、和文体の散文は未だ発達していなかった。木簡の文体はまちまちであり、正格の漢文に近いものもあるが、総じて言えば和習の濃い変体漢文である。『古事記』の文体も広義の変体漢文と言える。

『古事記』と木簡は、文体の類似に伴って、その用字も、一致ないし類似する。かつて小林芳規★2は、平城宮木簡と『古事記』を比較して、多くの漢字が両者で同じ訓をあらわしているとみられることを示し、「日常の実用の文章を表す場で使われていた漢字の用法に基いて『古事記』の筆録を試行した結果が、そこに共通性となって現れた」と述べた。この考え方は大筋で承認されている。筆者も基本線では賛同する。

しかし、『古事記』は日常実用の文章ではない。その文献としての性格の本質については未だ議論が尽きないけれども、「晴《はれ》」と「褻《け》」のうち「はれ」の文献であることは動かない。多くが「け」の場で用いられた木簡とは、その文字言語としての性格も同一ではありえない。当然、漢字使用の様態も異なる。この章でその一端を解明する。

考察は木簡全体を想定しているが、具体的な資料には長屋王家木簡を取り上げる。長屋王家木簡は、七一〇年代のもので、『古事記』の成立と時代が一致し、資料的に均一性が濃いからである。以下、本章の記述中に「木簡」と書いた場合、とくにことわらない限り長屋王家木簡をさす。引用本文は奈良国立文化財研究所『平城宮発掘調査出土木簡概報』による。ただし、支障のない範囲で漢字を現行の字体に改めたところがある。『古事記』の引用本文は『古事記總索引』★3に収められた『古事記大成本文篇』によるが、私に校訂を加えたところがある。

2．漢字の字種の比較

『古事記』は普通の漢字を用いていると言われる。字面を一見してその印象を受けるが、それを実証する試みもいくつかなされている。たとえば野村雅昭★4によれば、『古事記』に用いられた漢字は異なり字数一四八二で、現代の常用漢字表より少ない。『日本書紀』の異なり字数が約三五〇〇、『万葉集』が約二五〇〇なので、全体の言語量が小さいことを考慮しても、使用字種が少ないと言える。そして、『古事記』の漢字と常用漢字の字種のうち一〇一一字（68％）が一致するという。『古事記』は、少数の使用度の高い字を選んで用いているのである。

木簡の字面からも同じ印象を受けるが、やはり、先に述べた「はれ」と「け」の相違があると予想される。ここでは、万葉仮名の字種を比較することによって、その証明を試みる。字訓で書かれた変体漢文体の部分は、『古事記』と木簡とでは、あらわされた文章の内容が異なる。記述内容の規制を受けて字種が選択されるので、単純な比較が成り立たない。

左に使用字体を対照した表を示す。カタカナが音節、アラビア数字の1、2は上代特殊仮名遣いの甲乙を示す。／の上が『古事記』、下が長屋王家木簡の使用字体である。木簡に確実な用例のない音節は除いてある。ホとモの上代特殊仮名遣いは区別していない★5。また、いわゆる二合仮名と連合仮名は、固有名詞に限って用いられ、慣用の性格が濃いので表に取り上げていない。

表中、『古事記』の字体は使用頻度第一位のものを最初にあげる。木簡は使用度数全体が小さいので、頻度にかかわらず、『古事記』にならって配列する。（　）内は疑問の残る例である。木簡の字体は前記『概報』の（二十一）～（二十八）の五分冊を通して採取したものであるが、解読の如何によって補訂の余地が残っている。とくに漢字の訓よみを借りた訓仮名としての用法と訓よみで日本語をあらわした表語文字としての用法との境は分明でない★6。

ア阿／阿安　イ伊／伊　ウ宇汙／宇　エ愛／衣依　オ意淤隠／意於隠

カ加迦訶可／加可賀香鹿　ガ賀何我／我加宜　キ1岐吉伎棄／支吉伎癸　ギ1藝／支　キ2紀貴幾／紀貴（既）　ク久玖／久玖　グ具／久　ケ1祁／祁　ゲ1下牙／祁　ケ2氣／氣　ゲ2宜／宜氣　コ1古高故／古高　ゴ1胡／古　コ2許／許己　ゴ2碁其／期

サ佐沙左／佐舎相　ザ邪奢／射社佐　シ斯志師紫芝／志　ジ士自／自　ス須州洲周／須周　セ勢世／勢西背瀬　ソ1蘇宗／蘇宗　ソ2曽／曽

タ多他／多　ダ陀太／太　チ知智／知智千　ヂ遅治地／遅治地　ツ都津／都津　ヅ豆／豆頭都　テ弖帝／弖手　デ傳／弖　ト1斗刀土／斗刀戸　ド1度／土　ト2登等／止等（除）

ナ那／那奈嚢名　ニ迩尓仁／尓　ヌ奴濃／奴努濃　ネ泥祢／尼祢根　ノ2能乃／乃

ハ波／波播　バ婆波／婆波　ヒ1比卑／比毗　ビ1毗／毗比（美）　ヒ2斐肥／斐　ビ2備／備　フ布賦服／布夫　ブ夫／夫　ヘ2閉／閉　ベ2倍／倍餅　ホ富本番菩蕃太／保富太　ボ煩／保

マ麻摩萬／麻摩萬磨万末間（目）　ミ1美彌／美彌三　ミ2微味／身　ム牟武无／牟武无務　メ1賣／賣　メ2米／米　モ毛母／毛母茂

ヤ夜／夜屋　ユ由／由　ヨ2余与豫／余与豫　已
ラ良羅／良羅　リ理／理利　ル流琉留／流瑠　レ礼／礼　ロ1漏路樓／漏　ロ2呂侶盧／呂侶
ワ和／和　ヰ韋／井（為）　ヲ袁遠／乎

総じて言えば、よく似ている。多くの音節の使用字体が一致する。エの音にあてられた「愛／衣依」のように全く異なるものは、その音節自体の出現頻度が小さく、七、八世紀の資料全般を通じて使用字体が安定しないのである。『古事記』の字体のうち、使用頻度の小さいものは、主に固有名詞にあらわれる。たとえば、コ1の「高」は地名コシ、ソ1の「宗」は姓ソガに限ってあらわれる。それらは木簡でも同じ書記形態をとることが多く、当時の慣用と見られる。

相違するところを箇条にして整理すれば次のようになる。

Ⅰ．『古事記』は、漢字の音よみを借りた表音用法において、ŋ韻尾以外の有韻尾字の使用を避け、母音でおわる字を選んでいる。有韻尾字とは字音の末尾が子音-p、-t、-k、-m、-n、-ŋでおわる字のことである。漢字の訓よみを借りた表音用法＝訓仮名も避けている。わずかに地名オキの「隠（-n）」や姓アナホの「太（オホ）」などを固有名詞の慣用に用いているだけである。対して、木簡では、地名ハヅの「播」やイカルガの「鹿」など、慣用とみられるものも多いが、広く固有名詞一般に用いている。それが当時の実用文の実態であろう。有韻尾字のうち、アの「安」マの「万」「末」などは字体の簡略を優先したものであり、実用文においては万葉仮名として使うとき末尾の-n韻尾が忘却されていたと考えられる★7。訓仮名の例は、セの「背」「瀬」チの「千」テの「手」ト1の「戸」ナの「名」ネの「根」ミ1の「三」ミ2の「身」ヰの「井（為）」ヤの「屋」である。その実例は「阿手良」「根麻呂」「身豆賣」など人名が多く、いずれも大宝二年度の戸籍に同じ例がある★8。

Ⅱ．『古事記』は古韓音にもとづいた音仮名の使用を避けているが、木簡は規制がない。ガの「宜」キ1の「支」コ2の「己」ト2の「止」ヨ2の「已（「意已尼《およね》」という人名の例）」などである。「宜」は姓ソガの慣用であるが、他は、前項と同じく、実用文の性格を示す現象であろう。

Ⅲ．同じ音節にあてられた字体の variation が、『古事記』が多い場合と木簡が多い場合とがある。それぞれに検討を加える。

Ⅲ—Ⅰ．前者の典型はシの「斯志師紫芝／志」である。このうち「師」「紫」は地名の慣用であるが、「斯」「志」の両用は『古事記』の成立事情にかかわる。筆者の旧稿で論じたとおり、「斯」は『古事記』の書きおろし部分、「志」は原資料からの継承という事情に加えて、ただ1例の「芝」とともに歌謡の句読の marker として用いられたものである★9。対して、木簡の「志」専用は、当時の実用文の一般的な状態を示している。『古事記』のコ1に「故」ホに「本番菩蕃」ロ2に「慮」の使用も同じ事情による★10。

Ⅲ—Ⅱ．後者の例は、木簡がナに「嚢」ムに「務」モに「茂」リに「利」も用いているなどである。これは、長屋王家木簡が、比較的均一性が濃いとは言え、書き手が複数であり、諸処と遣り取りした通信文なので出てくる地名・人名が多方面にわたるからである。

Ⅳ．前項に関連して、『古事記』はいわゆる好字を用いる傾向がある。カの「迦」ニの「迩」マの「摩」などである。ただし、木簡の人名にも好字が用いられることがある。たとえばマロの「萬侶」がそうであるし、「瑠」は人名「阿加流」の異書記形態「阿賀瑠」に用いられたものである。和銅六年（七一三）の「好字」詔勅と同じ精神が当時の官界に普遍的であったことを示す現象であろう。「け」の場においてもそれぞれの事情に応じて「はれ」の待遇が字面上で行われたのである。

Ⅴ．『古事記』は「清濁の書きわけ」が精密であるが、木簡は緩い。キ1：ギ1、ク：グ、ケ1：ゲ1、コ1：ゴ1、テ：デ、ホ：ボの対では、『古事記』は濁音専用の字体を用いているが、木簡は対応する清音の字体をあてている。また、カ：ガ、ケ2：ゲ2、サ：ザ、ツ：ヅ、ヒ1：ビ1の対では、濁音専用の字体も用いるが対応する清音の字体をあてるときもある。これは、文献として「はれ」と「け」の相違に対応する現象である★10。なお、この現象の本質は第4節で論ずる。

Ⅵ．前項に関連するが、『古事記』の万葉仮名のsystemは、人工的に整備されているところがある。八世紀初頭の中国の漢字音にてらせば、頭子音が『韻鏡』で言う全濁字に所属する字は、日本語の濁音にはふさわしくなくなっていた。たとえば「賀」「何」はカタカナで書けばガでなくカに近い音になっていた。木簡を書いた下級官人たちも、その知識は学習していたであろう。本書の第四章4節でふれたとおり〔→124頁〕、徳島県観音寺遺跡の八世紀前半の木簡に漢音による万葉仮名「珥」の用例がある。木簡でカとガに「賀」を、ヒ1とビ1に「毘」を、フとブに「夫」をあてているのは、その状況の率直な反映と考えることができる。その一方で先にⅡ項でふれたとおり古韓音によるものも用いるのが木簡の実情である。『古事記』の書き手は漢字音に習熟していたはずであるが、一見、現象は逆になっている。これは、書き手の深い学識のあらわれであろう。従来の漢字音では全濁字が日本語の濁音にあてられた実績を利用して、字体の上に「清濁の対立」を創り出したのである。たとえば「賀」「何」の漢字音がもはやガの音価にふさわしくないことは承知の上で、カには全清字だけをあてて〈加迦訶可〉と〈賀何〉とを対立させたのである。これを言い換えれば、『古事記』の万葉仮名のsystemは、今日の観念で音韻の水準にあたる相違を書きわける書記形態を実現していたことになる★11。

Ⅶ．なお、『古事記』は、漢文の助字として頻用される字を万葉仮名として用いないように配慮している。

オの「淤」、ヲの「袁遠」は、それぞれ「於」「乎」の使用を避けて用いたものである★12。カに「可」を1例しか用いない（Ⅲ—Ⅰ．で触れた歌謡の句読のための用例）のも同じ事情による。

以上を約言するなら、『古事記』は、当時の一般的な万葉仮名の用法に立脚しつつ、それを「精錬」した状態を呈している。『日本書紀』の万葉仮名に比較すれば、『古事記』の個々の万葉仮名は「普通の」字体である。しかし、そのsystemは、高度な学識によって整備されている。中国の中古音を基準に据えつつ、各字体が万葉仮名として用いられた実績も考慮し、各音節にあてる字体を一、二種類にしぼりつつ、少数の異体を意図的に交え、音韻の区別を実現している。対して、木簡は、官人の日常・実用の文字使用の状況を示しているとみてよい。

3．漢字の用法の比較

小林芳規★13は、平城宮木簡と『古事記』において、使役をあらわす「令」「使」「遣」が、使役の助動詞、使う意、派遣する意に使い分けられていること、その使い分けは日本独自の用法であることを指摘している。それは、左の諸例（書き添えた頁数は『平城宮発掘調査出土木簡概報（二十一）』のそれを示す。以下同じ）や後出⑦の例に見るとおり、長屋王家木簡にもあてはまる。

① …令被草千束…〈被らしむる草千束〉　一二頁
② …山背使婢飯女…〈山背に使う婢、飯女〉　一五頁
③ …山寺遣雇人…〈山寺に遣す雇人〉　一五頁

しかし、長屋王家木簡を子細に検討すると、その漢字の用法には、『古事記』と大きく相違するところもある。たとえば、『古事記』では、「造」は建物を「営」は田をつくるときに用いられ、「作」は広く用いられるが田について用いられているのは例外的な一例のみであると指摘されている★14。しかるに、長屋王家木簡では、「営」を「つくる」にあてた例はなく、「つくる」に「造」「作」が通用して用いられている。「山背御園造雇人」（七頁）や後出④に見る通り「造」「作」が耕作の意にも用いられ、「矢作一《ひとり》大刀造二人」（二三頁）のように対象を区別しない。

また、『古事記』において、「授」は、左（丁数は『古事記大成』のそれを示す。以下同じ）のように、すべて与える意で用いられ、「受」は、すべて受け取る意である。この使い分けは中国における漢字としての本来の字義に合致する。八世紀日本の他の文献でも、律令の条文などに同じ使い分けが認められる。

- 以蛇比禮、授其夫云　上二八ウ
- 作五百鉤雖償不取、亦、作一千鉤雖償不受　上五三オ

ところが、長屋王家木簡においては、「授」は用いられず「受」が与える意に用いられている。たとえば、左は、片岡の御園から王家の務所にあてて、蓮葉を送った旨を連絡し、耕作人に与える功（＝給与）を要請している。片岡が下級の機関であるから、給与を受け取って下さいと言うのではなく、与えて下さいと言っているのである。従って、この「受」は「つく」または「さづく」と訓むべきものである。

九頁

④（表）片岡進上蓮葉三十枚　持人都夫良女
〈片岡が進り上る蓮葉三十枚、持つ人、つぶら女〉
（裏）御薗作人功事急々受給　六月二日真人
〈御園を作る人が功のこと、急々く受け給へ　六月二日真人〉

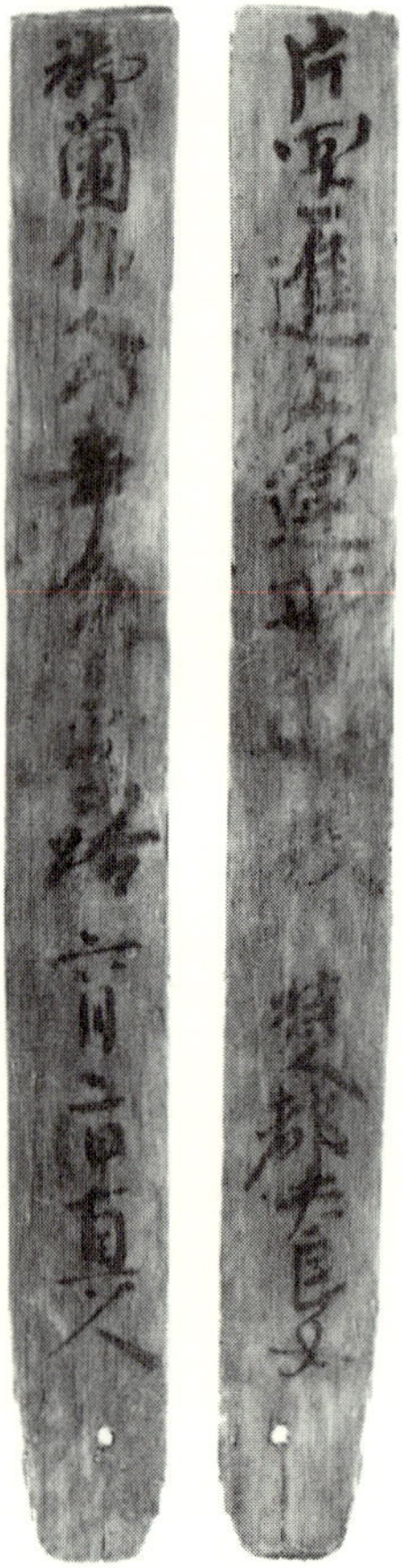

▶木簡学会編『日本古代木簡集成』東京大学出版会、二〇〇三、五一頁より引用

もともと「授」は「受」から会意形声によってできた字である。中国でも通用することがあり、周礼の注に「授、當爲受」とある★15。それを、『古事記』は精確に使い分け、長屋王家木簡は通用しているのである。このような「受」の用法は、左のように、正倉院文書にもみられる（『大日本古文書　二』四五七頁）。筆と墨を受け取ったのは四人の写経生であるが、官を主体とすれば与えたのである。

十日受筆四箇直二百四十文墨四廷
忍坂成麿　王廣麿　古乎万呂　既母白万呂　（天平一七年写経所解）

一方、『古事記』の漢字が一般的な用法を示すのに対して、木簡が行政文書に特有の用法を示す場合もある。たとえば、『古事記』において「附」は付くの意で用いられている。そのうち三例は、左のような文脈で付託をあらわし、結果的に「さづく」と訓まれることになる。観智院本『類聚名義抄』にも「付」に「ツク、サック」「附」「託」に「ツク」の訓がある。

・牡馬壹疋牝馬壹疋、附阿知吉師以貢上　中六二ウ

長屋王家木簡の「附」は、『古事記』と異なり、通常、当該の木簡の付託をあらわす。左は、石角が道万呂に命じてこの木簡を持たせたのであろう。

⑤…米交易数記進上　附日下部道万呂　〈米を交易《かふ》る数、記して進《たてまつ》り上げよ。日下部の道万呂に附く。〉

九月五日椋石角　六頁

律令の条文における「附」の用例をみても、「以附帳籍」（戸令第八）のような付くの意の用法の中に、「凡籍、応送太政官者、附当国調使送」（同）のように、ある機関なり役職が文書を付託して送る意で用いられたものがある。木簡の用法も、これと同じ行政用語であろう。ただ、左の場合は、当該の木簡の付託とも解されるが、荷物である糸を付託したとも解される。

⑥（表）送　三宝布施糸陸句〈送る。三宝の布施の糸六句〉
（裏）附茨田宿祢小弓
「家令」三月二十五日　八頁

後者であるとすると、その用法も、律令の条文に類例がある。たとえば「凡貢人、…至日皆引見弁官、即附式部」（考課令第十四）の場合、身柄の付託の意である。

また、『古事記』が統一的な用法を示すのに対して、木簡の用法が統一されていない場合もある。かつて古賀精一が次のことを明らかにした★16。「依」は、固有名詞慣用を除いて、『古事記』では専ら動詞として用いられるが、『日本書紀』では大部分が原因理由を示す返読字として用いられる。「因」は、『古事記』ではほとんどが原因理由を示す返読字として用いられるが、『日本書紀』では多くが上文を承けて下文につないで行く接続詞的な用法であって、『古事記』と同じ原因理由を示す用法も少数ある。この現象は、『古事記』の一つの字の訓を一つに限る方針のあらわれと理解することができる。『古事記』の編者（たち）は、二つの字の意味・用法に重なるところがあるのを承知の上で、「依」を動詞に「因」を返読字に使い分けたのである。とりわけ「依」については日本語に即した処置と言える。『日本書紀』は、正格の漢文体をめざし、巻毎に著者が異なるために、全体としてみれば不統一な状態を呈したことになる。

しかるに、長屋王家木簡では、「依」も「因」も、左のように、原因理由を示すために用いられている。これは、漢字「依」「因」の意味・用法を知っていて使っただけのこととみられる。⑦は斉会の仕事をさせるために王家が呼び寄せた招請状の裏面である。⑧は雅楽寮からの招請状の表面で、本書の第八章1節〔↓210頁〕でふれるとおり、廣足は倭舞の技能を持っている。

⑦　大炊司女一人依斉会而召　二月二十日
遣仕丁刑部諸男　家令　　七頁
〈大炊司の女一人、斉会に依りて召す。二月二十日。仕丁刑部の諸男を遣す。家令〉

⑧　雅楽寮移　長屋王家令所　平群朝臣廣足
右人請因倭舞　　六頁
〈雅楽寮移す。長屋王家令所へ。平群朝臣廣足。右の人、倭舞に因りて請ふ。〉

さらにまた、前出④後出⑨の例の「急々」は、副詞「とくとく」にあたる。「急」は、『色葉字類抄』に「急来トクキタル」とあることから「とく」と訓める。観智院本『類聚名義抄』には「スミヤカナリ、タチマチ、トシ」の訓があるが、畳言の形をとっているので「とくとく」と訓むのがよい。『万葉集』巻十・二一〇八番歌の「秋風者急々吹来（秋風はとくとく吹き来《こ》）…」や『平中物語』の「うち橋の絶えてあはずはわたり河とくとくとだに渡りてしがな」などが語形の根拠になる。長屋王家木簡の書き手は複数であるが、異筆であっても「急」が副詞の位置にたつときは「急々」の書記形態が多い。しかし、「今急召舎人」（八頁）や後出⑬のように単独の書記形態も存在し、その場合は「すみやかに」とも訓める。

ところで、山口佳紀が、『古事記』の「急」は「すみやか」「にはか」にあたり、「はやし」ないし「とし」には「早」「速」「捷」があたると指摘している★17。とすると、長屋王家木簡は、訓と字体との対応の関係が寛容なのである。その一方、『古事記』の「早」「速」「捷」は意味によって使い分けられているが、長屋王家木簡は、左のように、「はやし」には「速」専用である。

⑨…召　子嶋女　二人今急々速　〈召す。子嶋女□□女、二人、今、急々く速く〉　八頁
　　　□□女

なお、いわゆる同語異表記の問題がある。以前に筆者が論じたとおり★18、『古事記』においては同語を漢字の訓で書くか万葉仮名で表音的に書くかの相違が視覚を通してもたらす情報を区別している。しかし、長屋王家木簡においては、たとえば人名「あてら」を「充良」（一七頁）「阿手良」（二六頁）「当良」（二六頁）と書くことによって視覚上もたらされる情報に区別はない。人名が同認できる限りで異なる書記形態が許容されているにすぎない。「充」「手」「当」の使用は人名の日本語としての意義に関与しているとみられるが、それは別の問題である。

右にみてきたとおり、木簡の漢字の用法は、訓に対するふりあてが単純かつ寛容である。『古事記』は、訓との対応に個々の字義を考慮し、一字一訓の方針をとっている。八世紀初頭の日本において、一般には、漢字の字体と訓との対応は未だ浮動的な多対多の関係であった。その一方で、中国漢字の system と日本漢字の system との齟齬も少なくなかった。木簡は、その状況を素直に反映している。『古事記』の漢字の用法は、それを「精錬」したものである。

4・言語要素の文字化・非文字化

『古事記』の訓読において、助詞・助動詞、副詞、敬語などの読み添えを要するときがある。それらの期待される位置が逐一には文字化されていないからである。ここでは、どのように読み添えるかという問題には立ち入らない。基本的に叙述内容を理解するために必要な位置を文字化しているのであろうと指摘するにとどめる。対して、木簡は、助詞・助動詞の類をほとんど文字化しない。以下の諸例に見るとおり、文字化された場合の漢字の用法は『古事記』と一致するが、使用がきわめてまれである。

たとえば、『古事記』では、左のように、約六〇例の「將」が助動詞「む」にあたる位置に用いられて、意志未来や予測を表現している。

・我押流其者、差暫往、將有、味御路　　上五三ウ

左の木簡は、助動詞「む」にあたる書記形態が顕在化したまれな例である。よめない字があるが、御園の耕作人の給与に関する通知をはやく送れという内容であろう。「將」によって、耕作するのがこれからであることが明示されている。何か、前もって連絡をとるべき事情があったのであろう。通常は、先出④の類似記事にみる通り、これから仕事するのかすでに終えたのか、支給のために用意するのか終えて支給するのか、などの情報は文字の上に示されない。

⑩　御薗將作人功速符□符□六月四日真人　〈御薗作らむ人が功、速く…〉　一〇頁

また、『古事記』では、左のように、約四〇例の「欲」が、助動詞「む」ないし動詞「おもふ」にあたる

位置に用いられて、主体の願望をあらわしている。

・云、猶、欲得、其正本鉤　　上五三オ

左の木簡は、時間的前後関係や主体の意志の表現が文字化されたまれな例である。「欲」の用法自体は『古事記』と同じとみてよい。定型から外れた文書木簡であるから、詳しい叙述内容の理解のために必要だったのであろう。

⑪ …其地在蔵鉤未不造者今欲得　〈其の地なる蔵の鉤、未だ造らねば今得む（とおもふ）〉　六頁

この他、左の「自」は後から書き加えた別筆らしい。自身を示す「みづから」かもしれないが、起点を示す助詞「より」とも解釈できる。いずれとみても、用法は『古事記』と一致するが、木簡では使用が少ない。何か、外部からの来訪者であることを明示すべき事情があったのか。通常は、「符」「移」の形式や、発信者と宛てどころを見れば事情が自明だったのであろう。

⑫ 自都家来帳内一米半升　〈都家みづから（より）来る帳内一《ひとり》の米半升〉　一一頁

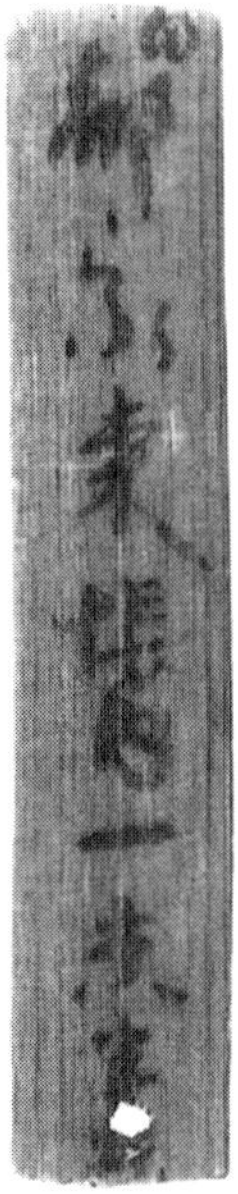

▶木簡学会編『日本古代木簡集成』東京大学出版会、二〇〇三、八一頁より引用

先に、『古事記』は必要な位置の助詞・助動詞類を文字化していると考えた（どのような必要性であったかは次節末尾に述べるところがある）。とすれば、木簡は、文字化する必要の度が小さかったと考えなくてはならない。木簡にもいくつかの種類があるが、自由な内容の文書木簡は数が少なく、多くは物品の付け札や定型の短信である。それらの用いられる場では、用件が伝わりさえすればよく、しかも毎度なじみの内容である。送り手と受け手の関係や仕事の手順も、多くの場合は自明だったであろう。それゆえ、tense や aspect や mood にかかわる条件も固定的で、文字化しなくても通じたと考えることができる。ただ、敬語類だけは、④⑩の「御薗」のように比較的に多く文字化される（ただし類似の記事に「御」のつかない形態もある）。これは、通信という場からの必要性であろう。

5．書記様態の比較

以上みてきた、文字素材の選択、文字と語などとの対応関係の他に、文を書きあらわす際に、どのような視覚上の様態をとるかという問題がある。文字列の配置や、字の大小、筆致などである。

本章のこれまでの記述では、語順と字順との対応関係を扱わなかった。『古事記』と木簡を比較すれば、

『古事記』は漢文の字順に規制されるところがあるのに対して、木簡は日本語の語序に即して漢字を並べる傾向が強い。先出⑦の「遣」や「依」に見るとおり、返読の書記形態もあるが、動詞や原因・理由にあたる字が後に書かれることが珍しくないのである。これを文体用語で言えば、木簡の変体漢文は和習の度が大きいということになるが、筆者の術語を用いて言い換えれば、木簡の書記形態・書記様態は日本語の構文に密着する度合が大きい。

さて、古代中国の漢文のうち、正史や詩の類は、清書の段階では、楷書で書かれ、字の濃淡や大きさは均一で、一行の字詰めも一定だったであろう。漢訳仏典の類も同じである。現存する八世紀日本の写経もそれにならっている。しかし、敦煌文書などをみると、実用的・私的な文書は、行書・草書体で書かれ、字詰めも一定せず、文章の内容に伴う筆致の変化もみられるようである。

木簡は、行書体で書かれたものが多く、漢字列の均一性・等間隔性の支配から解放されている。たとえば、滋賀県森ノ内遺跡出土の手紙木簡は、日本語の構文に沿って、本書の第二章の二で述べたとおり【↓89頁】、文末の位置にわざと空格を置き、文意に従って字の大きさが変化している。このようなことは、木簡には一般的にみられるところである。

左は長屋王家木簡の一つの表面である★19。図版と釈文⑬を比較されたい。意味上まとまりをなす漢字列が筆致の上でも弧状のまとまりをなしている★20。そして墨の濃淡や字の大きさも意味のまとまりに対応している。あたかも、音声言語において、語句のまとまりに添ってintonationが上下し、意味の切れ目にpauseが入るような呼吸が、文字列の上に実現しているのである。これは、日本語の構文を脳裏に置いて書いた自然な成り行きであろう。

⑬　山處申彼塩殿在米四斗二升所給進上
〈山處申す。彼の塩殿に在る米四斗二升、所給《たまへる》、進り上げよ。〉

▶木簡学会編『日本古代木簡集成』東京大学出版会、二〇〇三、六五頁より引用

『古事記』が書き下ろされたとき、その字面がどのようであったかは知るすべがないが、おそらくは楷書体の巻子本で、字の濃淡や大小もできるだけ均一に書かれていたであろう。字詰めが一定であったとすると一行十七字であった可能性が最も大きい。八世紀日本の写経がすべて同じだからである。『古事記』の文章・語彙と仏典との関係は、つとに芳賀矢一、神田秀夫、西田長男、小島憲之らによって指摘されたところであり★21、議論の余地が残されているとしても大勢は動かないであろう。とすれば、書記様態も影響を受けたと考えてよい。

ただ、変体漢文体の文献は、楷書またはそれに近い書体で書かれても、漢字列の均一性・等間隔性に全面的な規制を受けない。たとえば、小松英雄★22が指摘するとおり、『法隆寺薬師仏光背銘』は、強調したい語句を大きい字で書き、語句のまとまりを字の大きさの変化であらわすことがある。そのため一行の字詰めが一定していない。七世紀の金石文はおおよそ同様の状態を呈している。滋賀県森ノ内遺跡出土の手紙木簡にも「我」を大きく書くなどの現象がみられる。日本語の構文に規制されるからであろう。『古事記』も、そのような姿であった可能性がないとは言えない。

『古事記』の原態が、現存の写本で言えば兼永本を一行十七字詰めにしたような姿であったか、それとも、真福寺本のような姿であったか、にわかには断定できない。ただ、奏覧されることを意識した本であって、金石文よりはるかに長文であることからみて、前者の可能性の方が大きいと思う。

いずれにせよ、『古事記』の漢字列に、木簡のような緩急の自由は望めなかったであろう。その均一性・等間隔性から受ける規制は、『古事記』の書き手が漢字で日本語を書きあらわそうとしたとき、桎梏となったはずである。語、句、文などに相当する意味内容の切れ・続きが、文字列上の視覚的な切れ・続きに一致しないからである。それを補うために、さまざまな文字遣いの工夫がこらされたのであろう★23。同じ音節が句の切れ目にわたったときや、対句中に同じ語句があらわれたときに万葉仮名の字体を変え（その結果が第2節Ⅲ—Ⅰ．の現象である）、同じ音節が意味単位中に位置したときは必ず踊り字を用いるなどの工夫である。しかし、そうした工夫は衒学的にならざるを得なかった。

それに対して木簡は、意味上の連続・不連続にかかわらず踊り字を用い、万葉仮名の字体を句読法にかかわらせるような工夫はほとんどみられない。文全体が短く、内容も類型的なので、先に述べたような、文字列の視覚上の緩急による句読で充分に用が足りたのである。

そして、この観点からみるとき、この章で先に考察したところも、改めて同一線上の問題としてとらえなおされる。『古事記』が清濁を厳密に書きわけている（第2節Ｖ．）のは、文の句読において視覚上の様態からのたすけを期待できず、均一・等間隔の万葉仮名列を語形に還元して読まなくてはならなかったからなのである。また、『古事記』が一字一訓の方針をとっている（第3節「依、因」）のも、漢字列の均一性・等間隔性に規制されながら、日本語の構文を書きあらわし、その一義的な読解を可能にするために必要な処置であったと言える。『日本書紀』は、正格の漢文をめざしたので、そうしなくても読めた。さらには、『古事記』

が助詞・助動詞類を比較的多く文字化すること（第4節）も、長文に句読を施しながら読むという観点から意味付けられることになる。

6. 結語

以上にみたような種々の相違は、結局、「晴《はれ》」と「褻《け》」という文献の性格に収斂する。すべての文はsituationを伴っているが、木簡の場合、先にも述べたように、それがあらかじめ限定されている。木簡の単純、寛容そして簡素な書記のsystemは、日常会話がsituationに依存して多くの省略・未整理・誤用を含むのと似ている。たとえば「受」を他動詞「さづく」にあてて支障が生じなかったのも、通常、与える側と受け取る側との関係が自明だったからである。

対して、『古事記』の内容は事件の叙述である。そこでは、登場人物相互のかかわり方や、起こったことがらの時間的・論理的関係が情報として重要である。しかも、奏覧を意識して、文字媒介によって叙述内容の一義的な読解が可能になるように、さまざまな工夫がこらされている。『古事記』の書記のsystemは、木簡と同じ基盤に立脚するが、決して日常・実用のものではない。再三「精錬」と称したところである。

【この章における木簡の釈読は、平成六年末まで行われた長屋王家木簡輪読会における東野治之・毛利正守両氏との討論から多くを得ている。ただし、文責はすべて筆者にある】

注

（1）東野治之「日本語論—漢字・漢文の受容と展開」（『新版 古代の日本 第一巻 古代史総論』のち『長屋王家木簡の研究』塙書房、1996に収録）等参照。
（2）小林芳規「字訓史資料としての平城宮木簡」（木簡学会『木簡研究』第五号、1983）。
（3）平凡社、1974新装版による。
（4）野村雅昭「漢字の機能の歴史」（『講座日本語学6 現代表記との史的対照』明治書院、1982）。
（5）八世紀の音韻上では区別がなかったと考える。拙著『上代文字言語の研究』笠間書院、1992、第二部導言参照。なお、近年の出土文字資料上の事実に即した研究の進展により、上代特殊仮名遣いとその背景をなす音韻そのものに再検討の要が生じている。拙稿「白村江敗戦前後の日本の文字文化」（『いくさの歴史と文字文化』三弥井書店、2010）参照。
（6）拙稿「訓仮名の使用環境—大宝・養老戸籍の人名にみる—」（『国語文字史の研究 二』和泉書院。1994、拙著『上代文字言語の研究・増補版』笠間書院、2005に補論として改稿収録）、本書第五章の一、等参照。
（7）注5拙著第一部第二章参照。なお、本書の第五章一．に述べたとおり【↓140頁】、飛鳥京の苑池遺構から出土した木簡の「安八麻郡」という書記形態により、八世紀初頭には「安」字のn韻尾が忘却されてアの万葉仮名として使われていたことの確証が得られた。
（8）注6参照。旧稿では「阿手良」の「手」について「訓仮名の可能性がある」としたが、長屋王家木簡に同一とおぼしい人物を「當良」と書いた例があるので、「訓仮名の可能性が大きい」ということになる。こうした人名の書記形態と語形に関する検討の結果は、近刊の『上代戸籍人名の索引と研究（仮題）』で示す。
（9）注5拙著、第四部第一章参照。
（10）注5拙著、第一部第一章参照。
（11）大野晋『上代假名遣の研究』岩波書店、1953によれば、『日本書紀』も巻一に限って全濁字の「伎」をギ1にあてている。また、『万葉集』の大伴池主の和歌どもがカ：ガに「加」「賀」を使い分けている現象はよく知られるところであるが、その要因は、古い漢字音の知識に基づいたのではなく、『古事記』と同じ「文字遣い」が行われたことになる。

(12) 神田秀夫『日本古典全書　古事記』上、解説。朝日新聞社、1962参照。
(13) 注2論文。なお、「賜」と「給」の用法の小異に言及があるが、これは本書第一章末尾に述べた【↓62頁】「賜」を補助動詞にあてる用法の輸入にかかわる現象である。
(14) 日本思想大系『古事記』岩波書店、1982の「同訓異字一覧」参照。
(15) 諸橋轍次『大漢和辞典』による。
(16) 古賀精一「古事記・日本書紀の用字—依・帰・因・由について—」(『国文学　言語と文芸』第八三号、1976・9)。
(17) 山口佳紀「古事記の訓読に関する一考察」(『国語文字史の研究　一』和泉書院、1992)。
(18) 注5拙著、第三部第三章参照。
(19) 木簡学会編『日本古代木簡集成』東京大学出版会、2003の木簡番号260。
(20) つとに東野治之が、注19書の木簡番号259についてこの指摘を行っている(『長屋王家木簡の研究』塙書房、1996、四〇頁、四八頁、『同時代ライブラリー319木簡が語る日本の古代』岩波書店、1997、一三九頁)。
(21) 小島憲之「古事記の文章」(『古事記大成3　言語文字篇』)等参照。最近では瀬間正之『記紀の文字表現と漢訳仏典』おうふう、1994の考察が詳細である。
(22) 小松英雄「法隆寺金堂薬師仏造像銘札記」(『愛文』第二十八号)のち『日本語書記史原論』笠間書院、2000に収録。
(23) 注5拙著第四部、拙著『漢字を飼い慣らす』人文書館、2008第八章参照。

第八章

「歌」を書いた木簡

律令官人が「難波津の歌」を書いた理由

[要旨]

木簡をはじめとする出土物上の漢字資料に依拠する限り、七世紀の日本において、日本語の韻文を漢字で書く方法は、万葉仮名による一字一音式を原則としていた。天武朝以来、「歌」は律令官人たちの必須の教養とされていた。「難波津の歌」はその典型である。ただし、ここに言う「歌」どもは、奏楽と密着した、典礼の場でうたわれるものであった。『万葉集』に収録された和歌どもは、それらを基盤としながら、文学作品となったものである。和歌を字訓で書く方法は七世紀後半に開発されたかもしれないが、今のところ裏付けることはできない。『万葉集』は八世紀後半以後に編まれた一つの書《テクスト》である。そこにあらわれている諸々の書記様態・形態が、いつどのようにして開発されたかは、日本語史上、出土物などの一次資料に依拠して今後に解明すべき課題である。現『万葉集』にみられる歌句の書きあらわし方を参照することは、研究の手立てとして有効であるが、史的返遷の根拠にとるのは方法論上で本末転倒となる。以下の記述中、ここで言う「歌」が厳密な意味では和歌と異なることを示すために「　」に入れて書く。文学作品たる『万葉集』に収録された和歌どもを「万葉歌」と書く。さらに、「歌」が整備される以前から自然発生的な日本語の韻文として存在したであろうものを「うた」と書く。

1．律令官人が「歌」をつくる

出土資料に書かれた日本語韻文には「難波津の歌」が際立って多い。それは、この「歌」が、『古今集』の仮名序に「なにはづのうたは、みかどのおほむはじめなり」とある特別な性格を有していたからである。つとに東野治之が、「難波津の歌」は、少なくとも七世紀末以降、官人層とその周辺に広く流布していたと指摘した★1。本章の論述は、これに啓発されている。しかし、木簡等に書いた目的を、常用仮名を暗誦するためとする見解には従わない。「固有の言語を表記するため、仮名に対する知識が不可欠とされた事情があった」ことに異存はないが、以下に述べるとおり、素材として、韻文、なかでも「難波津の歌」がとりわけて選ばれた理由を説明しなくてはならないからである。

要は『古今集』仮名序に「難波津の歌」と「安積山の歌」をさして「このふたうたは、うたのちちははのやうにてぞ、てならふひとのはじめにもしける」とある記述をどう解釈するかにかかる。東野を含めて多くの研究者が「てならふ」に注目して「仮名文字の習得」と理解しているが、歌集の序文中の語句の解釈として適切でない。「ぞ…ける」の係り結びは「歌の父母のやう」を「にて」で「はじめにもしけり」の動機とする文に強調表現を施した構文である。文意の解釈は「手習いを学ぶ人が、まずはじめにこの二つの歌を習うのは、歌の父母のような存在だからだ」となる。手習いの対象を仮名そのものに限定するのはむしろ不自然であり、「歌」の書き方（ひいては作り方）の習得をさすと考えなくてはならない。それを裏付ける記述が『源氏物語』にある。若紫の巻の「まだ難波津をだにはかばかしう続け侍らざめれば」は一首を二～五行に整えて書く作法をまだ習得していないことを指す。その後に「かの御放ち書きなむ、なほ見給へまほしき」とあるのは、ただ仮名を並べた水準のものを指す。放ち書きから続け書きへとすすむ学習が「難波津の歌」を素材にして行われていたのである。その学習は歌を詠む作法の一環として行なわれたはずである。

この『古今集』選者たちの認識をあらわす「ける」は、後にあげる富山県東木津遺跡出土木簡の年代からみて、過去に行われたことの伝聞回想ではなく、当時まで続いている事態の再確認をあらわしている。「難波津の歌」による手習いは平安時代を通して行われた。『うつほ物語』の菊の宴の巻には和歌の才をさして「難波津」と呼んだ記事がある。平安時代、貴族社会において和歌は意思疎通のためにさまざまな場面で用いられた媒体であり、言うなれば社会人であるために習得が必須であった。その学習は「難波津の歌」と「安積山の歌」から始めたということになる。本書の趣旨に立ち戻れば、その源流が、以下に述べるような日本律令体制の文化政策にあり、「歌」をつくり書くことが官人の必須の教養、極言すれば職務の一環であった。

官人の職務の一環であったとは次の謂いである。中国においては、詩をつくり書くことが士大夫の必須のたしなみであった。また民間に流布する歌謡は民の声であって、これを収集管理する役所として漢代には楽《が》府《ふ》が設置された。律令日本において中国の詩にあたるものが「歌」であり、おそらくこれを収集管理する役所が設置されていた。平安時代に設置された大歌所はその後身・制度化であろう。七世紀後半、天智・天武・持統朝において、日本における律令体制の文化政策を推進するにあたり、その一環に「歌」が位置付けられた。諸典礼に「歌」が組み込まれており、その作法を習得するためのはじめの手本として「難波津の歌」が用いられた。出土物上にしきりにあらわれるのは、この事情による。

天皇を中心とする典礼・祝宴の場で「歌」がつくられたことは、平安時代の史書に確実な記録がある。たとえば左は行幸狩猟後の宴席における桓武天皇の事跡である。

　　延暦十七年八月庚寅、遊猟於北野、便御伊予親王山荘、飲酒高会、于時日暮、天皇歌曰、気佐能阿狭《けさのあさ》気《け》、奈久知布之賀農《なくちふしかの》、曽乃己恵遠《そのこゑを》、岐嘉受波伊賀之《きかずはいかし》、与波布気奴止毛《よはふけぬとも》、登時鹿鳴、上欣然、令群臣和之、冒夜乃帰

この記事は『類聚国史』巻三十二帝王部十二におさめられている。同巻は天皇・太上天皇の巡幸、狩猟、遊宴の記事をあつめているが、その中には、詠歌にかかわる記事が頻出する。記事のうち奈良時代以前の部分は『日本書紀』からの引用であり、巻の冒頭をなすのは左の景行天皇の事跡であるが、これも行幸における詠歌をとりあげている。

　　景行天皇十七年春三月戊戌朔己酉、幸子湯縣、遊于丹裳小野、時東望之、謂左右曰、是國也、直向於日出方、故號其國曰日向也、是日、陟野中大石、憶京都而歌之曰、波辭枳豫辭《はしきよし》、和藝幣能伽多由《わぎへのかたゆ》、區毛《くも》位多知區暮《ゐたちくも》…

こうした『類聚国史』巻三十二の編纂態度は、左の『古今集』真名序の記述にあるような認識と一致し、それが平安時代前期の為政者層に一般的であったことを示唆している。

古天子、毎良辰美景、詔侍臣、預宴莚者献和歌、君臣之情、由斯可見、賢愚之性、於是相分、所以随民之欲、士之才也。自大津皇子之、初作詩賦、詞人才子、慕風継塵、移彼漢家之字、化日域之俗、民業一改、和歌漸衰。然猶有先師柿本大夫者、高振神妙之思、独歩古今間、有山邊赤人者、並和歌仙也、其余業和歌者、綿々不絶…

このような典礼の席における詠歌奏上の習慣は、天武朝に確立され、以後、宮廷において伝統となったものと筆者は考える。それについて、つとに河音能平と吉田義孝が傾聴すべき説をとなえている★2。河音は、「和歌は日本語による「漢詩」である。…民謡が…定型詩形にアレンジされたもの（傍点原文）」と述べている。吉田は、『日本書紀』天武四年（六七五）二月の左の記事に注目し、「広汎な国々から、固有の民謡や歌舞が、天武朝の宮廷に集められ」、古くから「諸国の国造、伴造が」「恒常的に奏上してきた風俗の歌舞を」「天皇制的な観点からいま一度掌握しなおし、それをとおして、典礼の整備と拡充をはかろうとした」政策が施されたと言う。

大倭、河内、摂津、山背、播磨、淡路、丹波、但馬、近江、若狭、伊勢、美濃、尾張等国曰、選所部百姓之能歌男女及侏儒伎人而貢上

そして「それらは貴族たちの相聞発想の上に豊かな素材を提供」し、柿本人麻呂がそれらの民謡を「整備変容させてゆく一方、新たに宮廷貴族たちによって創造される歌の類」も採録したと言う。この考え方によれば、在来の「うた」から和歌への昇華が、為政者層によって上から促されたことになる。

これを筆者は基本線において是とし、これが『古今集』仮名序の記述「なにはづのうたは、みかどのおほむはじめなり」の含意するところであると考える。「歌」を詠むことは朝廷がはじめたものであり、その嚆矢が「難波津の歌」であった旨を述べているのである。七世紀後半に「歌」が「まつりごと」の一部をなすものとして行政に組み込まれつつ成立した経緯の文化史的記憶と言えよう。『万葉集』の和歌どもは、冒頭の雄略天皇御製を除けば、舒明天皇の国見歌から時代順に配列されている。七世紀、朝鮮半島との緊張が高まるなか、中国の律令制度を取り入れて国家の体制を整えようとしたころからである。

ただし、筆者は在来の「うた」と和歌との間に「歌」を置く。「難波津の歌」は和歌でなく「歌」である。右に引用した吉田説に言う人麻呂らの事業は、もし史実とすれば、まずは「歌」の確立にあたるものであったと考える。その「歌」がさらに個人の文学的営為に深化・変貌を遂げ、個の文学たり得たものを後に編纂した文学作品が『万葉集』である。

近年の七世紀木簡の出土によって天武朝には律令体制が実質を備えていたことが明らかになったが、従来の日本文学史的常識に従えば、そのとき「宮廷歌人」として柿本人麻呂が活動した。同じ頃、阿波の国府で官人の一人が「難波津の歌」を木簡に書いたのであったが、再三にわたって強調するとおり、この「歌」は『万葉集』に収録されていない。従来、記紀などの歌謡を除く七、八世紀の日本語韻文をひとしなみに「和歌」と呼び「歌」と呼んできたが、今、それらの質を吟味し区別して論ずることが必要である。

ところで、実は、右にふれた『日本書紀』天武四年の記事は天武十年（六八一）二月の「朕今更欲定律令改法式」詔が出る以前である。それに先だって行われた律令体制の実質をつくる諸政策の一つとみることができよう。およそ、日本律令体制の特徴は、というより古代日本の文化は、中国の手本を懸命に模倣する一方、そこに在来の要素を保存して組み入れるところに特色があると思う。天武朝に推進された律令体制確立策にも、その特徴があらわれている。

たとえば『日本書紀』神武即位前紀戊午八月条に「来目歌」が載せられているが、「今楽府奏此歌者、猶有手量大小、及音声巨細、此古之遺式也」とある。八世紀前半の日本に「楽府」が設けられ、そこで在来の「歌」が演奏されていたことになる★3。この「楽府」は漢詩を管理する役所ではなく「おほうたどころ」にあたるものを漢語で書いたとみてよいであろう。

また、左に示したのは日本律令における雅楽寮の職員表であるが、「歌師」以下は日本在来の歌舞の担当者であるとされる。

頭一人、助一人、大允一人、少允一人、大属一人、少属一人、歌師四人、歌人三十人、歌女一百人、儛師四人、儛生百人、笛師二人、笛生六人、笛工八人、唐楽師十二人、楽生六十人、高麗楽師四人、楽生廿人、百済楽師四人、楽生廿人、伎楽師一人、腰鼓師二人、使部廿人、直丁二人、楽戸。

このように、中国律令の礼楽を模倣しつつも、在来の歌舞を典礼に取り込んでいたのである。先の天武四年二月の記事に「能歌男女及侏儒伎人」とあるところは、これにつながるものであろう。

典礼における歌舞の一例を示せば、『日本後紀』巻十二に延暦二十三年（八〇四）十月に行われた桓武天皇の和泉・紀伊行幸の記事がある。出発翌日の四日には難波行宮で「賜摂津国司被衣」が行われた後「上御船泛江、四天王寺奏楽」が行われた。和泉国を発つ前日の十日には和泉国摂津国の二郡に田租を免ずる詔が出され、叙位と賜物の後「国司奉献、奏風俗歌」が行われた。この記事にある「奉献」は平安初期の流行であった由である★4が、典礼において「奏歌」が「奏楽」と場を同じくしていたことがうかがわれる。

これは七世紀以来のことであろう。たとえば『日本書紀』の記事にある「饗多禰嶋人等于飛鳥寺西河辺、奏種々楽」（天武十年九月）「大伴連望多薨。天皇大驚之、則遣泊瀬王而弔之…乃贈大紫位、発鼓吹葬之」（同十二年六月）のような典礼の場では、器楽や舞が行われるとともに、「歌」が歌われたのではなかろうか。葬儀の場でも、継体二十四年の記事に病死した毛野臣の葬送の歌謡として「…毛野の若子い笛吹き上る」とあるように、奏楽と挽歌が相伴っていた可能性が濃厚である。『古事記』上巻の天の若日子の喪屋において「日八日夜八夜」行われた「遊」も同様であろう。祝いの宴なら『万葉集』に言う雑歌にあたるものが歌われたであろうか。

そして、そのような「奏歌」は律令体制下の列島のすみずみで諸々の行事ごとに行われていたであろう。『万葉集』には、典礼に伴う宴における詠歌から素材を得たとみなされるものが多く収められている。巻五には、天平二年（七三〇）正月に大伴旅人の主催した「梅花宴」が記載されている。その三十二首の和歌どもは、主賓であった太宰府次席の「大弐紀卿」から「笠沙弥」まで、所管の国守を含む八人の賓客の詠歌がまず並び、次に「主人」旅人の詠歌、以下、「大監伴氏百代」から官人の詠歌が位階順に配列されている。この歌群の漢文序には王羲之の『蘭亭集序』などの影響が指摘されており、『万葉集』におさめられて一つの文学作品となっているが、その素材が太宰府幕僚による年始の祝いの席における詠歌の記録であったことは明らかである。巻十五の遣新羅使歌群については、創作であるか記録であるかをめぐって議論されているが、旅にかかわる宴席における詠歌が素材になっていることは動かない。巻二十の「防人歌」は、遠征軍団への入隊宣誓式もしくは国府における送別の宴、あるいは郷里を旅立つ時や旅の途次で道中の安全を祈る儀式の宴などと推定される席における詠歌を素材としている★5。『万葉集』の末尾をかざる大伴家持の詠歌「新しき年の始めの初春の今日降る雪のいやしけ吉事」は因幡の国庁に郡司たちを招いた天平宝字三年（七五九）元日の宴のものである。法隆寺を建立した技能者やかわらけの製作者たちの間でも、工期や季節の節目ごとの宴席で詠歌が行われたであろう。後にあげる墨書土器や落書をその跡とみることができる。下級官人達は、自らも席に列するとともに、記録を担当したのであり、木簡にみる日本語韻文は、官人たちがそのような席での職務にそなえて書いたと考えることができる。

冒頭に述べたとおり、万葉仮名の習得というとらえ方では、韻文、それもとりわけて「難波津の歌」が素材になった理由が説明できない。韻律を記憶の便宜に利用することは今日もある。「いろはうた」はもちろん「あめつちことば」もおそらく韻律を付けて暗誦されたと考えてよい。しかし、「難波津の歌」の「咲くやこの花」を繰り返す形式は、多くの音節にわたって万葉仮名を練習しようとするには不合理である。

右にかかわって、次の長屋王家木簡★6の記述は興味深い。日付からみて正月の行事にそなえた試楽のためかと推測するが、平群朝臣廣足は日頃の長屋王家における職務の他に倭舞の技能があり、招請を受けて宮廷の典礼に参加するのである。『続日本紀』宝亀元年（七七〇）三月の記事に、男女二百三十人による歌垣が催され、歌が数回くり返し歌われた後、藤原雄田麻呂（のち百川）らが「和儛」を奏ったとある。これと同じ様な事情であろう。

ここに、いわゆる「宮廷歌人」の実態を推測する手がかりがあるのではないかと思う。そのありようは倭舞における平群廣足のためしと同じだったのではなかろうか。柿本人麻呂らが実在したとして、彼らは、おそらく、歌人を専業としていたわけではない。日本律令の諸典礼中、礼楽のなかに倭舞が位置付けられていたのと同様にして、そして場も同じくして、「歌」どもが位置付けられ、詠歌の技能をもつ舎人が日頃の職務の他に任にあたったのであろう。

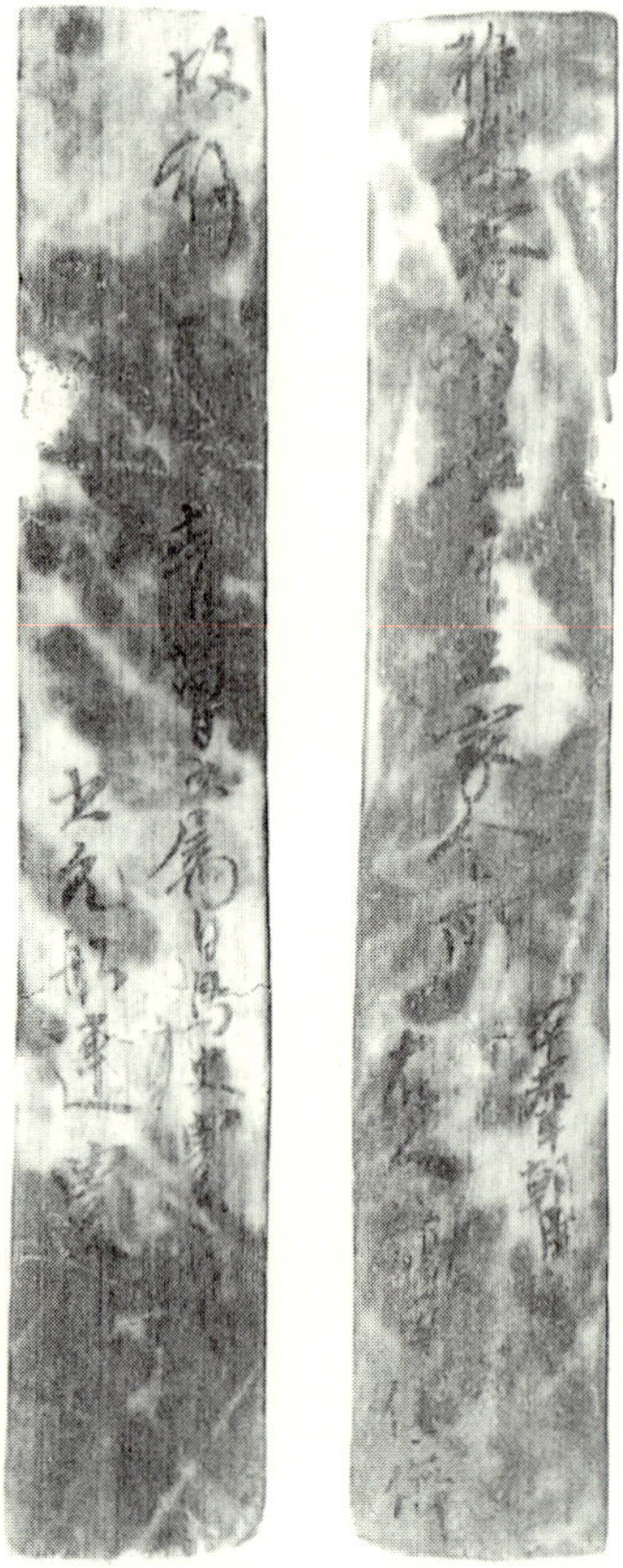

▼木簡学会編『日本古代木簡集成』東京大学出版会、二〇〇三、三七頁より引用

・雅楽寮移　長屋王家令所　平群朝臣廣足
右人請因倭儛

・故移　十二月廿四日　少属白鳥史豊麻呂
少允船連豊

（雅楽寮がお伝えする。長屋王家令所あて。平群朝臣の廣足、右の人を招請する。倭舞のためである。だか

らお伝えする。十二月二十四日　担当は少属白鳥史の豊麻呂　所轄は少充船連の豊）

要旨に述べたとおり、ここまでに「詠歌」「歌」と呼んできたものがすなわち和歌ではない。厳密に言えば、それらの「歌」のなかに、和歌あるいは和歌になり得るものが含まれていたという関係になる。官人たちが記録した「歌」どものなかに、選択と洗練を経て、典礼の席でくり返しうたわれたもの、『万葉集』の素材となったものなどがあったことになる。ここに言う「歌」と和歌は相互に連続的であるが、典礼の一環としての機能を負わされた「歌」と、個人の文学作品である和歌とを、区別することは、論理的に可能であり必要である。

なお付言する。右に「在来の要素」と呼んだところは、決して旧来そのままではなく、中国の様式に接触し変容したものだったはずである。倭舞は、あたかも近代邦楽が五線譜に採譜されることに伴って本来の姿から変容したのと同じく、宮廷典礼に取り入れられる際に、中国の楽理と接触して何らかの近代化を施されたに違いない。ここに言う「歌」もまた、伝統的・自然発生的な「うた」が素材であったとしても、中国風なるもの――具体的には漢詩――の影響を受け、近代的な変容が施されてはじめて、宮廷における典礼の一環たり得たであろう。五、七の句をくり返す定型は、おそらく、その近代化に伴って確立したものである。韻文は土台となる言語の韻律的特徴に規制される。日本語の語基が二音節を基本とすることは五音節、七音節のまとまりをなす土台であるが、漢字を使って「歌」を書きとめようとしたとき、漢詩の五言、七言の影響を受けたことは否定できないであろう。記紀歌謡に四、六の句があることも、おそらく楽府の形式と無関係でない。使われた語句や季節感などの文学的な表現についても同じであろう。

この考え方は、栄原永遠男の「歌木簡」という概念の提唱によって支えを得た。日本の木簡の様式の一つに、二尺の材の表面に一字一音式一行で歌句を書き典礼で使ったものがあったというのである★7。栄原の提唱は、二〇〇六年九月に難波宮跡から出土した「皮留久佐乃皮斯米之刀斯《はるくさのはじめのとし》□」と書いた西暦六五〇年頃の木簡にもとづいている。表面のみに一行で歌句を書こうとした形跡が明らかであり、字配りから全長を再現すると二尺の大型の材に書かれていたことになり、難波宮造成の儀式で使われたかもしれないと言う。そして、栄原は、全国の日本語韻文を書いた出土木簡をすべて調査し直し、この様式に合致するものが多く存在することを明らかにした。次節にあげる「難波津の歌」木簡にも合致するものが多く、典礼で唱う「歌」を一定の様式で書いたことになる。

なお、その調査の過程で、栄原は、大きな余福を斯界にもたらした。はやくから知られていた宮町遺跡の「難波津の歌」木簡の裏面に別の歌句が書かれていることを二〇〇七年十二月の調査で発見し、その歌句「阿佐可夜《あさかや》…流夜真《るやま》」は『万葉集』巻十六の三八〇七番歌の冒頭と一致した。先にふれた『古今集』仮名序に「難波津の歌」とともに「うたのちちはは」とされている「安積山の歌」である。出土資料に書かれた日本語韻文で『万葉集』所収の和歌の歌句と一致した最初の例であり、しかも、文学史上の重要事にかかわる組み合わせが一枚の表裏に書かれていたのである。そのことが二〇〇八年五月に公表されると、後に述べるように、石神遺跡から出土していた刻書が『万葉集』巻七の一三九一番歌の冒頭と一致すると判明した。同年六月には木津川市の馬場南遺跡から『万葉集』巻十の二二〇五番歌の冒頭と一致する「阿支波支乃之多波《あきはぎのしたば》毛美智《もみち》」という歌句を書いたものが出土した。これらの「万葉歌」どもはいずれも『万葉集』では字訓を主体にした書記様態である。ここに、木簡上の日本語韻文と『万葉集』との関係が現実的な課題として生じたのであった。

2. 出土資料に書かれた「難波津の歌」ども

平城京跡の内裏外郭東側の幹線排水路（ＳＤ２７００）から出土した木簡（図①参照）★8は、おそらく八世紀半ばのものであるが、「難波津の歌」の歌句「奈尓波津尓佐久夜己乃波奈」は「□請請解謹解申事解□」という習書に続けて書かれている。「歌」が日常業務のための解文の習書とともに書かれているのである。これは、「歌」の記録が律令官人としての職務の一環であったことを明瞭に示す徴証と言えよう。後にあげる藤原京木簡にも「難波津の歌」とともに「職」「大夫」などの文字が書かれている。

官人たちが「歌」を記録するとき、どのような書記様態をとったであろうか。はじめにも述べたとおり、出土資料上の日本語韻文には、この「難波津の歌」が際立って多い。下級官人や技能者たちが、ことあるごとに「難波津の歌」を書いたさまは、あたかも現代諸国のスポーツ行事等における国歌奏楽を想起させる。

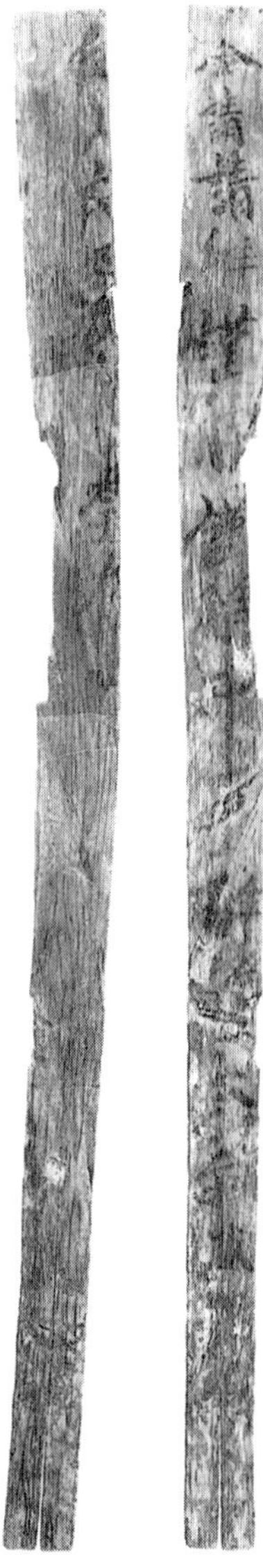

図①◀平城京跡の内裏外郭東側から出土した木簡
（沖森卓也・佐藤信編『上代木簡資料集成』おうふう、一九九四、二六頁より引用）

それらは、以下にみるとおり、基本的に一字一音式に書かれている。

すでにあげた他に管見に入った「難波津の歌」資料をあげる★9。法隆寺五重塔和銅四年（七一一）再建時のものと推測される天井板落書の「奈尓波都尓佐久夜己」などの文字は観音寺遺跡木簡の発見以前に最古とされていた。奈良県山田寺跡から出土した瓦のヘラ書き「奈尓波」は「難波津の歌」の書き出しとみて観音寺遺跡木簡よりさらに古い七世紀後半のものと指摘されている★10。

木簡は出土が相次いでいる。二〇〇三年に公表された奈良県石神遺跡の「奈尓波ツ尓佐児矢己乃波奈□□／□　　□倭マ物マ矢田マ丈マ□」（図②参照）は天武朝のもので、「奈尓皮／移乃佐□」「乃皮奈己／□□」の削り屑も一緒に出土した★11。二〇〇一年に公表された藤原京左京七条一坊出土の木簡は八世紀初頭のもので「奈尓皮ツ尓佐久矢己乃皮奈布由己母利伊真皮々留マ止／佐久□［　　］□□□職職［　　］大□太□夫与／［　　］皮皮職職職馬来田評　　」とある（図③参照）★12。二〇〇〇年に平城京の第一次大極殿西側から出土した「×児矢己乃者奈夫由己□利伊真者々留部止／×夫伊己冊利伊真彼春マ止作古矢己乃者奈」は奈良時代初期のものとされている（図④参照）★13。裏面八字目は奈良文化財研究所による釈文「役」を筆者の実見により「彼」に改めた。

一九九八年に富山県東木津遺跡から出土した木簡の一つが「はルマ《へ》止《と》左《さ》くや古《こ》乃《の》は□」と釈読された★14。これには注目しなくてはならない。九世紀後半から十世紀前半の年代のものと推定されているが、最も古くみたとして延喜五年（九〇五）に選進された『古今集』の選者たちにとって一世代前、十世紀に入ってからのものとみるなら当時の現代である。仮名序に「うたのちちはのやうにてぞ、てならふひとのはじめにもしける」とある記述が過去の記憶ではなく実際に行われていたことの証拠になる。先にふれた『源氏物語』の記述なども実情の反映とみてよいことになる。

図②◀石神遺跡「難波津の歌」奈良文化財研究所『飛鳥・藤原宮発掘調査出土木簡概報（十七）』、二〇〇三より引用

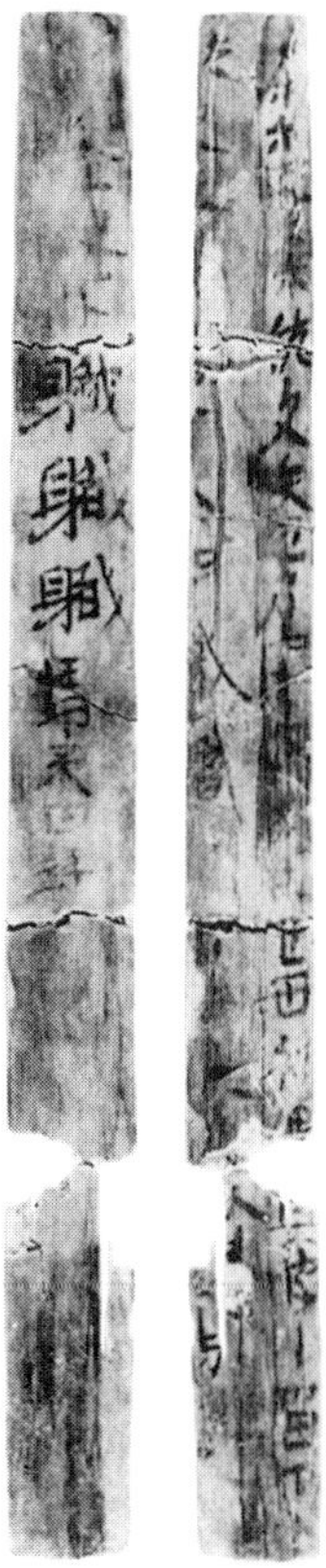

図③◀藤原京「難波津の歌」木簡学会『木簡研究』第二五号、二〇〇三より引用

図④◀平城京「難波津の歌」木簡学会『木簡研究』第二三号、二〇〇一より引用

このほか以前から知られている木簡を挙げると、平城京から出土した奈良時代半ばの「奈尓波□□□本□」★15、同じく天長年間（八二四～八三四）とされる「仁彼彼ツ仁佐／仁彼ツ仁佐久己」（図⑤参照）★16、滋賀県宮町遺跡から出土した八世紀半ばの「奈迩波ツ尓□久夜己能波□□由己母」★17、滋賀県野洲郡中主町湯ノ部遺跡から出土した八世紀半ばから九世紀半ばの「奈尓波□尓佐」★18、平安京右京六条三坊から出土した年代不明の「奈仁波都□佐久夜／

□／□／□）★19がある。

土器に「難波津の歌」を墨書または線刻したものは、平城京から出土した弘仁年間（八一〇～八二四）の「ツ尓佐／波奈尓／久夜己」★20のほか、奈良時代後半の「奈尓／佐久□／九ゝ八十二」、同じく「□尓波都尓／□」、時期不明の「…尓佐久…乃波奈…」★21などがある。平城京跡内裏東北部の井戸から出土した曲げ物の底板に書かれた「奈尓波」★22もあり、これは天平末年から延暦年間のものとされている。

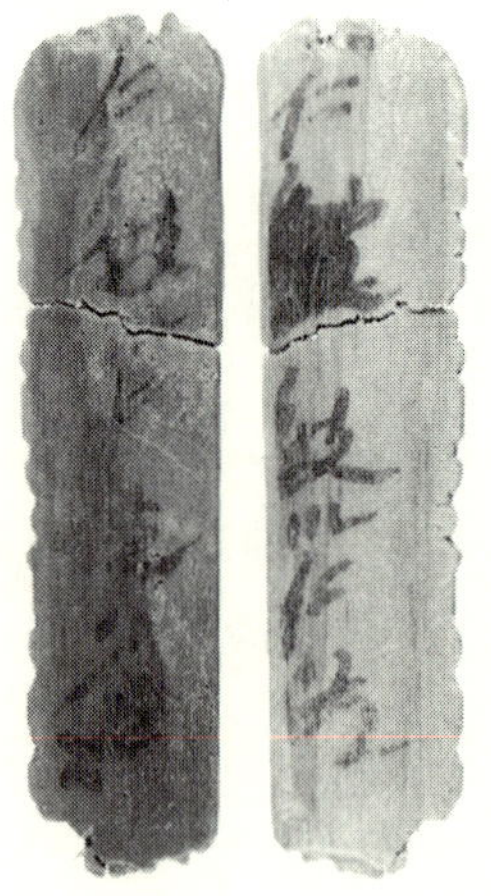

図⑤◀天長年間の「難波津の歌」沖森卓也・佐藤信『上代木簡資料集成』おうふう、一九九四より引用

今後も各時代のものが続々と出土するであろう。出土資料上の「難波津の歌」が注目されはじめた当初は、「なには」だけを書いたものが多いと言われていたが、出土数の増加につれて、全文を書き写すのが特別な場合だったとは言えなくなった。右に「時期不明」として挙げた土器墨書は、割り付けて時計回りに全文を書いた形跡があると言う★21。

以上みたとおり、これらはいずれも一字一音式に書かれている。右にあげた諸例中で表語文字としての漢字の使用は「春」一字にすぎない。使われている万葉仮名は「ツ」をはじめ概して平易な、当時として日常の字体である。また観音寺遺跡木簡の「ツ」「作」「矢」は、大宝二年（七〇二）の美濃国戸籍等、七世紀末から八世紀初頭に書かれた地方の行政文書の用字と一致するところがある。石神遺跡と藤原京の木簡に使われている「皮」、奈良時代初期と天長年間の平城京木簡に使われている「彼」も目を引く。本書の第六章に述べたとおり［→176頁］、これらをハの万葉仮名として用いるのは古韓音によるとみられるからである。天長年間になってなお「彼」が使われた痕跡は、本書の第一章3節［→49頁］、第六章3節［→176頁］でも論じたとおり、古韓音の残存時期を考察する上で注目に値する。総じて、これら略体の万葉仮名、古韓音による万葉仮名、字画の少ない訓仮名は、その文脈が日常ふだんに属することを示す徴証である。

また、石神遺跡と平城京第一次大極殿西側の木簡では「咲くや」のクの位置にコ甲類の万葉仮名「児」「古」があてられ、後者の裏面では「冬」のユの位置に「伊」があてられている。これらは七、八世紀の音韻から説明できる。母音ウとオ列甲類はしばしば交替する。「ゆめ」と「いめ」のようにユとイも交替する。「母」が期待される位置に「冊」をあてる粗い書写態度のなかでの現象ではあるが、こうした語形の流動は、口頭にのぼせられたことを示唆する徴証であろう。一方、観音寺遺跡、石神遺跡、藤原京、そしてやや時代の降る宮町遺跡の木簡に共通して「なにはつ」の「つ」に「ツ」があてられ、観音寺遺跡、石神遺跡、藤原京、平城京第一次大極殿西側の木簡に共通して「咲くやこの花」の「や」に「矢」があてられている。何らかの標準が与えられ保持されていた可能性があり、書写されては口頭でうたわれたさまが想像できる。

下級官人たちは、常日頃、木簡に荷主や担当者の名を書き、発着地名を書いた。支給物の伝票に授受者の名を書き、上申文書に署名した。年に一度は計帳の作成にあたり、住民の名を書き記した。そのとき用いるのと同じ慣れ親しんだ字体の万葉仮名を使って、「みかどのおほむはじめ」にかかる「難波津の歌」を習い覚えようとしたのであろう。右にあげた石神遺跡の木簡に姓の習書が同居し、藤原京の木簡に行政用語が書かれているのはその徴証と言える。

3. 出土資料に書かれた日本語韻文

「難波津の歌」のみならず、日本語の韻文を書いた出土資料は、七、八世紀を通じて、ほとんどが一字

図⑥◀枕詞の習書　沖森卓也・佐藤信『上代木簡資料集成』おうふう、一九九四より引用

図⑦◀「歌」の習書　沖森卓也・佐藤信『上代木簡資料集成』おうふう、一九九四より引用

一音式の書記様態である。韻文を書いた出土物自体はそれほど多くなく、数万点のなかで以下にあげる程度にとどまるが、無視できない数でもある。まず、今のところ最古の「はるくさ」木簡が訓よみする「之」を除いて一字一音式である。本書の第一章4節でふれたとおり［↓54頁］、一九九七年に出土した飛鳥池木簡のうち、天武・持統朝と推定される溝（ＳＤ〇一）から出た「□止求止佐田目手□……羅久於母閉皮（□急くと定めて……らく思へば）」と書かれたもの★23もそうである。藤原京跡から出土した木簡の「多々那都久（たたなづく）」（図⑥参照）★24、つとに平城京跡から出土した木簡の「阿万留止毛宇乎弥可々多（余るとも鵜を？見かたが《た》）」★25や、「勤解　川口開務所…」などと書かれた木簡の反古に書き込まれた「津玖余々美宇我礼（月夜好み浮かれ）」★26（図⑦参照）、物差しに書かれた「目毛美須流ㇾ安保連紀我許等乎志宜見賀毛美夜能宇知可礼弖（目も見ずあるほれ木？が事を繁みかも宮の内離れて）」（裏に別筆で「奈尓」とある。

これも「難波津の歌」の書き出しと考えてよかろう）★27なども然り。先にあげた宮町遺跡の「阿佐可夜…」、馬場南遺跡の「阿支波支乃…」も一字一音式である。地方の木簡では秋田城跡出土の延暦年間初期とされる木簡の「波流奈礼波伊…（春なればい）」★28もそうである。おそらく他にも例があるだろうし、解読がすすんで万葉仮名列が韻文とわかるものが出てくるかもしれない。実際に、二〇〇三年に公表された奈良県石神遺跡出土の木製品の線刻は、左からよむことで「阿佐奈伎尓伎也《あさなぎにきよ》／留之良奈弥〻麻久《るしらなみみまく》」という『万葉集』巻七の一三九一番歌の冒頭と一致する歌句と判明した★29。

一字一音式でないものは極めて少ない。訓よみする字と音仮名を交用した例は、平城京東院外堀出土の天平年間と推定される木簡の「玉尓有皮手尓麻伎母知而（玉にあらば手に蒔き持ちて）…」が確実である（図⑧参照）★30。他に平城京出土木簡の「・□以津波里事云津々／・人□□□□」とあるものも韻文かもしれない★31。訓よみの字だけで書かれた可能性をもつ例は、山口県美東町の長登銅山跡から出土した八世紀前半の木簡の「恵我鴨天□□…」を東野治之が「恋我鴨（こふるわれかも）天□□」と釈読し直したものと、先にあげた「津玖余々美宇我礼」木簡と同じ溝から出土した「玉杵《》

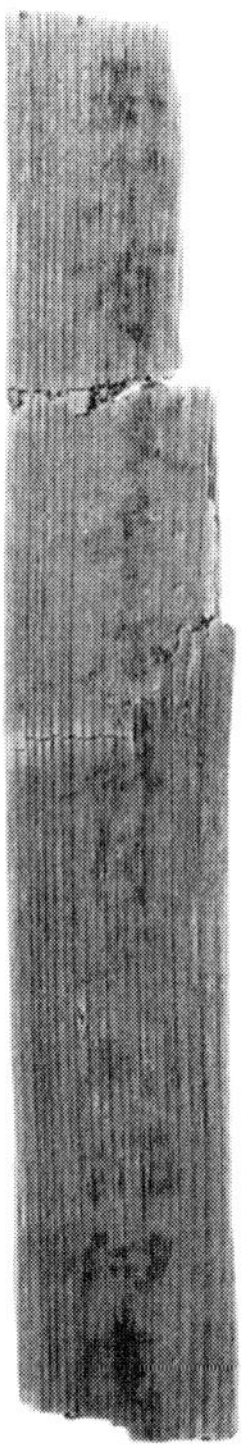

図⑧◀音訓の交用例　沖森卓也・佐藤信『上代木簡資料集成』一九九四より引用

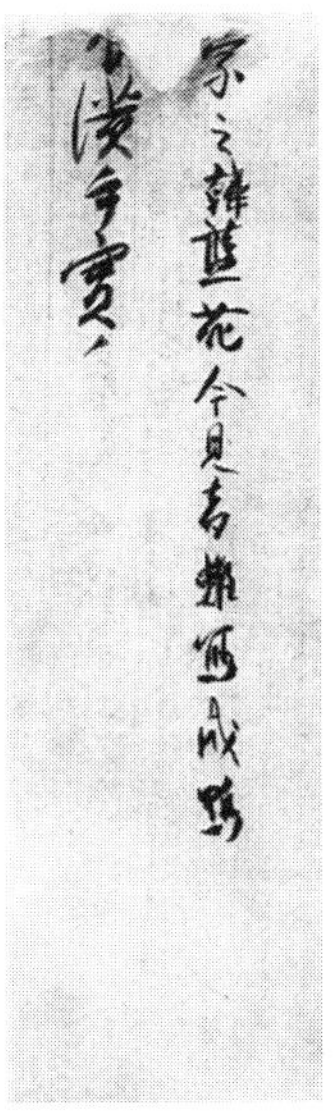

図⑨◀写経所文書紙背　佐佐木信綱編『南京遺文』より引用

□□君来」が「たまほこ」を含む歌句の可能性をもつ。今のところ、この二点のみである★32。出土物以外では、正倉院文書の天平勝宝元年（七四九）の日付をもつ写経所文書の紙背に「家之韓藍花今見者難写成鴨（《妹が》家のから藍の花今見ればうつし難くもなりにけるかも）」とある（図⑨参照）★33。なお、天平宝字六年（七六二）の僧正美の書状に「春佐米乃　阿波礼」とある戯れ書き★34は韻文の冒頭の可能性が大きく、字訓と音仮名の交用ということになる。これらは、現『万葉集』の「万葉歌」にみられる書記形態・書記様態が八世紀に実際に行われていたことを示す徴証であるが、七世紀の状況を示すものではない。

七世紀に律令官人が「歌」を書くときは、原則として一字一音式で行った。字訓を主体として書くことも、滋賀県森ノ内遺跡の手紙木簡のように漢字列に日本語の構文が表面化しているものもあるのだから、技術的には可能であったはずである。飛鳥池遺跡木簡の「世牟止言而」のような宣命体で「歌」を書くことも可能であったはずである。しかし、出土物上の事実にすなおに従えば、それらは採用されなかった。

八世紀初頭まで、多くの木簡の書記様態は、名詞や動詞にあたる漢字を日本語の語順にならべただけの態をなしている。詠歌のための手控えとしてそのようなものがつくられたことは想像に難くないが、右にみたとおり、八世紀初頭までの出土資料に訓字を主体とする書記様態で日本語の韻文を書いたとみなされるものは今まで発見されていない。その可能性をもつ最も早い出土資料は長登銅山跡の八世紀前半の木簡である。一字一音式に少数の訓字を交えたものは出土しているが、それは、本書中に繰り返し述べるとおり、当時の日常ふだんの書記様態にあっては音訓の別がそれほど厳密に意識されていなかったからである。

『万葉集』の巻一〜十六の諸巻にみられる和歌の書記様態がいつどのようにして開発されたかは今後の課題である。二〇〇〇年に飛鳥池遺跡から出土した七世紀末の木簡★35の「白馬鳴向山　欲其上草食／女人向男　相遊其下也」は、そのわずかな手がかりであろうか。一見五言詩風に書かれているが押韻もなく漢詩の体をなしていない。表側の字句は『千字文』との関係があきらかである★36。第三十三〜六句「鳴鳳在樹白駒食場　化被草木　類及萬方」のやきなおしとみてよい。とすれば、この木簡は、漢字学習もしくは漢詩習得の一端を示すものであることになる。しかし、裏側の字句についてはその説明ができない。千字文の儒教的な内容に触発された戯れ文かなどと想像するが、字句全体の内容に嬥歌を想わせるところがあるのも否定できない。書き手の脳裏に土俗的な「うた」があったのかもしれない。また、別の手がかりとして、韓国の出土資料に仏教的な内容の固有語の呪文を書いた可能性をもつものがある。たとえば百済の陵山里寺址から出土した木簡の「宿世結業同生一處是／非相問上拝白□」(『韓国の古代木簡』305号)は四字ずつが一句であり、固有語でよまれた可能性が検討されている。日本語の韻文を漢字の訓で書くに至る過程を知るための参考になるかもしれない。

4．詠歌の場とその記録

律令官人にとって「歌」を書くのが職務の一環であり、その時まず第一に「難波津の歌」がとりあげられ、日常的な万葉仮名によって一字一音式に書かれた。この三つの事項を筆者は一貫したことがらであると考える。

古代日本の律令国家において、都の高級貴族から地方の下級官人はては防人の妻たちにいたるまで、行事の席における儀礼として詠歌を行う機会があり、官人たちにはそれらを筆録する業務があった。行政文書の起草とともに、官人としての職務の一つであった。行政文書のための習書と日本語韻文の語句が同居する態の木簡が出土するのは、官人たちがふだんから「歌」を練習していたからである。

下総国防人歌を例にして「歌」の記録における官人たちの関与を想像しよう。諸国の防人歌が『万葉集』に採録された経緯と書き手については議論があるが、通説に従って、まずそれぞれの国の部領使側が筆録し、採録にあたって都人による書き改めが施された過程を考えるのが穏当であろう。下総国防人歌の万葉仮名列に含まれる「作」「里」「枳」は地方の特徴を呈している。先に第四章3節で述べたとおり〔↓121頁〕、「作」の音仮名としての使用は多くない。『万葉集』の五例の「作」のうち四つが巻二十の防人歌、それも下総国防人歌に集中してあらわれる。また「去々里（心）」（四三九〇番歌）などの「里」はロ乙類にあてた古韓音による用例である。キ甲類の万葉仮名「枳」の集中使用も特徴的であるが、養老五年（七二一）度の下総国戸籍の人名に「乎枳美賣」（少幡郷）などの用例があり、あまり使われない「枳」が共通してあらわれるのは偶然とは思われない。これらの万葉仮名の特徴は、防人たちに随行して歌句を書きとめた官人が下総の役所で継承されていた用字によったとすれば自然な説明になる。防人たちのなかにも識字者がいたであろうが、戸籍・計帳の編纂と同じく下級の官人が主な役割をはたした可能性が大きい。

ところで、つとに、柿本人麻呂作歌をはじめとする、いわゆる初期『万葉集』の和歌どもについて、渡瀬昌忠が、四首あるいは四首と二首でグループをなすものが多数あり、それが「歌の座」の存在を反映するとの説をとなえている★37。

たとえば『万葉集』の歌番号一六七番は柿本人麻呂による日並皇子のための挽歌であるが、この長歌の後に反歌一六八、一六九番があり、後者に対して「或本歌一首」一七〇番が付されている。さらにその後に、一七一番以下、人麻呂以外の舎人たちによる「皇子尊宮舎人等慟傷作歌廿三首」が続く。これが史実か否かはさておき、ここで人麻呂らは、まさに典礼における官人の職務として挽歌をうたったことになっている。時あたかも阿波国府の官人が「難波津の歌」を習書していたころである。

「歌の座」の説によれば、その一七〇番からの四首、一七一、一七二、一七三番の歌どもが「流下型」の対応をなし、そこに日並皇子挽歌の作歌事情が伺われると言う。故人を悼む儀式のなかの「歌の座」において、人麻呂を含む四人の舎人が一定の位置をとって座し、一定の順で互いの詠歌の内容をふまえつつうたった、そのことが四首の歌句に反映していると言うのである。

しかしながら、一七〇～三番の四首は、『万葉集』では、右にみたとおり、一連をなしていない。もしこの四首が「歌の座」でうたわれたとすると、今我々が見る『万葉集』における配置は、編集が施された後の姿ということになる。それは『万葉集』に先行して存在した歌集の態のものの段階かもしれないし、プレ『万葉集』あるいは現『万葉集』編纂の段階かもしれない。筆者のよく論ずるところではないのでさておく。

もし一七〇～三番歌の原形になった「歌」どもが「歌の座」でうたわれたとすれば、最初はどのように書かれていたであろうか。現『万葉集』にみる一七〇～三番歌は、訓よみの字を主体にしつつ助詞・助動詞を文字化した書記様態である。まず口頭でうたわれた後に、その場で『万葉集』に今みるような形態で書きとめられた可能性は小さいが皆無ではない。あるいは、うたう前に今みるような整った書記様態で原稿を書いて用意した。またあるいは、自立語に相当する漢字をならべた態の草稿を用意して現場でうたい、後に、今みるような書記様態に整えて書き改められた。国文学専門の向きには、このような想像が受け入れやすいであろう。

しかしながら、それらはいずれも出土資料の実態に合致しない。散文を書いた木簡は、自立語に相当する漢字を並べた態のものが多く、滋賀県森ノ内遺跡の手紙木簡のように日本語の構文が顕現したものもある。しかし、すでにみたとおり、字訓を主体にして日本語の韻文を書いた資料は出土していないのである。東野治之が、藤原宮出土木簡の「雪多降而甚寒」という語句を取り上げて、正月元日の宴会で参会の役人たちをねぎらうために出される詔勅の草案の性格をもつと指摘している★38。また、先にふれた長登銅山跡の木簡が東野の指摘したとおり『万葉集』の「恋流吾毳」（巻四・六八二番歌）と同じ「こふるわれかも」であるとすると、『万葉集』中の語句との一致例になるが、八世紀のものである。『万葉集』で人麻呂らの作歌とされているものに関しては、今そのような根拠を欠く以上、どのように強弁しても、「万葉歌」の書記様態で「万葉歌」の書記様態を論ずる循環から脱却できない。しかも、序論の冒頭に述べたとおり、その土台となるべき現『万葉集』の字面は、どの時期のどの性格のものであるのか物証をもって証明できない。

　出土資料上の事実に従えば次のように考えざるを得ない。口頭でうたうための一字一音式の「歌」を、後に、何らかの段階で今『万葉集』にみるような書記様態に書き改めた。この推定は、二〇〇八年に「万葉歌」と一致する歌句を書いた出土資料が三点あらわれ、そのいずれもが一字一音式であり、『万葉集』では字訓主体で書かれていることにより、物証を得た。口頭でうたわれたのなら、まずは語形を忠実に書きとめたと考えるのが自然である。それには万葉仮名による一字一音式がふさわしい。現『万葉集』にみる字訓を主体とした様態に書き改められたのはどの段階かと言えば、もしも「人麻呂歌集」が編まれたとすればその時と、後人による編纂時とに大別され、以下いくつかの選択肢があるだろうが、筆者の分を越えて文学研究の領域に属するので立ち入らない。

　ここまでに考えてきたところを整理しておこう。律令官人は典礼の場における職務の一環として「歌」をうたい書きとめていた。必ず記録を残したか否かはわからないが、第1節に考察したところからすれば、朝廷が「歌」を収集していたことは確実である。想像をたくましくするなら、一定期間を経た後に廃棄されるもの、洗練を経て公的に採用されるもの、私的な「歌集」に取り入れられるものなどの選択が行われたであろう。我々が記紀の歌謡や「万葉歌」として目にしているのは選抜されたものであったことになる。

その書記は、まずはじめに日常的な字体の万葉仮名による一字一音式で行われたであろう。音仮名と訓仮名が無秩序に同居し少数の訓字も許容する未整理なsystemによって。これは、いわば使い捨ての可能性を含んだ「け」の様態である。出土物上にあらわれているのはこの様態である。保存された「歌」どものなかから記紀の歌謡や「万葉歌」として選ばれたとき、その書記様態も「はれ」のものに書き改められたであろう。記紀の歌謡や『万葉集』の山上憶良の和歌どものように、斉一的な字音体系に依拠しそれぞれの漢字の字義にまで考慮をはらった一字一音式か、それとも、漢文の影響を受けた字訓主体のものに。時代が降ってからは、『万葉集』の大伴家持の和歌どものように、自立語に字訓をあて付属語に万葉仮名をあてる書記様態も採用されるようになる。先にみた平城京東院外堀出土木簡の「歌」はこの段階を示している。

5. 漢字で「歌」を書き和歌を書く書記様態

七世紀末当時、本書の第一章2節に詳述したとおり［↓41頁］、漢字・漢文を日本語に訓読していたのは確実である。日本語の文を漢字で書こうとするときも、名詞や用言の語幹は、すでにかなり自由に字訓によって書くことができた。しかし、副詞や助詞・助動詞、活用語尾の類を文字化する技術は、本書の第一章の一・で検討した滋賀県森ノ内遺跡出土の手紙木簡などの様態を見ると、どの要素をどの程度まで文字化するか、試行錯誤の過程にあったようである。七世紀木簡の宣命書きにもさまざまな様態が見られる★39。その際に問題になるのは、同じ文字列から得られる語形が一定にならないことである。その条件は「歌」を書きあらわすには致命的であり得る。韻文を書くには一字一音式が採られた所以であろう。

およそ現『万葉集』の「人麻呂歌集」などをみるにつけ、その字面から一定の語形を再現できたとは思えない。たとえば「惻隠」から「ねもころ」の訓を得るようなことが、当時、書き手自身以外に期待できたのか。歌句をそらんじている人なら漢語「惻隠」に関する素養から推測して書き手の意図した語形を得ることもできたであろうが、初見で多くの人が語形にたどりついたとは思えない。この疑問は、「人麻呂歌集」ひいては『万葉集』に、どの程度の享受層があったかという問題に、さらに、そもそも「万葉歌」はうたわれるものだったのかという根本的な問題につながる。

前者はさておくとして、後者について筆者は次の解を与える。第1節と第3節で考察したように、「歌」がまず一字一音式に書きとめられ、それを素材として「人麻呂歌集」の態のものが編まれた事情を想定すれば、そのとき「歌」どもは視覚を通して享受する「文字の文学」に変質した。たとえば本書の第二章の一・に述べたとおり〔↓80頁〕、「是川」が「宇治川」をさすとは、字音の知識を備えた人が前後に配列された数首を「見て」、はじめてわかる仕掛けである。

七世紀後半、中国における人士の素養たるをまねて漢詩をつくる試みが貴族たちの間で行われていた。『懐風藻』にその跡をみることができる。これも、第1節でふれたような、律令体制整備の過程における文化面として当然の営為であったと言える。その風潮にあって、律令官人が漢詩を学んだ徴証も、日本語の韻文を書いたものよりさらに少ないが、木簡にみることができる。たとえば二条大路木簡の「山東山南落葉錦巌上巌下白雲深　独対他郷菊花酒　破涙漸慰失侶心」には押韻がある★40。漢詩そのものは中国語による声の文学であるが、それらの書記形態が「万葉歌」の書記形態に影響を与えたであろう。「東野炎立所見而反見為者月西渡」を典型として合計十四字に書かれたものが目立つのも、七言二句を意識しているかもしれない。

この章の趣旨には次のことが肝要である。中国周辺の諸言語が漢字を受容したとき、共通の現象が生じたであろう。漢字とその言語の語形とを結び付けて使うようになる。日本では訓よみの発生である。すると、読み手の脳内には、視覚を通して二重の情報がもたらされる。漢字の字形がもたらす漢語としての字義と、その漢字にひきあてられた固有語の語形がもたらす語義とである。しかも、その字義と語義は必ずしも一対一で対応しない。

天智・天武・持統朝以来、教養人たちは、その二重性とずれを活用することに気付いたのであろうか。そのあらわれが、たとえば「つま」に「嬬」をあてて正妻と区別したりする類である★41。文学的な営為としてみれば、文字情報を歌意の表現に参加させる方法である。これが普及して「鴨」の訓カモを利用して終助詞「かも」にあてるような用法が行なわれるようになる。言語現象として一般化すれば、示している語形は同じであっても、目からもたらされる情報としては、異なる付加的な意味を表現する方法である。それは『古事記』における「伊呂」と「同母」の同語書きわけなど★42と本質においてつながり、敷延すれば、ローマ字列中のイタリック体使用や、英語の「night」と「knight」の書きわけなどの現象につながる。

なお、自立語を漢字の訓よみであらわした上に「誤読のおそれの多い部分に付属語を書き加えた」理由も、日本語として音声化するためではなく、視覚情報の観点から説明される。漢字には付属語にあたるものがほとんどない。中国語の文法はいわゆる孤立語であって、古代にはその性格が徹底していた。そこで、日本語で発想した文を漢字で書こうとすると、事柄の内容は表現できるが、その事柄に対する人の態度・感情や時間的な前後関係などの、事態・情意の水準（文法概念を使えば「法《モダリティ》」、さらには「語用論的な条件」）は充分に表現できない。たとえば「花咲」とだけ書けば、一般的に花が咲く、特定の花が咲いた、あるいはこれから咲くなど幾通りにも解し得る。「花咲者」と書けば「花咲くは」「花咲けば」のように読解の範囲が限定される。付属語の表示は、事態・情意の水準の情報を視覚を通して伝えるためであった。「歌」を書くにはそれが必要であり、同時代の文書行政に用いられた木簡の多くには不要だった。毎度お定まりの用件をいつもの相手に伝えるには事柄の表示のみで充分だからである。書記技術の発達上で自立語を羅列した様態が「せいいっぱい」だったのではない★43。

6. 結語

この章で考察したところをまとめる。下級の官人たちが習得しようとした「歌」どもは、典礼・祝宴等の場で口頭でうたう性格のものであり、「歌木簡」の様式で書かれた。「難波津の歌」はその典型であった。「さくやこのはな」を第二句と末句で繰り返す形式は、かけ合い形式でうたわれた歌謡であることを示す徴証である★44。歌手あるいは合唱隊が全文をうたい、部分的に満場の者が唱和する形式が想像できる★45。

七世紀末、宮廷における典礼の一環としての「歌」が確立した。さらに、それらは、漢詩の影響を受けて、日本語による文学作品になった。言いかえれば、「歌」どものなかのすぐれたものが文学作品に昇華して行った。その進展は、歴史の局面にときどきあらわれる極めて急速な歩みであって、『万葉集』のなかのいわゆる初期万葉の時代にあたる記述と所収歌どもは、その文化史的記憶を反映している。それに伴い、書記形態・書記様態も、漢詩・漢籍・仏典の素養を前提に、視覚をとおしてはじめて読解できるものが工夫された。

先にも述べたように、漢詩を書いた出土資料は少ないように見える。しかし、近時、村田右富美が再考を促した。一九八〇年に平城宮から出土していた天平年間後半の木簡「・昨夜□□今朝□ ・□萬里誰為□」（図⑩参照）と翌年に平城宮から出土していた神亀四年（七二八）頃の木簡「昨夜□風急今□□飛故京千万里誰為送寒衣」（図⑪参照）から「昨夜秋風急今朝白□飛故京千万里誰為送寒衣」という五言絶句を再建し、

「当時一般によく知られていた中国語韻文を、別々の人間が別々に記した」と推定したのである★46。この発言には説得力がある。『続日本紀』に神亀三年（七二七）九月の記事をはじめ「詩賦」の勅が散見するところからみても、官人たちは日頃漢詩を学んでいたはずである。そしてその目で見れば、漢字を習書した木簡にも漢詩に用いる字かと疑われるものがある。そうした学習が日本語韻文を洗練する糧となったであろう。

　本書の主旨から、神亀年間のものが詩句を約五十二センチの材に一行書きしている点に注目したい。「歌木簡」の二尺の材に歌句一行書きを想起せざるを得ない。天平年間のものは現状で約十五センチである。前半十字を表、後半十字を裏に書いたとすれば、原形が二十センチ弱であったことになる。先にふれた二条大

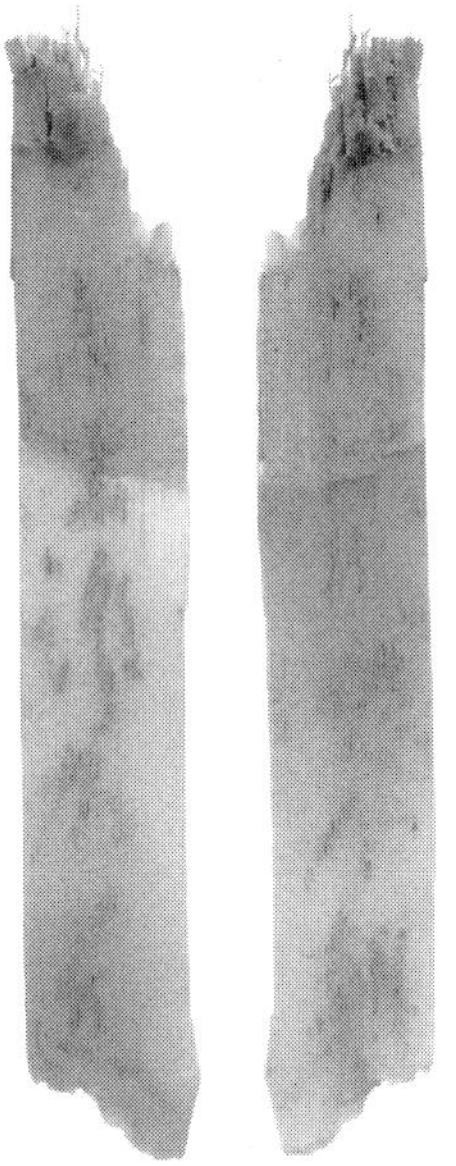
図⑩◀提供・奈良文化財研究所

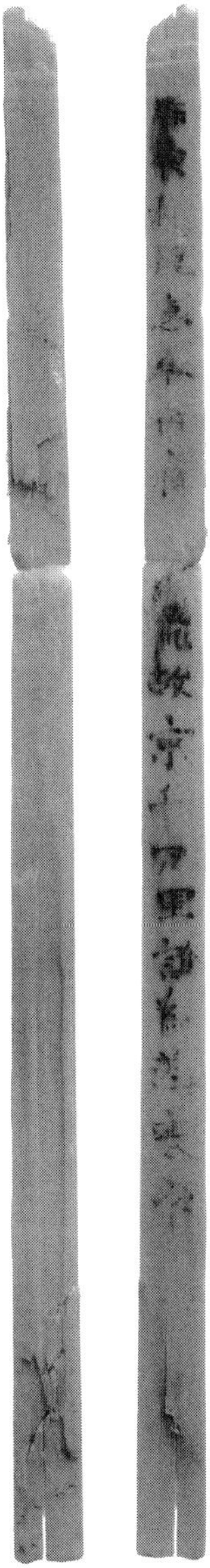
図⑪◀提供・奈良文化財研究所

路木簡の漢詩は長さ十三センチほどの材の表面に七言四行書きである。詩句の一行書きは、安部聡一郎の教示によれば、類書で漢詩を一行書きで引用することに関係があるかもしれない。『日本書紀』の述作に用いられた漢籍の多くは、西暦六二四年に成立した『藝文類聚』の引用文であると言われる。官人たちが漢詩を学ぶときも類書を利用した可能性は充分にある。

おわりに次のことを強調しておきたい。「難波津の歌」は、仁徳天皇の徳を讃えた典礼そのものの内容をもち、下級の官人や技能者たちによって盛んに書かれた。『古今集』仮名序に「みかどのおほむはじめにて」「うたのちちはははのやうにてぞ、てならふひとのはじめにもしける★47」とある記述は事実の反映であった。しかし、『万葉集』には収録されていない。

世に盛行した「難波津の歌」を収録しない『万葉集』は、当時にあって特殊であったと言わなくてはならない。おそらく『万葉集』は、限られた選良層が享受したものであり、『古今集』のように上覧されることもなければ、所収の和歌どもが一般の官人の手で習書されることもなかった。二〇〇八年度に『万葉集』所収歌と歌句の一致する木簡が三点確認されたが、それらと『万葉集』との関係は、素材と編纂・精練とみなすのが適当である。先に述べたように、『万葉集』も「いやしけよごと」で全巻が閉じられるとおり典礼の一環としての「歌」の性格を引き継いでいる。しかし、「万葉歌」は、もはや目で読む文学作品としての和歌のアンソロジーであった。対して「難波津の歌」はあくまで口頭でうたうべき「歌」の典型なのであった。あえて想像を述べるなら、一般の下級官人や技能者たちは、典礼の席では「難波津の歌」の一つ覚えで許されたのかもしれない。

言うまでもないが、筆者に『万葉集』の文学史上の価値と後世への影響を否定する意図はない。本書は日本語史の研究書である。

【この章の内容をなすにあたり、上代文学会の「書くことの文学」研究会における岩下武彦氏と工藤力男氏、私信による田中大士氏と神野志隆光氏、美夫君志会月例会における山田正氏と片山武氏、上代文学会のシンポジウム「書くことへの離陸」の参加者諸氏、各位からのそれぞれの教示に負うところが大きかった。また丸山裕美子氏からは平安初期文化史に関して貴重な教示を得た。木簡学会から提供された資料と情報が論拠の中心であることは言を待たない。それらの学恩を得てはじめて、言語史を専攻する著者が、こうした文化史と文学史に踏み込む論考をまとめることができた。感謝するとともに御批正を期待したい】

注

（1）東野治之「出土資料からみた漢文の受容」（『國文学解釈と教材の研究』44巻11号、1999）。「万葉仮名の手本」という東野の見解は「平城京出土資料よりみた難波津の歌」（『萬葉』第九十八号、1978）初出。本書の筆者の見解は吉沢義則「王朝時代の手習に就て」（『国語国文の研究』1927）に与することになる。

（2）河音能平「『国風』的世界の開拓」（日本史研究会『講座日本文化史』第二巻、三一書房、1962）、吉田義孝「天武朝における柿本人麻呂の事業―人麻呂歌集と民謡の関連を中心に―」（愛知学芸大学『国語国文学報』十五号、1962・5）。なお、植松茂『古代歌謡演出論』明治書院、1988も同じ記事に注目して「宮廷歌謡」との関係を指摘しているが、その具体を『古事記』におさめられた歌謡とみる点は吉田論文や筆者の考え方と異なる。また、天武朝における音楽・芸能奨励の動機を天武天皇自身の好みに求めているが、『日本書紀』に書かれたからには、そこに政治的な理由があったと見るべきであろう。

（3）注2にあげた植松書の三頁参照。

（4）目崎徳衛「平安時代初期における奉献」（『平安文化史論』桜楓社、1968）参照。

（5）吉野裕『防人歌の基礎構造』筑摩書房、1984、相磯禎三「防人歌の採集」（『國學院雑誌』五七巻一二号）、身崎壽「防人歌試論」（『萬葉』第八十二号）、島田修三「民の声防人歌」（『万葉史を問う』新典社、1999）等参照。

（6）奈良国立文化財研究所『平城京木簡—長屋王家木簡一—』吉川弘文館、1995の木簡番号156、釈文六四頁。
（7）栄原永遠男『万葉歌木簡を追う』和泉書院、2011に経緯と現在の到達点がまとめられている。木簡の年代推定も最新の知見を示している。
（8）奈良国立文化財研究所『平城宮発掘調査出土木簡概報（十九）』による。沖森卓也・佐藤信『上代木簡資料集成』おうふう、1994の木簡番号63、一一二頁に釈文掲載。
（9）川崎晃「「越」木簡覚書」（『高岡市万葉歴史館紀要』第十一号、2001）、八木京子「難波津の落書」（『國文目白』第四十四号、2005・2）、同「上代文字資料における音訓仮名の交用表記」（『高岡市万葉歴史館紀要』第十五号、2005・3）にそれまで出土した例の整理がある。栄原注7書はその後の最新の情報を示す。
（10）注1東野論文参照。
（11）『飛鳥・藤原宮発掘調査出土木簡概報（十七）』に掲載。
（12）木簡学会『木簡研究』第二五号図版二釈文(3)。その後、『木簡研究』第三〇号で第三句冒頭の位置にあたる「泊」が「布」に訂正された。それに伴い、本書旧版二三五頁末尾七行の記述を抹消する。
（13）木簡学会『木簡研究』第二三号図版一釈文（3）
（14）注9川崎論文参照。『木簡研究』第二三号一八一頁に釈文掲載。
（15）奈良国立文化財研究所『平城宮発掘調査出土木簡概報（三十四）』二二頁。
（16）奈良国立文化財研究所『平城宮発掘調査報告』Ⅳ図版四五、図3。沖森卓也・佐藤信『上代木簡資料集成』おうふう、1994の木簡番号219。
（17）木簡学会『木簡研究』第二二号一一〇頁。その後、二〇〇七年の十二月に栄原永遠男がこの木簡の裏面に「安積山の歌」が書かれていることを発見し、翌年三月に筆者も参加して行われた再調査で表面の「難波津の歌」の字句もこのように修正された。万葉仮名「迩」「能」の使用は木簡や土器墨書に書かれた日本語韻文では異例である。書体も謹厳な楷書によっている。この木簡は栄原の提唱する「歌木簡」の様式に合致するが、なかでも公式度の高い席で用いられた可能性を筆者は想定する。
（18）木簡学会『木簡研究』第一九号九九〜一〇〇頁。
（19）木簡学会『木簡研究』第二四号二九頁。
（20）木簡学会『木簡研究』第八号一五〇頁。

(21) 神野恵「平城京出土「難波津の歌」墨書土器」(『奈良文化財研究所紀要2003』)参照。
(22) 奈良国立文化財研究所『平城宮発掘調査出土木簡概報(十)』四頁。
(23) 木簡学会編『日本古代木簡集成』東京大学出版会、2003に木簡番号509として写真と釈文掲載。
(24) 沖森卓也・佐藤信『上代木簡資料集成』おうふう、1994、木簡番号60。
(25) 注24書、木簡番号68。
(26) 注24書、木簡番号66。
(27) 注24書、木簡番号64。
(28) 注23書に木簡番号436として写真と釈文掲載。
(29) 森岡隆「万葉歌を記した七世紀後半の木簡の出現」(『書の美』73、2008・4)。なお、末尾から三字目にあたる踊り字は本書の筆者の指摘により奈良文化財研究所が確認。一行目末の「也」をヨとよむことは、鈴木喬「「あさなぎ木簡」における「也」字」(『美夫君志』第八十二號、2011・3)が証明した。
(30) 奈良国立文化財研究所『平城宮発掘調査出土木簡概報(六)』。沖森卓也・佐藤信『上代木簡資料集成』おうふう、1994の木簡番号62。
(31) 小谷博泰『上代文学と木簡の研究』和泉書院、1999、一一七頁参照。
(32) 前者は東野治之「近年出土の飛鳥京と韓国の木簡」(『古事記年報 四十五』2003・1)八頁参照。後者は『奈良国立文化財研究所史料 第五冊 平城宮木簡Ⅰ 平城宮発掘調査報告Ⅴ』1969に掲載されているものを村田右富美「日本語韻文書記についてのモデル論構想」(全国大学国語国文学会『文学・語学』第196号、2010・3)が再確認した。彗眼であるが、その一方、七~八世紀をひとくくりに「上代」と扱う論述は研究の進展をわきまえていない。
(33) 佐佐木信綱編『南京遺文』1921に「第一其二」として写真掲載。平凡社『書道全集』第九巻、1930、六〇頁にも写真掲載。
(34) 『大日本古文書 五』三三九頁。
(35) 注23書に木簡番号437として写真と釈文掲載。
(36) 新川登亀男『日本史リブレット9漢字文化の成り立ちと展開』山川出版社、2002、九六~七頁。
(37) 渡瀬昌忠『柿本人麻呂研究 島の宮の文学』桜楓社、1976。
(38) 東野治之『長屋王家木簡の研究』塙書房、1996、八頁。

(39) その実態については、乾善彦『漢字による日本語書記の史的研究』塙書房、2003の第二部第三章「宣命書きの成立と展開」に詳しい。

(40) 注22書に木簡番号438として写真と釈文掲載。

(41) 稲岡耕二『人麻呂の表現世界―古体歌から新体歌へ―』岩波書店、1991など参照。

(42) 拙著『上代文字言語の研究【増補版】』笠間書院、2008の第三部第三章。

(43) 注39書が「文字史における歴史記述は、決して、単線的な発達段階として描かれるようなものではない」(三九頁)と述べるところは、本書の筆者の考え方と基本線で軌を一にする。

(44) 西條勉「文字出土資料とことば」(『國文学　解釈と教材の研究』平成十二年八月号、2000)参照。

(45) 仏足石歌碑の繰り返し句が小字書きされているところからの発想。中西進『万葉集の世界』中公新書、1973、一五七～八頁にも同じ趣旨の発言がある。参考までに述べれば、バルト＝フィン語族にキリスト教以前から存在した文化として伝承される「ルノ」はリード・シンガーとコーラス間の呼びかけ・応答の形式でうたわれる。

(46) 村田右富美「木簡に残る文字列の韻文認定について」(『上代文学』第一〇五号、2010・11)。当該木簡は『平城宮発掘調査出土木簡概報』十四号、1981・4、十五号、1981・11に初出。『木簡研究』第三号、1981・11と沖森・佐藤『上代木簡資料集成』おうふう、1994に釈文を改めて所収。

(47) 二首の内容からみて、平安時代の勅撰集の部立てで四季の部の歌を習得するときは「難波津の歌」(うたのちち)、恋の部の歌を習得するときは「安積山の歌」(うたのはは)を手本としたことになる。『万葉集』の概念で言えば、前者は雑歌、後者は相聞歌ということになる。平安時代には、「難波津の歌」を書いて和歌の学びの始めとし、「安積山の歌」をもとにさまざまに語句を言いかえて恋歌を習練した。詳しくは拙著『木簡から探る和歌の起源』笠間書院、2008参照。

後書き

本書のもとになった既発表の論考は左のとおりである。本書の内容とするにあたり、程度の差はあるがすべて書き改めた。それゆえ、初出時とは重要な点で見解の異なるところが多々ある。当然ながら本書の記述をもって筆者の本意とする。本書の取り扱う研究分野は、一枚の木簡の出土が従来の知見に大きな変更を強いるのが常である。今後も、新たな資料の出土によって本書の論述は発展的に克服されるであろう。また、木簡に依拠した考察をもって本書の内容に組み込むにあたり、初出時に論点としたところに本書では言及していない場合もあるので御承知願いたい。個々に発表される論文は掲載紙面の趣旨に添ってそれぞれに限られた枚数で見解を述べる。本書は一つのまとまった構想をいくつかの角度から述べたものであって、論文集ではない。

なお、論文2．は東野治之氏、毛利正守氏との、15．は鈴木喬氏との共同研究の成果である。三氏の承諾を得て本書に組み込むことができた。ここに謝意を表する。

1．「文字言語としてみた古事記と木簡」（『古事記研究大系11　古事記の世界(下)』1996
2．「木簡の「ひとつひとつ」「ひとりひとり」」（『萬葉』第百六十五号）1998
3．「日本の辞書の起源」（『月刊しにか』11—3大修館書店）1999
4．「観音寺遺跡出土和歌木簡の史的位置」（『国語と国文学』平成十一年五月号）1999

5. 『古代日本の文字世界』大修館書店【平川南らと共著。基調報告2を担当】2000
6. 「声の記録と文字による表現」(『上代文学』第八十四号)2000
7. 「万葉仮名『皮』をめぐって―万葉仮名前史試論―」(『上代語と表記』おうふう)2000
8. 「和歌を漢字で書く」(高岡萬葉歴史館叢書13『家持の争点I』)2001
9. 「律令官人が歌を書く」(『書くことの文学』笠間書院)2001
10. 「七世紀木簡の国語史的意義」(『木簡研究』第二三号)2001
11. 「観音寺遺跡出土木簡の国語史的意義」(徳島県埋蔵文化財センター調査報告書第四〇集『観音寺遺跡I(観音寺木簡篇)』)2002
12. 「壬申誓記石と森ノ内木簡の空格」(『萬葉』第百八十三号)2003
13. 「文字言語文化としての戸籍」(『美濃国戸籍の総合的研究』東京堂出版)2003
14. 「「枚」と「牧」の通用」(『国語文字史の研究 八』和泉書院)2005
15. 「人名「あしへ」をめぐって」(『萬葉』第百九十一号)2005

本書刊行の機会に旧著『上代文字言語の研究』(笠間書院1991)が増補版として再刊されるので、あわせてお読みいただければ幸いである。本書の論述は旧著で示した理論的枠組みと漢字運用の実態の解明に立脚している。旧著は、文字言語に関する研究理論の構築と、上代を対象とした実証との双方を企図したものであった。理論面は『文字・表記探求法』(朝倉書店2002)に展開したが、実証の分野では、あたかも旧著刊行の頃から研究環境が激変し、出土資料を日本語史の研究に取り入れることが急務となった。そのための方法論と実証例を提示したのが本書である。

この十数年間、出土資料が続々と出現するさまは、筆者にとって、三十年以上前に公表した論文「万葉〝仮名〟から仮名へ」(『国語学』第九十三集1973、『上代文字言語の研究』第一部第一章に改稿収録)で予見したところが事実をもって裏付けられた過程にほかならない。清濁を書きわけず簡略な字体を用いる万葉仮名資料について、当時「作成された量は、現存する量とは反対に、圧倒的に多かったはずである」(旧著60頁)と述べたが、今、発掘された実物に満たされている。朝鮮半島と日本列島の資料の比較(旧著186頁)も実現の端緒に付いた。

本書の論述に関して気がかりな点は、出土資料に関する情報が、日本語学、日本文学の研究者にとって必ずしも入手容易でないことである。理解の一助として多数の影印を掲載した。読者は、奈良文化財研究所による釈文と写真の電子公開、木簡学会が二〇〇四年に提供した『全国木簡出土遺跡・報告書綜覧』等も利用されたい。また、こうした学際的研究において専門の研究状況に疎いところがあるのも、やむを得ぬこととは言え心許ない。歴史学・考古学に関して文献の引用の仕方、筆者の理解等が適切であるか否か、大方のご批正を乞いたい。

本書の刊行に日本学術振興会の平成一七年度科学研究費補助金(研究成果公開促進費)の交付を受けた。記して謝意を表する。

最後に、編集担当として多くの助言を授けられた岡田圭介氏をはじめ、刊行をお引き受けいただいた笠間書院の皆様に厚く御礼申し上げる。

二〇〇五年一〇月

犬飼　隆

増訂版　後書き

旧版から六年を経た。木簡に関する研究は相変わらず急速な進展が続いている。そのなかでも本書にとって次の三点が重要であると思う。

一つに、重要な木簡の出土が続くだけでなく、以前に出土したものの再検討が進んだ。木簡学会は、以前に公表した木簡釈文の訂正を『木簡研究』に順次掲載し、インタネット公開の木簡データベースを随時あらためている。赤外線カメラ等の機器の性能が向上して以前と異なる字が認識された場合もあるが、なによりも、研究の蓄積を学んで木簡研究に携わる研究者全体の手数が豊富になった。木簡上の墨痕から字体を帰納する作業は、結局、それ自体が学識をもとにした解釈なのである。たとえば万葉仮名の列に「皮」が見えていれば「波」としていたところ、「皮」をハの音節にあてる事実が知られて、釈文が訂正され作成されるようになった。天平一九年（七四七）頃の日本語韻文を書いた木簡「玉尓有皮…」がその一例である。これを「玉にあらば」とよむところ、旧版で校正を漏らした。その後の拙著では訂正しているが、旧版にひかれて『万葉歌木簡を追う』で「玉に有れば」とされた栄原永遠男氏にこの場を借りておわびする。

二つに、韓国出土木簡に関する研究が画期的に進んだ。数において、二〇〇四年に国立昌原文化財研究所が『韓国の古代木簡』日本語訳を提供したときは三百点規模であったが、今では一桁多い数が得られ、さらに出土が続いている。そして当初はほとんどが新羅のものであったが、百済のものが増加し、倭国との交流を正確に知る上で渇が癒やされた。高句麗のものはまだこれからであるが、三国の文字文化の共通性と独自性を知る途もひらけつつある。日本列島のものとの比較・対照においても、列島と半島という枠を越え、列島のどの地域・階層と半島のどの地域・階層という段階に踏み込むことが可能になってきている。そして、日本列島と中国大陸との比較・対照も、朝鮮半島の文字文化を中間解釈者と位置付けることによって、従来と違う見方で理解を施すことが可能になった。旧版で展望だったことがらが現実の課題になりつつある。

三つに、これは日本語・日本文学に携わる者にとっての関心事であるが、二〇〇六年に「歌木簡」という概念が新たに生まれた。日本語韻文を二尺の材の表面に一字一音式一行で書き典礼の場で使う様式が存在したのではないかとの提唱である。おそらく中国の木簡の策書や経典を書く特殊な様式の流れに属するものであろうが、これで、従来「(漢字を練習するための)歌の習書」とされていたものについて、見方を改め、それ相当の機能を担っていたと考えなくてはならなくなった。このために第八章の章題を変更した。しかも、二〇〇八年には『万葉集』所収の和歌の歌句と一致する可能性をもつ語句を書いたものが三点あらわれた。本書の旧版では、木簡上の日本語韻文に『万葉集』に収められたものがあらわれないことを強調し、『万葉集』を私的な性格の文献とみなしたが、根拠となる事実が大きく変わったのである。『万葉集』が当時にあって特殊な言語位相に属するという筆者の見解は不動であるが、「歌木簡」との関係は、ただ対局に位置付けたのではすまされなくなる。この課題は、研究全体にとって、今後、生産的であろう。

こうして、旧版で新見を意図して述べたことがらの少なからぬ部分が常識、もしくは、もはや旧聞になった。右の進展、とくに第二、三の点に対応するには、別の一書をおこす必要がある。朝鮮半島との比較・対照は目下の課題としている。日本列島側の受容の問題と結び付けながらいくつかの論考を公表しているのでお読みいただければ幸いである。「歌木簡」については二〇〇八年に『木簡から探る和歌の起源』で一つの考え方を公表した。本増訂版でそれに付け加えたり訂正したところもある。

本増訂版は、あらたに出現した出土資料、再検討によって得られた知見を取り入れて、旧版の論述に変更を加えた。研究全体の進展に従って見解を改めるべきところや筆者の不見識に起因する訂正を本文の記述に反映し、新しい知見の増加の多くは注の追加・訂正に書き込んでいる。その結果、重要な点で旧版との見解の相違もある。すでに旧版をお読みいただいた方は、本書をそのように御承知いただきたい。旧版に対して頂戴した御批正にこの場を借りて感謝するとともに本書の記述と事実認識にもお教えを乞う。

七、八世紀の日本語の全体像を塗りかえようとするのが本書の主旨であるが、出土資料の増加によって、「上代語」なるものが八世紀日本語の中で特殊な言語位相に属することと、八世紀までと十世紀以降との「不連続」を解消する見通しが、少しずつ明らかになってきていると思う。たとえば本書旧版刊行後に奈良県香芝市下田東遺跡から出土した廃材に、従来「上代語」それも韻文の文法とされていた已然形に接続助詞を伴わない条件表現が散文中の例としてあらわれた（拙稿「木簡にあらわれた已然形単独の条件表現」『萬葉』第百九十八号、２００６・11参照）。とくに近年は「歌木簡」に関する研究が進むなかで「上代特殊仮名遣い」を根本的に再検討する必要が生じている。これについて筆者はすでに見解を公表しはじめているが、一つの考え方を示すにはまだ準備を要する。

本書が言語研究と歴史学研究との双方にわずかなりとお役に立てばと願ってやまない。

二〇一一年九月

犬飼　隆

は

ま

や

Ⅱ　キーワード索引

（本書の論述に重要な資料名と術語・概念を示す）

な

は

ま

や

ら

わ

Ⅰ　著者名索引

（本書に引用した文献の編著者個人名を示す）

●著者プロフィール

犬飼　隆（いぬかい　たかし）

昭和23（1948）年、名古屋市生まれ。

東京教育大学大学院文学研究科博士課程単位取得退学。学習院女子短期大学助教授、神戸大学教授を経て、現在、愛知県立大学日本文化学部国語国文学科教授。文字言語を対象とする理論的・実証的研究に従事し、古代史・考古学との学際研究をすすめている。

平成5（1993）年に『上代文字言語の研究』（笠間書院、1991：2005年に増補版を刊行）によって筑波大学より博士（言語学）の学位を授与された。

単著に『文字・表記探求法』（朝倉書店、2002）、『木簡による日本語書記史』（笠間書院、2005）、『漢字を飼い慣らす日本語の文字の成立史』（人文書館、2008）『木簡から探る和歌の起源「難波津の歌」がうたわれ書かれた時代』（笠間書院、2008）、共著に『古代日本の文字世界』（大修館書店、2000）、『美濃国戸籍の総合的研究』（東京堂出版、2003）、『古代日本　文字の来た道』（大修館書店、2005）等がある。

木簡《もつかん》による日本語書記史《にほんごしよきし》【2011増訂版】

2005年12月1日　初　版第1刷発行
2011年10月30日　増訂版第1刷発行

著　者　犬飼　隆©

発行者　池田　つや子

発行所　有限会社　笠間書院

〒101-0064　東京都千代田区猿楽町2-2-5
☎03-3295-1331㈹　FAX03-3294-0996
振替00110-1-56002

NDC 分類：810.2

ISBN978-4-305-70568-6

印刷：製本　モリモト印刷
（本文用紙：中性紙使用）